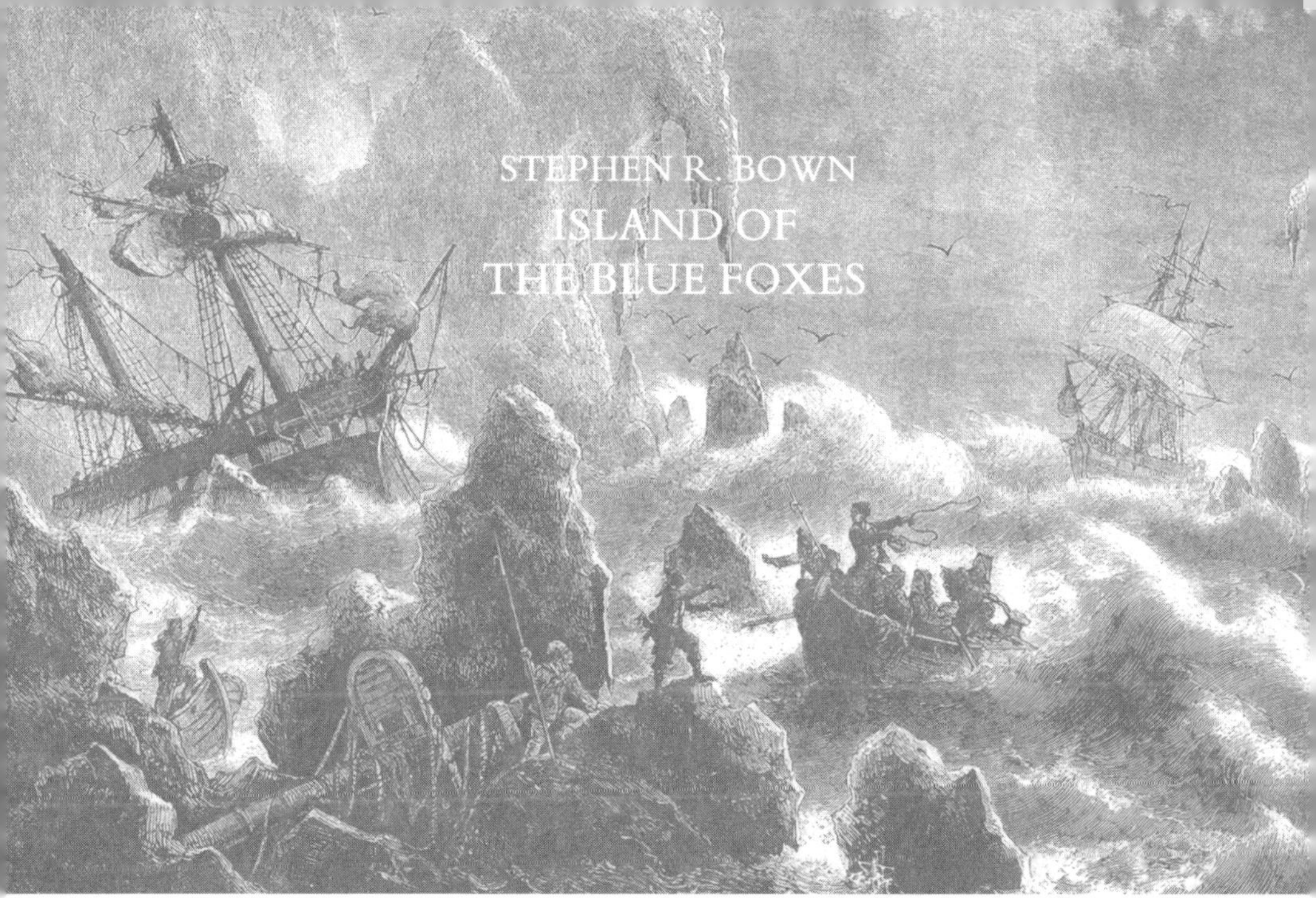

スティーブン・R・バウン 著

小林政子 訳

青狐の島

世界の果てをめざしたベーリングと史上最大の科学探検隊

国書刊行会

ISLAND OF THE BLUE FOXES
by STEPHEN R. BOWN

This edition published by arrangement with Da Capo Press,
an imprint of Perseus Books, LLC,
a subsidiary of Hachette Book Group, Inc., New York, New York, USA,
through Tuttle-Mori Agency, Inc., Tokyo.

目次

本文中の（ ）の用い方は著者および原著の表現に準じ、原著の注記は＊で示しています。

編集部

歴史年表

一五八〇年代　ロシアのコサックによるシベリア征服
一五八七年　トボリスク建設
一六三二年　ヤクーツク建設
一六四八年　ロシア人探検家セミョン・デジニョフが初めてベーリング海峡を航行。
一六八九年　ピョートル一世、異母兄で障害をもつイワン五世との共同統治者となる。ロシアはネルチンスク条約でアムール川から太平洋岸へ出られなくなる。
一六九六年　ヴィトゥス・ベーリング、船の給仕としてインドへ航海。
一七〇三年　サンクトペテルブルク建設
一七二四年　ヴィトゥス・ベーリング、第一次カムチャツカ探検隊の隊長となる。
一七二五年　ピョートル一世死去。皇帝の妃エカチェリーナ一世が即位し、シベリア探検など夫の政策と事業を継承。
一七二七年　エカチェリーナ一世死去。ピョートル二世即位。ベーリングは聖ガブリール号でカムチャツカの太平洋岸を航海。
一七三〇年　ピョートル二世死去。ピョートル一世の姪のアンナ・イヴァノヴナ女帝即位。ロシア帝国拡大事業を引き継ぐ。第一次カムチャツカ探検隊がサンクトペテルブルクへ帰還。ベーリングは第二次計画案を提出。
一七三二年　アンナ・イヴァノヴナ女帝は、ベーリングを隊長とする第二次カムチャツカ探検隊計画を承認。

一七三三年四月　第二次カムチャツカ探検隊（大北方探検隊とも称される）がサンクトペテルブルクを出発。
一七三四年十月　ベーリング、探検隊本部のヤクーツクに到着。
一七三七年秋　先遣隊がオホーツクに到着。
一七三八～三九年　マルティン・シュパンベルグ率いる三隻の船団が日本の北方へ航海。
一七四〇年六月　聖ピョートル号と聖パーヴェル号が完成し、カムチャツカ半島のアバチャ湾へ航行。ゲオルク・シュテラーがオホーツクへ到着。ベーリングの妻アンナ他隊員の妻と家族がサンクトペテルブルクへ戻る。
同年十月二十八日　アンナ・イヴァノヴナ女帝死去。
一七四一年
五月四日　ガマランドを探すため南東方面への航海を士官会議で決定。
同年六月四日　聖ピョートル号と聖パーヴェル号が北アメリカを目指してカムチャツカを出港。
同年六月二十日　聖ピョートル号と聖パーヴェル号は嵐で離れ離れになり、それぞれ単独で東進。
同年七月十五日　聖パーヴェル号のアレクセイ・チリコフが北アメリカの海岸を目視。
同年七月十六日　聖ピョートル号上のベーリングとシュテラーは北アメリカのセントエライアス山付近の海岸を目視。
同年七月十八日　チリコフ、真水を得るために十一名を陸地へ派遣。
同年七月二十日　聖ピョートル号のベーリングはカイアック島に接近し、真水を得るために隊員を派遣。シュテラーは動植物を採集。
同年七月二十四日　チリコフ、行方不明になった隊員の捜索に新たに四人を島へ派遣。
同年七月二十七日　チリコフ、行方不明者の捜索を断念し、真水を得られないままカムチャツカへ引き返す。
同年八月　聖ピョートル号の乗組員に壊血病が広がる。ベーリングの容体が悪化して船室から出なくなる。

同年八月三十一日　聖ピョートル号、真水を得るためにシューマギン諸島へ上陸。ニキータ・シューマギンが壊血病による最初の死者となる。
同年九月五〜九日　聖ピョートル号とアレウト族の出会い。アメリカ先住民との初対面。
同年九月九日　聖パーヴェル号はアダック島でアレウト族と遭遇。真水を得ようとするが取引に失敗。乗組員に壊血病が出る。
同年九月下旬〜十月　聖ピョートル号は壊血病と嵐に晒される。
同年十月九日　聖パーヴェル号がアバチャ湾に帰港。乗組員十五名がアラスカに置き去りになり、六名が壊血病で落命。
同年十一月七日　聖ピョートル号、ベーリング島に入港。壊血病で死者が続出。獰猛な青狐が一行を襲う。
同年十二月八日　ベーリング死去。スヴェン・ワクセル大尉が野営地の新指揮官となる。
一七四二年一月八日　壊血病による最後の死者。狩猟とシュテラーの薬草でベーリング島の状況は改善に向かう。
同年四月二十五日　前年十一月の政変によりピョートル一世の娘エリザヴェータが女帝に即位。
同年五月　廃船の解体作業を始め、一回り小型の聖ピョートル号を建造。
同年八月十三日　ベーリング島を脱出。
同年八月二十六日　探検隊の生存者一行がアバチャ湾に到着。
一七四三年　ロシア元老院は第二次カムチャツカ探検隊を正式に解散。

ベーリングとチリコフ(第1次カムチャッカ探検隊)、1728
聖ピョートル号の航路、1741
聖ピョートル号の生存者の帰路、1742
聖パーヴェル号の航路、1741
大陸
(アラスカ)
カイアック島
アラスカ半島
ゴティアク島
アレクサンダー群島
クロス岬
アラスカ湾
オマニー岬
ウニマク島
セミディ諸島
チリコフ島
アディントン岬
シューマギン島
ウナラスカ島
太平洋

北極海
チュクチ半島
シベリア
アナディルスク
チュクチ岬
セント・ローレンス島
オホーツク海
カラガ島
ベーリング海
カムチャツカ
クロノーキ岬
ベーリング島
ボリシェレツク
ペトロパブロフスク
アッツ島
セミチ諸島
アガッツ島
アリューシャン列
アトカ島
アダック島
ロパトカ岬

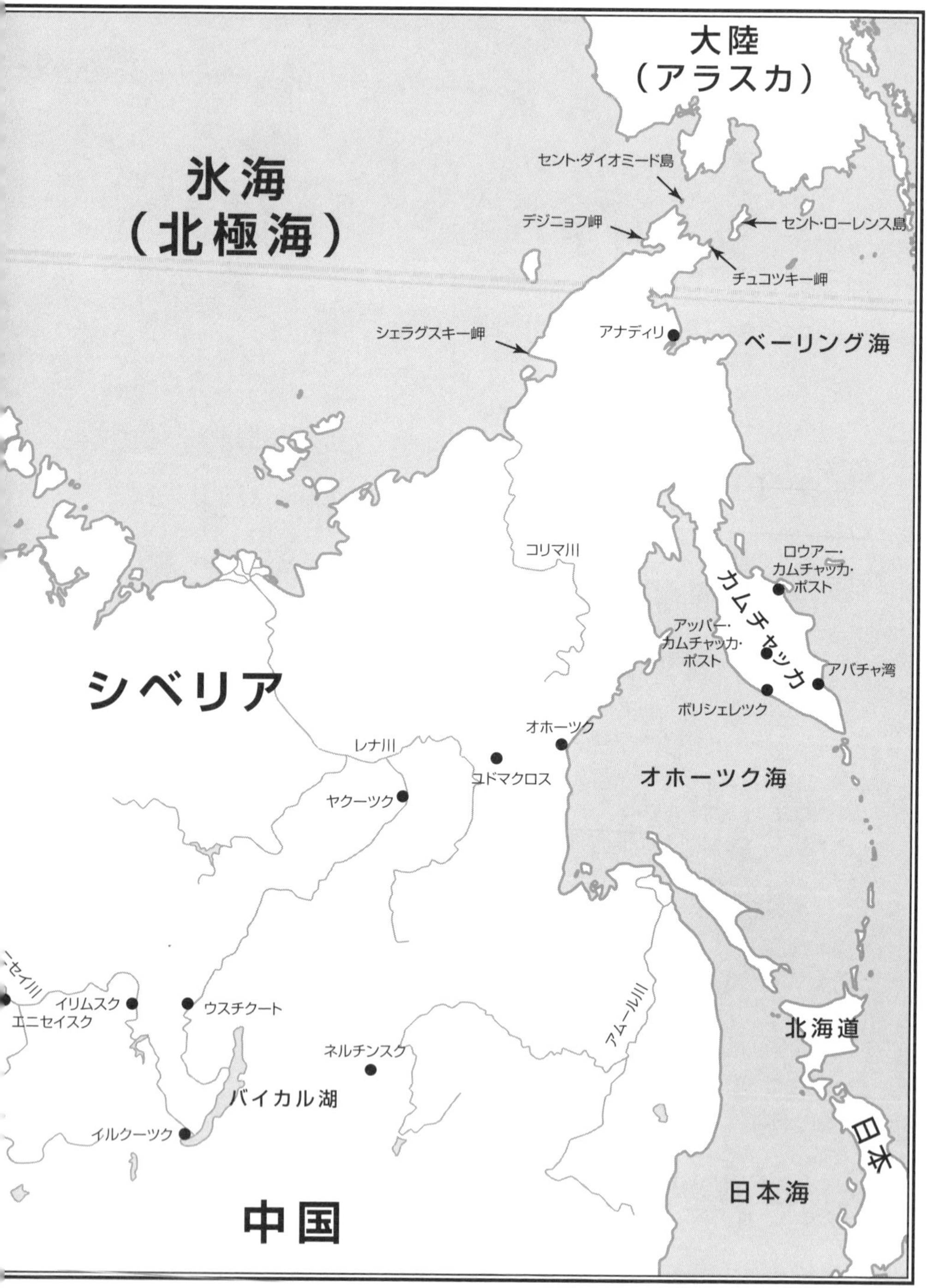

大陸
（アラスカ）
氷海
（北極海）
セント・ダイオミード島
デジニョフ岬
セント・ローレンス島
チュコツキー岬
シェラグスキー岬
アナディリ
ベーリング海
コリマ川
ロウアー・
カムチャッカ・
ポスト
カムチャッカ
アッパー・
カムチャッカ・
ポスト
アバチャ湾
ボリシェレツク
シベリア
オホーツク
レナ川
ユドマクロス
ヤクーツク
オホーツク海
ーセイ川
イリムスク
エニセイスク
ウスチクート
ネルチンスク
アムール川
北海道
バイカル湖
イルクーツク
日本
日本海
中国

デンマーク
アムステルダム
ホーセンス
ハムスタッド
ベルリン
ウィテンベルク
バルト海
ヴィボルグ
リガ
サンクトペテルブルク
アルハンゲリスク
ヤマル半島
ロシア
モスクワ
オビ湾
ウラル山脈
スルグト
トボリスク
オビ川
イルティシ川
マコフスク
ボルガ川
エカテリンブルク
黒海
カスピ海
アラル海

序文
世界の果て

一七四一年秋、ロシア船聖ピョートル号は時化《しけ》の北太平洋をのろのろと西へ進んでいた。帆はずたずたに裂け、マストは折れ、船というより難破船だった。北からの寒気で雨が雪になった。索具と手すりは凍り付いていた。それに、甲板には不思議に人影がまったくなかった。壊血病でほとんどの船員が動けなくなり、甲板下のハンモックに力なく横たわっていたからである。

波が静まり、先ほどまで吹き荒れていた突風が止むと、数人が甲板に現れ、一人の士官がカムチャツカだと言った遠くの陸影を見つめていた。船は静かに港へ入り、暗くなるころ錨を降ろした。だが、そのとき潮の流れが変わり、船は大きな潮流に呑まれて旋回し、錨綱が切れて暗礁の方へ引きずられていった。船は岩にぶつかり、船員たちはパニックになって飛び出し、どうした、何があったと叫び合った。船が裂けたら極寒の海に呑み込まれる。しかし、船は土壇場で大波に暗礁の上へ持ち上げられ、海岸近くの浅い礁湖へ運ばれた。助かったことが不思議なくらいだった。どうにか身体を動かせる者たちは、病人と死者を岩場の海岸へ運び始めた。強風とにわか雪のために作業は幾日もかかった。

一行を出迎えたのは荒涼たる風景だった。草の生えた砂丘には風が激しく打ちつけ、延々と続く砂丘の先には雪で覆われた低い山々が見える。男たちがよろよろと海岸を歩き出すや、青狐が唸りながら群がり、ズボンの裾を引き裂こうとしたので、大声で蹴散らした。歩く力が残っている者たちは一組になって様子を探りに出て、ここが樹木もなく、住む人もいない、地図にない島であることを知った。この島は基地のあるカムチャツカではなく、アメリカとアジアの中間のアリューシャン列島の端のどこかであった。男たちはさっそく、もうじき訪れる冬から身を護る場所を探しに出かけ、砂丘と入江のそばで発見した数個の穴を大きく掘ることにした。流木を集め、それにキツネの皮とぼろぼろになった帆の残りをかぶせた。

飢えたキツネの大群が食べ物の匂いを嗅ぎつけ、荒れ果てた丘から降りてきて、当座しのぎの野営地周辺をうろつき、次第に攻撃的になった。キツネは浅い墓を掘り起こして遺体を引きずり出し、弱り切った男たちの見えるところで遺体にかじりついた。船から海岸まで這ってきた一行数十人にとって惨状に変わりはなかっただろう。哀れな生存者たちは上陸した岩だらけの海岸に粗末な掘っ建て小屋を築いて、身を寄せ合い、動物を捕え、枯れた植物の根や葉を吸って命を繋ぎながら暗い冬を過ごすことになったが、人数はだんだん減っていた。彼らはまともな服を着ておらず、船に積まれた乏しい食糧しかなかった。冬になるとともに容赦なく吹きつける北極の風と、腰まである深い雪、猛威を振るう壊血病、たえず襲いかかる凶暴なキツネに耐え忍んだ。

聖ピョートル号は、第二次カムチャツカ探検としても知られる大北方探検（一七三三～一七四三年）の使命を帯びた二隻の船の一隻である。この探検は歴史上最も野心的で資金が豊富な航海だった。探検期間はおよそ十年、場所は三大陸にまたがり、その地理上の業績、地図作成、そして博物史における成果は有名なジェームズ・クックの航海、アレサンドロ・マラスピーナとルイ・アントワーヌ・ブーガンヴィルの科学的航海、そしてメリウェザー・ルイスとウィリアム・クラークの大陸横断などに勝るとも劣らない。探検隊に参加したドイツ人博物学者のゲオルク・シュテラーは持ち帰ったアメリカ太平洋岸の植物相や、トド、ステラーカイギュウ（訳註　ジュゴン科・十八世紀に絶滅）、ステラーカケスなどの動物相をヨーロッパに紹介した。一七二〇年代にロシア皇帝ピョートル一世が思いつき、デンマーク人のヴィトゥス・ベーリングが隊長となったこの途方もない大事業にかけた費用は、当時の一年間の国家財政の六分の一に相当する約百五十万ルーブルにも上った。だが、この探検は、豊富な資金と遠大な目標にもかかわらず、帆船時代における最悪の難破と苦難、生死をかけた闘いの物語でもある。

大北方探検隊は、ロシア領土をアジア北部からアメリカ太平洋岸地域まで拡大する意図があった一方で、ヨーロッパ諸国に対してロシアの先進性を見せつけようとしたものだった。科学的目標の範囲は国益とつながっていたが、揺れ動いた。西欧諸国はロシアを野蛮な片田舎からいくらか文明化された国家へ変貌したばかりの国と見ていた。当時のロシア政治は、探検隊が辺境で数年間過ごしていた間も、その後も、多くの隊員の目には危険で、腐敗し、変わりやすいものに映っていた。

当初は大々的な計画ではなかったが、アンナ女帝から最終命令を受けたときは膨大なものに膨らんでいた。ベーリングは科学者、書記、学生、通訳、画家、測量士、海軍士官、船員、兵士、熟練技術者など総勢約三千名の大部隊の隊長になり、これは全員にとって初めてのシベリア横断で、多くの隊員はカムチャツカの東岸まで大陸を旅して来なければならなかった。一行は道具類、鉄製品、帆布、食糧、医薬品、図書、科学器具などの荷物を携行して、森林、湖沼、ツンドラなどの道なき道を約八千キロ旅することになった。副隊長にはロシア軍人で、誇り高く、性急な、アレクセイ・チリコフがなる予定で、隊長・副隊長ともに大きな探検を経験していた。科学的目的も同じように壮大で、シベリアの動植物相と鉱物資源の調査とともに、シベリア住民に関する奇怪な噂を確かめることも入っていた。最も重要なことは、シベリア全域にロシアの政治的支配を確立し、オホーツクとカムチャツカにロシア人の定住を奨励し、学校を創設し、家畜の飼育を広め、鉄鉱石を発掘して製鉄所を造営し、遠洋航海向けの造船所を建設することなどだった。疲労困憊の一行がオホーツクへ到着したら、ベーリングは船を建造し、日本の北部沿岸と千島列島の調査に南下させるつもりだった。その後さらに船二隻を建造し、カムチャツカへ渡って居留地を築いた後、太平洋を東進してアメリカ沿岸をカリフォルニア辺りまで探検することが望ましいとの命令を受けた。

それは金に糸目をつけない絶対君主でなければできない遠大で野心的な計画だった。だが、ベーリングは限られた物資とやっかいな上下関係に苦労させられた。ベーリングの指揮はいつなんどきサンクトペテルブルクからの追加令によって取り消されるかもしれず、実際に何度もそうなった。隊長の命令に反対の部下が隊長を中傷する手紙を差し出したのだった。探検隊は仲間同士の意地の張り合いと、騙し合いと、私利私欲に満ちた世界だった。

探検隊は不幸に見舞われた。一七四一年六月、数年がかりでシベリアを越え、ついに聖ピョートル号と聖パーヴェル号が完成したとき、航海用食糧のほとんどを積み込んだ貨物船が砂洲で座礁した。アメリカ航海は、本来は二年計画だったが、ひと夏分の食糧しかなかった。岸が遠ざかるにつれて士官の間で意見の対立が表面化し、姉妹船は明確な指示のないまま東へ旅立って行った。船上の約百五十名の男たちを海事史上、あるいは、北極史上最悪の悲劇が待ち受けていたにもかかわらず。

第1部

ヨーロッパ

ピョートル一世、大帝（1672～1725）はロシアの近代化を推し進め、シベリア支配と領土拡大のために第一次カムチャツカ探検隊の派遣を発案した。（議会図書館）

エカチェリーナ一世。18世紀の絵画。リトアニア人の家政婦で、ピョートル大帝の後妻となり、大帝の死後1725年に帝位を継承して優れた手腕を発揮した。（ウィキメディア・コモンズ）

女帝アンナ・イヴァノヴナは1730～40年までロシアを支配し、伯父ピョートル大帝の進歩的改革を受け継ぎ、重大な大北方探検隊計画を承認した。（ウィキメディア・コモンズ）

ピョートル大帝によるサンクトペテルブルク創建前のロシア政府の中枢クレムリン。18世紀のこの版画は1698年の劇的な鬚剃り事件を描いた。（NYPL）

1703年のサンクトペテルブルク建設開始から13年後の光景。ロシア帝国の新首都とバルト海初の港にした。（ウィキメディア・コモンズ）

第1章

大使節団

一六九八年九月五日の朝、ピョートル・アレクセエヴィチ・ロマノフは、クレムリンに近い木造家屋の部屋で目覚めた。強い目的意識と決意があった。彼は十八カ月に及ぶ西欧諸国外遊から戻ってきたばかりであり、頭の中はロシアの近代化へ向けた新しいアイデアでいっぱいですぐにでも着手したかった。路上には大貴族と、貴族の長老、有力な官僚たちが集まって皇帝の帰国を歓迎し、恭順の意を表していた。先日クーデターが鎮圧されたばかりだった。伝統の作法でひれ伏す側近もいた。皇帝は「早速の恭順」を受け入れるどころか「ひれ伏す者たちをやさしく抱き起して接吻した。親しい友人の間でしかないことだった」[1]。群集の間に微かなざわめきが起こった。儀礼に反するこの行為でその場の空気は少し動揺したが、これはピョートルが初めから決めていたことで、モスクワ式礼儀作法をやめる第一歩に過ぎなかった。

当時二十六歳の若い皇帝《ツァー》は、群衆の中を移動しながら、官僚たちを抱きしめて歓迎に応えていた。すると皇帝は外套に手を入れてカミソリを取り出し、無言のまま軍司令官アレクシス・シャインの長いあご鬚を掴んでその束を切り、鬚は地面に落ちた。驚きのあまりシャインが身動きできずにいる間、皇帝は彼の鬚の処理を大雑把に終えた。ピョートルは次にそばの大貴族に近づいて鬚を切り取った。皇帝は、集まっていた忠誠心の篤い側近ほぼ全員の鬚を切って行った。全員が沈黙していた。皇帝の権力には逆らえなかった。無情で、何を仕出すかわからない気性が知れ渡っていたピョートルであってみればなおさらだった。

体面を保ったのは二人だけだった。ピョートルが鬚があって当然と思った老人、正教会の長老、それに別居中の妻エヴドキヤ・ロプーヒナの私的な身辺警護人である。皇帝は近く妻を修道院へ幽閉するつもりだった。驚きで言葉もない高官や軍人たちは新しい顔をさらしていた。不安な笑いも漏れた。鬚を切るのは伝統への冒瀆と感じる者たちもいた。十七世紀末、ピョートル大帝の治世下で、鬚を蓄えずにモスクワの町を闊歩できたのは外国人の商人と技師、軍人だけで、ピョートル自身も慣習に逆らって鬚を生やさなかったので、やがて誰もがこれに追随した。

ピョートルの大々的な西欧諸国外遊は「欧州大使節団」とも呼ばれ、皇帝は外遊を通じて、ロシアが社会の多方面で改革待ったなしの後進国であること、また当時、ドイツや、オランダ、イギリスなどに広がる先進技術の恩恵を被れなかったことを痛感した。ロシアは同諸国からヨーロッパの一部ではなく、タマネギ形の丸屋根建築と、厳格な正教会、中世の政治制度を持つ半東洋的後進国と思われていることを皇帝は悲しんだ。ロシアはいまだ啓蒙主義の洗礼を受けていなかった。人心は時代遅れの社会通念から抜けられないので、ピョートルは何としても自分が西欧諸国の仲間入りをさせ、近代的思考の時代へ引っ張っていこうとしていた。装飾過多の服は歩くのに邪魔で身体を動かしにくく、また、よく手入れされた長いあご鬚は西欧諸国ではもの笑いの種であり、ピョートルはこういう後進性の象徴との決別を固めていた。

この種の慣習は近代化の障害であると考えた。皇帝は、これならいいと思える公式儀式・行事用の礼服や、官吏の職務上の服装の規程を定め、男性にはチョッキ、宮廷儀式用のズボン、スパッツ、踵の低いブーツ、お洒落な帽子、女性にはペティコート、スカート、帽子（つけひもをあごの下で結ぶ）の着用が許された。反り返った長刀を腰に下げる慣習も禁じられた。旧式の服装で市内に入ろうとする者は特別税を支払わねばならず、やがてピョートルは、市内へ入る者は身分や地位にかかわらず長い礼服の裾を切るよう門番に命じた。

服装改革を進めている最中、外遊中に異母姉のソフィアを皇帝の位に就けようと企てた者たちを処分した――ロシア精鋭部隊ストレリツィによるクーデターである。鬚・服装改革に対する恐怖が確かにその底流にあった。クーデターはただちに皇帝派によって鎮圧されたが、ピョートルの幼い頃からストレリツィと異母姉による反乱は繰り返されていた。この度は我慢の限界だった。ソフィアは貴族の地位と名前を剝奪されて修道院へ幽閉された。ストレリツィは解体され、陰謀の首謀者を捜すために生き残った千七百人以上がモスクワの特別収容所で拷問にかけられた。時にはピョートルが自ら尋問役を引き受け、激しく鞭打たれ、殴られ、火を押し当てられる捕虜に「白状しろ、こいつめ、白状しないか！」[2]と怒鳴った。大がかりな粛清の嵐の中で約千二百人が絞首刑と斬首刑で命を奪われ、多くの亡骸が晒し者になり、また、大勢が障害者となってシベリアなどの遠隔地へ流され、罪人の妻子はモスクワから追放された。これは将来クーデターを企てようとする者、あるいは、皇帝の命令に逆らう者への警告ともなった。ピョートルはストレリツィの連隊を解体して近衛連隊を創設した。

十八世紀は力が支配したが、ピョートルは加虐的趣味を満足させるためではなく、陰謀を排除し、政治的安定を取り戻すという国家的理由から力を行使した。彼の面前で陰謀者への慈悲を乞う教会職員に「国民が害を被らないように、また、民衆を破滅に導く公共の復讐犯罪を訴追するのは国王としての責務であり、神に対する義務である[3]」と厳しく叱責した。粛清による恐怖と見せしめを通じて権力基盤は固まり、ロシアの西欧化に抵抗する者は誰もいなくなった。

イギリス訪問中に描かれた有名な肖像画に、ぴかぴかの甲冑と豪華な毛皮のガウンを纏ったまばゆいばかりのピョートルの姿がある。片腕に杖を握り、もう片方の腕をふてぶてしく腰に当てた大胆なポーズである。背景には、肩越しの窓から大きく帆を膨らませた軍艦が見える。目は大きく、唇は厚く、髪はわざとくしゃくしゃにカールしている。頭は美しい甲冑を纏った身体に比して不釣り合いに小さく見える。ピョートルはかなり長身で、非常に個性的だった。身長は、六フィート七インチ（約二メートル）あり、当時ずば抜けて背が高かった。だが、肩幅は狭く、身長の割に手足は小さかった。頑健だったが、軽い癲癇症状と顔面の痙攣があった。ハノーヴァー選帝侯未亡人で、統治者でもあった異母姉のソフィアは、一六九七年の夏にピョートルと面会したときの様子を子細に語っており、彼は「非常に良い王子でも悪い王子でもあります。性格はロシアそのものです[4]」と述べた。

一六九七年春のこのピョートルの西欧への使節団までロシア皇帝が外国へ——侵略軍は別として——それも、これほど遠くへ出ることはなかった。だが、ピョートルは孤立を打破したかったのである。ロシアは内陸国であり、はるかに北の白海（訳註　ロシア北西部のバレンツ海の湾）のアルハンゲリスクに港があるだけだったので、それを打破するために皇帝は艦隊の拡充に着手した。当時バルト海を制していたのはスウェーデンであり、カスピ海と黒海はサファビー朝（イラン）とオスマントルコの支配下にあった。一六九六年、ピョートルはドン川河口のアゾフにあるオスマントルコの城塞を攻撃して奪い取った。奪取した砦の防衛のために海軍強化を目指し、多数の若者を西欧へ派遣して操船術と海軍戦略を学ばせた。次に、ピョートルは二百五十名超の高官を引き連れての西欧諸国への外遊を発表した。皇帝はロシアの拡大と繁栄に資するために世界をその目で見据えるつもりであるとの噂がさらに衝撃的だった。母の死後皇帝に即位してわずか三年、青年皇帝は使節団の随員の一人に化けて出かけたいと言った。

世界の大きな動きを把握し、野心的な目標を達成するための策を練るため、ピョートルは大袈裟な儀式や政治ショーを省きたかった。ロシア宮廷の各国大使は、外遊は皇帝個人の気晴らしと休日を過ごすためであり、市井の人々の生活ぶりを視察してさらに良い皇帝になるためのものであると本国へ報告した。ピョートルは、オスマントルコと戦うためにも同盟国の必要を感じていた。大使節団はワルシャワ、ウィーン、ベネチア、アムステルダム、ロンドンなどを訪問することになっていた。当時フランスはオスマントルコの同盟国だったので、名立たる太陽王ルイ十四世との会見は予定されなかった。

皇子として育てられたピョートルは確かにそれなりの自我を持っていたが、謙虚で思慮深くもあり、当時の最新技術と知識を利用すれば自分にも国家にも得るところが多いと考えていた。後年ピョートルが書いたものを見ると、次のような考えだった。

艦隊創設に腐心していた……ヴォロネジ川には造船に最適な場所があった……イギリスとオランダから腕利きの船大工が招かれて、一六九六年にロシアで新しい仕事が始まった――大型戦艦、ガレー船他の造船……皇帝は事業に旺盛な意欲を示し、自らオランダへ赴いた。アムステルダムの東インド会社の埠頭で数人と造船技術の修得にのめり込み、立派な大工の心得を学び、自分の腕で新しい船を造って進水させた。(5)

ピョートル・ミハイロフは、ご存知のように、自ら世界情勢を見聞して観察する自由を切望し、うわべの豪華さや儀礼の背後に隠されたくなかった。皇帝らしく悠々と暮らすよりも、人知れず自由に動き回りたかった。ロシアを刺激的な西欧世界の一員にしたかった――西欧諸国の船乗りは新しい陸地を探検し、各国は艦隊を派遣して探検を続けていた。十七世紀末から十八世紀初めに世界は国際化し、西欧はこうした活動の技術と着想の中心だった。航海と探検を支えたのは時計やクロノメーター、コンパス、温度計、望遠鏡、気圧計、精確な地図を作成するための機器など新技術だった。オランダとイギリスの東インド会社と、オランダの西インド会社の進取的な船乗りと資本家は、コーヒー、茶、砂糖やシナモン、クローブ、ナツメグなどの香辛料をヨーロッパ市場へ運んだ。日常でも珍しい動植物が見られた。デカルト、ライプニッツ、レーウェンフック、そして、ニュートンなど科学者は宗教の教義からある程度自由に実験や自然の研究を行い、世界を支配する特性や法則を探究した。新しい科学はヨーロッパの世界観を変え、ピョートルは、自身もそうだが、ロシアという国にもこの時代に乗り遅れてもらいたくなかった。皇帝は船の大砲、索具、錨、帆、それに最新の航海用具を購入し、経済的発展のために技術を修得して国内で製造できるように努めた。
十七、十八世紀には、人口のほとんどは田舎暮らしであり、主に動物を飼育して生計を立てていた。エネルギー源は人力以外には水車と風車だけだった。道路が悪く、余分な食糧も時間もなかったのでめったに旅はしなかった。日の出とともに起き、暗くなると一日が終わった。光熱源は木材がたよりだった。ヨーロッパ大陸を席巻する新しい思想や知識は辺境のロシアまで届かなかったので、ピョートルは何とかしたかった――ロシア国民に新しい生き方をもたらしたかった。
訪問先の王室はロシア大使節団の受け入れに頭を痛めた。当時、各国駐在のロシア大使は任国の習慣をほとんど知らなかったので使節団の考えを伝えられなかった。ロシア大使は粗野で野暮な田舎者で、西欧諸国の王室の儀礼にそぐわないと思われていた。

ロシア宮廷もなかなか受け入れられなかった。オーストリア大使の秘書ヨハン・ゲオルク・コルプによると、食事の時間は決まっておらず、突然「皇帝《ツァー》が召し上がる！」(6)の声でいっせいに始まる。召使が大皿に盛られた料理を運んで来て大テーブルの上にばらばらに置き、人びとが集まって皿に手を出す。長いパンを手に冗談を言い、ぶつかり合ってワインや蜂蜜酒、ビール、ブランデーなどを注ぐ。酒は白熱した議論、華やかな舞踏をはじめ、レスリングにも欠かせない。時には、飼い馴らされたクマが食堂を歩き回り、ペパーブランデーを欲しがったり、おどけて帽子やかつらを払い落としたりする。こういうお遊びは宮廷のロシア人には受けただろうが、順番や入室・着席の時間を気にする西欧諸国のお偉方には嫌われた。各人が長い肩書を呼ばれ、酒を飲む杯も、ご馳走を食べる順番も決まっていたのである。ピョートルは公式行事や儀礼を「野蛮で非人間的」であり、国王に「社交の楽しみを知らせない」ようにしているとして嫌った。彼は誰とでも語り合い、飲食を共にし、冗談を言い合いたかったが、もちろん対等であっても頂点に君臨する。ピョートルは船大工との仕事や、兵士との行進、船のロープ作業、職人とのビール飲みなどで手にできた胼胝《たこ》を自慢していた。出自や権力よりも、才能や長所が認められて出世した人物に会いたがった。

大使節団の構成員はピョートルが自ら選んだ。不揃いの一行には大物大使三名と貴族の重鎮の他に、貴族二十名、熟練職人三十五名がいた。さらに、司祭、音楽家、通訳、料理人、馬の世話係、兵士、それに召使も加わった。際立った長身のほかはどこにでもいそうな焦げ茶色の髪に青い目の何でも屋の「ピョートル・ミハイロフ」が仲間に入った。この男の参加は公然の秘密だろうが、公式には認められていなかった。儀礼上たいへん厄介な問題になるからだ。ピョートルは、摂政会と称する、伯父を含む三人の信頼できる長老たちに後を任せてロシアを旅立った。

一行はフィンランドと、エストニア、ラトビアなどバルト海東部と国境を接するスウェーデン領を通る陸路で行った。ここでピョートルは四十年前に父が征服に失敗したリガの城塞を詳しく調べた。リガはバルト海のロシアの港として最適だった。彼はこの地での待遇を、皇帝に対して実に不十分かつ不適切だと思った。もちろんお忍び旅行だったが、それでも、それなりの配慮があってしかるべきだった。一行は無視され、何でも自力でやらされた上に高い宿泊料と食事代が許せなかった。三年後に、リガでの待遇の悪さを口実にしてスウェーデンとの大北方戦争を仕掛け、自らの治世と生涯の大部分を費やすことになった。その結果、リガはロシア領になった。ロシアが領土を拡大してバルト海への出口を得るにはスウェーデンの領土を奪う以外になかったので、冷遇は確かに好都合だった。リガを出発した一行は陸路ポーランドのミタウを訪れた。ピョートルは矢も楯もたまらずヨットでドイツ北部のケーニヒベルクへ赴いた。ここでブランデンブルク選挙侯フリードリヒ三世と対スウェーデン同盟について協議した。フリードリヒ三世もピョートルと同様に領土拡大を狙い、新たに樹立したプロシア王国の国王になりたがっていた。

ピョートルは、将来の対スウェーデン軍事同盟の基礎固めを終えると、陸路ベルリンへ向かった。この時までにはピョートルの存在が公然の秘密であることは北部ヨーロッパ全域に広がった。風変わりな服装で、大酒飲みで、野蛮な振る舞いをすることで有名な、東洋風で謎めいた皇帝を見ようと人びとが群がった。使節団はまるでサーカスの巡業のようになり、ピョートルは見世物のように人々の視線が集まり困惑した。事実、見世物だった。だが、彼にはユーモアがあり、何に対しても興味を示し、話上手なので、ドイツ貴族や上流階級に好かれた。伝え聞くような未開のクマとはまるで違うことを証明した。多くの受入国は準備を整えていた。

八月中旬ライン川に到達し、ピョートルと随行者数名は小船で川を下り、その他の一行は陸路を進んだ。皇帝はアムステルダムからザーンダムの町へ行き、一労働者として大工になって造船を学びたいと突拍子もないことを言い出した。造船所付近の小屋に居を構え、大工道具を買い集めて、造船業務に就いた。変な服装の外国人が船でやって来たという噂が広まり、名前を隠したことですぐに疑われた。珍しいロシアの服装の一団を誰もが注視していたのである。ピョートルは長身で、顔面に痙攣があったのでとくに人目に付き、数日後には、町のお偉方や商人からの食事会への招待を丁重に断っている。やがて皇帝の滞在は一般に知れ渡って大騒ぎになった。モスクワ大公国（訳註　ロシアの前身）の皇帝が一般人として船を建造しているという噂を確かめにアムステルダムから大勢が押しかけて、仕事場には大衆が近づけないように柵が設けられた。翌日、ピョートルは堪えきれずに人だかりをかき分けて小船に乗りアムステルダムへ行き、使節団用に予約してあった大きな宿に入った。

アムステルダムはザーンダムよりはるかに大都市で、大事件には馴れているので、目立たないでくれればいいとピョートルは思った。この運河の都はどこもかしこも水と船に囲まれており、どこからともなく船乗りが叫ぶ声が聞こえてきた。ピョートルはオランダ東インド会社（ＶＯＣ）の塀に囲まれた造船所で仕事を見つけた。ここにはさまざまの形と大きさの船団があった。建造中の船があり、旧い船が満潮時の水位の上に引き上げられ、腐敗した海獣の胸郭のように、腐った外板が骨組に付着していた。ロープ、木、タール、布、鉄などで商船や戦艦が形作られ、ピョートルはここに数カ月滞在して船に関するあらゆる知識を吸収した。もう名前を隠してはおれなくなり、市長や町のお偉方にも会った。オランダ東インド会社は構内に皇帝用の小さな家を提供して好奇の目を避けさせた。ピョートルと十人のロシア人は全長約三十メートルの海軍快速帆船の造船作業に着手し、丸太や材料の選定から設計の監督まで初期段階から船の建造に加わった。同社は皇帝の名誉の印に船名を「使徒ペテロとパウロ号」と改めた。

オランダ共和国の人口と国の豊かさは若い皇帝には驚異だった。この小さな国には約二百万人もの国民がいて、どの都市も他国に比べれば大きい。オランダは繁栄の頂点にあった——東インド会社からもたされる富からの——当時のヨーロッパで最も繁栄し、都市化が進んだ洗練された国であり、芸術と衣服、食べ物、香料、思想家は有名だった。船であふれんばかりの造船所は、当時世界最大の通商網に船を供給し、それらの船は、北太平洋を除きどこへでも航海した。大規模な商業の発展はオランダを、そしてヨーロッパを変貌させた。オランダ東インド会社だけでも船員、職人、労働者、沖仲士、書記、大工、兵士など五万人以上を雇用していた。東インド会社以外の会社は同社の商業活動から情報を得て一体となってヨーロッパ北部の大規模な商取引を支配した。そこから生まれる巨万の富が刺激となってオランダはヨーロッパで最も豊かな科学先進国となり、絵画、彫刻、建築、演劇から、哲学、法律、数学、出版など芸術と科学が繁栄してオランダの黄金時代を築いた。ピョートルには初めて目にすることばかりだった。アムステルダムでは安全が確保された港湾内に船のマストが林立し、埠頭には無数の小型船が列をなし、町中の運河には荷物をずっしり積んだ船が走っていた。

　商業の繁栄は、信用、保険、融資、合資会社など、それにふさわしい新しい経済構造の発展を促した。ヨーロッパ各地から商業その他、太平洋地域まで拡大した新しい世界貿易を学びに人々が集まった。太平洋は巨大な自国領土の端にあることをピョートルは知っていた。そこはカムチャツカと呼ばれ、ほとんど未探検で、地図もはっきりしない東の土地であり、当時は北アメリカと繋がっているのではないかと考えられていた。

　ピョートルは四カ月間アムステルダムの造船所で働きながら諸都市を視察した。一六九七年十一月十六日には彼が手掛けた帆船の進水式が大々的に行われ、オランダ東インド会社からその船を寄贈された。提供者への敬意を表

して船はアムステルダム号と改名され、使節団が買い集めた西欧産業のあらゆる見本を積み込み、ヨーロッパにある唯一のロシア港である白海のアルハンゲリスクへ向けて船出した。

一六九八年一月、ピョートルはイギリスのウィリアム王の招きで、一行のほとんどを残して少数の随行員とともにイギリスへ向かった。イギリス国王から新しい小型帆船を贈られることになっており、ピョートルはイギリスとオランダの造船技術を比較したいと思っていた。ロンドンにも仰天した——人口は約七十五万人で、アムステルダムやパリと肩を並べる。テムズ川には大小さまざまな船が浮かんでいた。イギリスとオランダは十七世紀にインドと香料諸島への交易路の覇権を争って三回戦争をした。アムステルダムと同様に、ロンドンの富の多くはヨーロッパ以外、すなわちアメリカ、カリブ海域、インド、インドネシア、それに中国からも集まっていた。

イギリスの租税制度と経済がどのように歳入を生み、世界の富を自国へ運ぶ強力な海軍の創設と維持を可能にしたかに関心があった。国民のほとんどが農民で、農業経済であるロシアを成熟した都市労働力を持つ近代的なヨーロッパ諸国並みにする秘訣を知りたいと思った。ピョートルはロシア人仲間とともに王立造船所を視察し、数カ月働いてもみた。そして、騒々しさと不作法で有名になった。ピョートルはその飽くなき好奇心と激しい気性と同様に、意見も強硬だった。王立貨幣鋳造所を視察し、後にその体験を自国の通貨改革に応用した。イギリスとアムステルダムでは熟練職人や技師、物理学者、それに石工、錠前師、船大工などの職人や船員や航海士を面接して採用した。高給を提示したのでロシアへ移住してもいいと言う者は大勢いた。

七月中旬、ウィーンを離れるとき、ピョートルはストレリツィが蜂起し、異母姉の支援でクレムリンへ進軍中との知らせを受けた。彼は最後の訪問予定地ベネチアを取り止めて急遽ポーランド経由でモスクワへ戻った——帰路は馬を乗り継ぎ昼夜走り続けた。きっと鬚そり大改革をしてやろうと考えていたにちがいない。

モスクワへ戻ってクーデターを鎮圧したピョートルは、近代国家の機構と統治の構想をさっそく実行した。オランダと、ドイツ、イギリスで目にした進んだ制度が自国にないことに拘っていた。ロシアの眠りを覚ますために彼がまずとった行動は、鬚に関する新法と税制だった。その後二十五年間に及ぶ長い統治で、ピョートルは主要な二点に没頭した。一つは、抜本的な制度改革を行ってロシア社会をヨーロッパ並みに変革することだった。

帰国後何十年も、外国人の服装、様式、友人、そして習慣を採用した。多数の外国の友人や顧問をそばに置いた。外国人は異端と汚染の源泉だとする正教会の信仰の根絶に何年も努めた。正教会の権力を削ぎ、暦法改正を行い、軍を拡大改編し、貨幣制度を標準化し、法律文書に有印公文書を導入し、国家褒章制度を創設した。ドイツ人やオランダ人の友人を真似てパイプを長年愛用し、喫煙を合法化した。祖父の時代には喫煙は死刑で、後には鼻削ぎの刑に減刑された。皇帝の鼻を削ぐわけにはいかないので、教会は喫煙解禁反対の矛を収めた。ピョートルはロシア科学アカデミーを創設し、主に外国人学者を採用した。彼は厳格な見合い結婚にも反対だった。自分の結婚も見合いだったが、オランダや、ドイツ、イギリスにはない慣習だった。ピョートルは十代のとき母が決めた見合い結婚に抵抗できなかった。彼は当時の妻で、暗い性格の敬虔な女性エヴドキヤ・ロプーヒナとは会いもせず口も利かず、追い出そうと決心していた。一年半のヨーロッパ外遊中にも一度も手紙を書かず、戻って来てもすぐ会おうとしなかった。ピョートルは妻を修道院に入れて宮廷と公的生活から排除した。一七〇三年、彼はリトアニアの農民で、家事をしていたマルタ・スカヴロンスカヤを愛人とし、後に妻に迎えた。この女性は皇帝の死後、女帝エカチェリーナになった。

　政治社会改革に次ぐピョートルの大仕事は、スウェーデンとの大北方戦争であり、長い戦いの後にバルト海東部をロシア領土とし、ヨーロッパを向いた国となった。この新領土にピョートルは一七〇三年に新都市を建設した。フィンランド湾の東部海岸にあり、ロシア領の時もあったが、近年はスウェーデン領で、ロシアのモデル都市にするつもりだった。ピョートルはここをサンクトペテルブルクと命名した。近代的な都市づくりを目指し、建設を急ぎ、他のロシア国内では石造建築を認めないと布告した。ロシア中の石工は完成まで新都市の仕事に従事しなければならなかった。ピョートルはここにロシア海軍本部を置き、規模を拡大した。ヨーロッパ外遊中に雇い入れた多数の職人や商人を使用した。新都市は政府と宮廷の中枢となった。一七二一年九月十日、ロシアとスウェーデンはニスタット条約に署名して二十一年間にわたる大北方戦争を終結し、同年ピョートルは正式な肩書に栄誉ある「全ロシア皇帝」の称号を加えた。戦争中にロシアはバルト海東部とフィンランドの広範囲を征服し、エストニア、リボニア、イングリアおよびフィンランド南部をロシア領とする代わりに、スウェーデンに多額の銀貨を支払うことに合意した。

ピョートルは偉大な国王の誰にも勝るとも劣らない輝かしい人生を送った。国家再建と近代化へ道筋をつけるという、これまでのロシア皇帝にない大事業を敢行し、さらに大きな計画を持っていた。ピョートル大帝と呼ばれるだけのことはあった。だが、長く権力の座にあった後、一七二四年夏、若くして死の恐れのある重篤な病に倒れた。腹を切開して膀胱に穴を開け、痛みの原因だった約一・八リットル溜まった尿を出した。秋には回復したが、十二月になると痛みが再発して寝たきりになった。

ピョートルは前例のない業績を挙げたはずだった――ロシアが時代遅れの無知な中世国家からヨーロッパ有数の国家へと変貌するのをその目で見た劇的で冒険の人生だった。彼は過去の栄光に浸るのは御免だった。長い間あためてきた地理と科学の夢を追っていた。それは西欧諸国におけるロシアの地位を向上させ、だだっ広い帝国の末端まで掌握するための行動だった。ピョートルは宮廷の豪奢な寝室で病に苦しみながら、輝かしい業績の総仕上げに新しいことを考えていた。彼は命令を走り書きした――それはこの先何十年も影響を及ぼし、歴史上最大の科学探検に数えられ、新大陸への航路発見ともなった命令だった。最期を迎える頃ピョートルの最大の関心は地理にあり、帝国の大きさと遠隔地の資源を把握することと、長く懐にあたためてきたアジアと北アメリカとの関係だった。アメリカ独立戦争とクック船長の航海以前のこの時代には、それは大きな地理上の謎であり、地図にない最後の秘境の一つである北太平洋だった。一七二四年末、ピョートルは臨終の床で厚い信頼を寄せる側近を呼び、自分の考えと計画の概要を説明し「時間がないので」すぐに実行に移すようにと命じた。大将のアプラーヒン伯爵（ヒョードル・マトヴェーヴィチ）を枕元へ呼んでこう言った。

私は病で動けない。近頃、長年あたためながら他用でなかなか行動に移せなかった事案について考えている。北極海経由の中国・インド航路を発見することだ。地図にはアニアンという海峡がある（訳註　十六世紀のヨーロッパでは北アメリカは大陸ではなく大きな諸島であると考えられ、北西航路で太平洋と大西洋を結ぶとされた想像上の海峡の名前）。必ず何か根拠があるはずだ。最後の外遊の際に学者とこの件について話をした際には、そういう海峡が発見される可能性があるとの意見だった。敵から攻撃される恐れはもうないので、学術的に栄光を勝ち取るべきだ。未知の海峡を探すことだが、アメリカ沿岸を何度も探検してきたオランダやイギリスよりも私たちが成功する可能性は高いと思う。(7)

一七二四年十二月二十三日にピョートルは自筆の命令書を伯爵に渡し、一カ月後の翌年一月二十六日までこの文書に署名しなかった。ピョートルの命令は、世界史への長期的な影響を考えたもので、次のように簡潔だった。

一．カムチャツカ、または他の場所で船を一隻または二隻建造する。
二．建造した船で北へ向かい、アメリカ海岸の一部と思われる（限界が不明なので）ところを航海すること。
三．アメリカとの接続地域をつきとめること。ヨーロッパ諸国の管轄下にある定住地へ航海し、ヨーロッパの船に出会ったら海岸名を聞き出し、地名を記録し、上陸し、情報収集して地図を作成して戻ること。(8)

後年第一次カムチャツカ探検隊と呼ばれるロシア初の大規模な探検隊の立案から一カ月後の一七二五年二月八日、ピョートル大帝は五十二歳で逝去した。この探検は地理上の知識に関してヨーロッパ諸国との格差を埋めることになり、ロシア帝国の覚醒の象徴となった。ピョートルの未亡人エカチェリーナは女帝となり、夫の夢の実現を引き継いだ。ピョートルは、探検を率いる人物には、ロシア海軍に二十年在籍して大北方戦争でも活躍した軍人で、温厚な人柄で敬愛されたヴィトゥス・ベーリングというデンマーク人司令官を選んでいた。

第2章

第一次カムチャツカ探検隊

優しそうな目をした、好奇心が強そうな感じの二重顎の男。これは長い間ヴィトゥス・ヨナセン・ベーリングの肖像画だとされてきた。この絵は、人生の大半を海で送り、シベリア探検をした有名な司令官の行動と人生にそぐわず、現在では、絵画の人物は彼の大叔父で、デンマークの有名な歴史家で詩人のヴィトゥス・ペデルセン・ベーリングであると考えられている。一九九一年にデンマーク・ロシア合同調査団によって掘り起こされたベーリングの遺体が復元されると、身長約百七十センチ、体重約七十六キロで、筋肉の逞しい人物と判明した。頬骨が高く、長い巻き髪で、体格は頑丈だった。生涯健康に恵まれた好男子だった。[9]

ベーリングは、ピョートル大帝のロシア海軍大拡張によりロシアに職を求めた大勢の才能豊かな外国人の一人だった。一六八一年八月五日、ユトランド半島東側のバルト海に面した港町ホーセンスで生まれた。この町は十七世紀を通じてスウェーデンとの戦いに敗れて衰退していた。父親は税関吏で教会委員を務める中流階級の人物だった。だが、野心ある若者に将来の展望はほとんどなかった。海と船が好きな少年は、十五歳のとき、兄とともに給仕係として船に乗り込んだ。ピョートル大帝の大使節団の一年前である。オランダそしてデンマークの商船でインド、インドネシア、北アメリカ、カリブ海などを八年間航海した。航海術と地図作成法、指揮を学び、さらにアムステルダムの航海士養成所で学んだ。一七〇四年、青年ベーリングはコルネリウス・イヴァノヴィチ・クルイスと出会う。クルイスはノルウェー人で、一六九七年にロシア海軍の新設に協力するためにピョートル大帝に雇われていた。ロシアとデンマークの宿敵スウェーデン帝国との大北方戦争（デンマークと、ザクセン・ポーランド、プロシアが時々参加）の開戦当初、ベーリングにとってロシア帝国海軍への就職は願ってもない話だった。航海術に長けた聡明な船乗りには幸先が良かった。彼は後々「若い頃から望み通りになった[10]」とよく語っていた。ロシア海軍では一兵卒から少尉へ、さらに一七〇七年に大尉、一七一〇年に少佐、一七一五年に四等大佐、一七二〇年に二等大佐にまで昇進し順調に出世した。そこで彼の幸運は短期間止まった。

ベーリングは後年の仲間から「誠実で熱心なキリスト教徒であり、礼儀正しく、温厚な人柄」と評され、「彼の言行は階級の上下にかかわらず、誰からも受け入れられた[11]」が、目立った戦績はなかった。有能で信頼厚く、一七一一年にはトルコとの負け戦の最中に、自分が指揮するムンカー号でアゾフ海から黒海を横断し、ボスポラス海峡を通って地中海へ、さらに基地のあるバルト海へと航行する活躍を見せた。戦争中はずっと基地に滞留していた。危険で困難な航海で指導力と豪胆さを見せた――史上最長で複雑な二回の陸路と海路の探検隊を指揮しうる特性が備わっていた。

ベーリングは、バルト海沿岸地域で優勢なルター派共同体の共通の友人を通じて、ヴィボルグでアンナ・クリスティーナ・ピールスと出会い、二人は一七一三年に結婚した。アンナは二十一歳でベーリングよりも十一歳年下だった。新都サンクトペテルブルクに近いネヴァ川沿いに暮らすドイツ語のわかる商家の長女だった。ベーリング夫妻は九人の子供を授かったが、成長したのは四人だった。戦争でベーリングが海に出ているときは会う機会が少なく、アンナ・クリスティーナはベーリングの探検隊への準備をしていた。ベーリング夫妻は上昇志向が強く、社会的地位を気にしていたのでベーリングの職責は重要だった。戦争中にベーリングが昇進している間はすべてが順調だったが、戦功による昇進から外れて多くの同僚に後れを取った。悪い事は重なった。アンナの妹のエウフェミアが、ロシア海軍ではベーリングより上級で貴族になるイギリス人の少将トマス・ソンダースと婚約した。姉は妹よりも社会的地位が下になり、その夫は義弟より階級が下になることになった。これが家族を不安定にし、ベーリングとアンナにとっては挫折だった。二人は予想外の展開に悩み、名誉挽回のためにはベーリングが海軍を辞めるしかないと考えてエウフェミアの結婚前に退職願を提出した。一七二四年二月、退職の際は一等大佐の称号を与えられ、ベーリング夫婦は二人の子供を連れてサンクトペテルブルクからヴィボルグへ転居した。だが、彼には年金がなく、収入がなくても家族を扶養しなければならないので、退職は長く続かず、半年で復職を願い出た。サンクトペテルブルクにはエウフェミアがいるので、アンナはヴィボルグに留まることにした。地位が上の妹に偶然出会って面子を潰さないためだった。ベーリングはバルチック艦隊で九十砲装備の船の指揮にあたると届けた。だが、ピョートル大帝と側近はベーリングの人生を変えることになる計画を立ち上げていた。

一七二一年、戦争は正式に終結し、ピョートル大帝は、まともな地図もないウラル山脈の東側の、人のまばらな広大な地域に関心を向けることができた。他のヨーロッパ諸国がシベリア探検に乗り出してきてロシアの領有権が侵害されることを危惧していた。一七一七年にフランス科学アカデミーからシベリア探検の許可を求められたことをかなり気にしていた。皇帝はわが領土の未知である地域のことをもっと知りたかったが、この申し出を断った。国土の探検を外国人に託すことなど自分とロシアにとって看過できなかった。

スペイン人は中央・南アメリカでアステック帝国、マヤ帝国、インカ帝国などの強国を破り、奪った土地をヨーロッパからフィリピンに至る東西に広がる世界帝国に合体した。フランスは北アメリカ東部を植民地化した。イギリスは北アメリカに植民地を建設し、世界的規模の通商帝国を築いた。オランダはニューネーデルランドを建設し、インドネシアのポルトガル海上帝国を征服した。オランダとイギリスの東インド会社はインドネシアとインド洋の交易を争っていた。イギリスはインドを制圧中だった。スペイン船はメキシコから北アメリカの西海岸に沿って北上し、現在のブリティッシュ・コロンビア州まで探検していた。しかし、北アメリカの内陸、および太平洋岸と北部沿岸地域のほとんどは広大な未知の土地であり、アジアの北東沿岸部も同様だった。ピョートルは、新領土を獲得し、貴重な交易ルートを確立して国家を盤石にするだけでなく、科学・地理分野にもロシア単独で進出できると考えた。ロシアが地球の知識へ貢献したと言われるような国際的栄誉を求めてもいた——シベリアの詳細な地図を作成することで、知識の利用だけではなく、貢献したと認められたかった。

ピョートルは諸外国の尊敬を勝ち得るとともに、中国と有益な通商関係を築いて広大なシベリア地域の開発に役立てようとした。これまで何度も中国との交易拡大を試みてきたが成功しなかった。アムステルダムとロンドンを訪れた若い頃の経験から、国家繁栄の鍵は強い経済力にあり、通貨改革と安定した法制度に加えて、それを叶えるのは通商だとの信念があった。交易が盛んになれば国家の歳入も増える。ロシアはロシア人隊商の中国への入国および中国内の都市への領事館開設について中国と交渉したが、にべもなく断られた。ロシア側の使節レフ・イズマイロフ大佐は凝った贈物を贈呈し、通商交渉の一つとして北京にロシア正教会を建てたいと大きく出た。正式回答は素っ気ないもので、「我が皇帝は交易をせず、市場はない。貴国は商人を高く評価する。我々は商売を軽蔑する。我が国では商売は貧者と下僕のみがし、貴国との交易から得るものは何もない。貴国民が持ち込まなくてもロシアの品であふれている」[12]だった。ピョートルの統治の末期には、皇帝の努力にもかかわらず中国との交易は縮小し続け、中国はロシアとの国境のアムール川への立ち入りを禁止した。アムール川は太平洋への出口になるはずだった。

このロシアの通商上、ゆえに政治上の障害を回避する唯一の道は、北へ目を向けることだった。ピョートルは地図が不完全なシベリア東部に着目した。シベリア開発は十六世紀末に着手され、タタール諸部族から土地を奪い取ってきた。一六四八年に極東の岩だらけで吹きさらしのオホーツク海沿岸にロシア最東端の前哨基地が築かれ、ロシアの前進を阻む者はいなかった。イギリスや、フランス、スペイン、オランダの航海者は世界中を探検していたので北太平洋の探検に向かうのは時間の問題だった。ピョートルは、その栄誉に与るのはロシアにしたかった。

一七二四年末、ピョートル大帝が尿路感染症で病に臥せったとき、長年の夢だった探検隊派遣がにわかに動き出した。ピョートルはその数カ月後に病死する。彼は十二月に海軍大学の幹部に命じてこの野心的事業の指導的役割を担うべき人物をリストアップさせた。測量士、船大工、地図作成者、そして司令官らである。司令官のリストの筆頭にベーリングの名前があり、「東インド地域に行った経験があり、事情通である」[13]とのペーター・フォン・ズィーヴェルス中将とナウーム・セナーヴィン少将からの推薦があった。ロシア海軍に二十年間在籍し、北アメリカとインドネシアへの航海経験があることで、太平洋の未知の海域を航海する探検隊の指揮官として選ばれることになった。探検では未知の民族や文化と遭遇することになるが、ベーリングは少なくとも海外諸国の経験を有していた。ピョートル大帝は「北アメリカへ行ったことがある隊長と副隊長が不可欠である[14]」と記した。

ベーリングの大北方戦争における司令官としての最大の功績は兵員・物資の調達・輸送である兵站業務で、第一次カムチャツカ探検隊長に選ばれたのは、この分野の手腕を買われたためだった。これほどの探検隊は初めてだった。「実際の」沿岸探検を始める太平洋に到達するにはシベリアを横断しなければならなかった。そこには中央アジアの山岳地帯から北にある氷海（北極海）へ流れる大小さまざまの広大な流域があった。旅は数千キロと続く河系を辿る大規模輸送の連続となる。大河川の合流点には要塞が築かれた立派なルートだったが、小規模な隊商が使っていただけで、大量の物資を運ぶ大遠征隊が通るのは初めてだった。今日では、シベリアは酷寒で、寒風が吹きすさび、住民はまばらという通念がある――政治犯などの流刑者にはうってつけの不毛に近い荒れ地である。十七世紀でも同じで、同じような政治目的に利用され始めていた。

シベリアは、名目上は一七〇八年にピョートル大帝によって確立されたロシア帝国に十ある地域の一つだった。だが、シベリアは他の地域とはまったく異なっていた。ウラル山脈から太平洋まで面積が広大で、モンゴルと中国の北部アジアのほぼ全域を覆い、ロシアの他の九地域を合わせた面積の二倍、ロシアの陸地の四分の三に相当する。シベリアの総面積は五百十万平方マイル（約千三百二十万平方キロ）と広く、地球の表面積の一割に当たり、ツンドラ地帯、大平原、大針葉樹林（タイガ）、ウラル、アルタイ、ベルホヤンスクなど数多くの山脈があり変化に富んでいる。過去も現在も世界一人口密度の低い地域である。ピョートルはシベリアへ行ったことはなく、ロシア政界のエリートも一人もいない（少なくとも戻って来た者はいない）。人口は全域で三十万人を超えず、十八世紀には少数民族がほとんどだった。シベリアの短く暑い夏と、長くて寒い冬の亜寒帯気候では毛皮がたくさん取れ、テンやキツネなど高価な毛皮への課税が地域の主な歳入になっていた。現在のシベリアの人口は約四千万人で、ロシアの総人口の二十七パーセントにすぎない。

シベリアとそこに暮らす多様な先住民族（エネツ族、ネネツ族、ヤクーツ族、ウィグル族など）は、十三世紀初めにモンゴル族に征服され、十六世紀にロシアのコサックがウラル山脈の東へ進軍して前哨地と〈オストログ〉と称する砦小屋を築き、周辺に町が築かれるまでは土地の支配者が割拠した。シベリアはあまりにも広大で適正な掌握が難しく、開拓と土地利用のためにモスクワから役人が派遣され、既存のハーン国の緩い政治・徴税制度を利用して主に毛皮への課税（貴重な鉱物資源と原油は未開拓）を行った。十八世紀初め、ロシアの前哨地は太平洋岸のカムチャツカまで拡大した。これらの地域はロシア政府の支配下にあったが、ウラル山脈の東側のイルティシ川沿いの小都市でシベリアを管轄するトボリスクの東には道がなかった。トボリスクの丘には大きな石の要塞があり、シベリアの政治と軍事の中心であるとともに、シベリア正教会の最高位者の拠点でもあった。政府と教会の建物は、その下に広がる平原にある約三千の大小さまざまな木造家屋に囲まれ、季節による洪水の被害を受けやすかった。約一万三千人の住民がいた。シベリアで旅人のもう一カ所の補給基地はヤクーツクである。ここには毛皮の交易所があり、ロシア人の知事がいて、トボリスクの住民の半数近くが生活し、シベリアのほぼ中間点に当たる。イルクーツクもトボリスクとほぼ同規模の発展中の町で、住民は中国との交易で生計を立てていた。シベリアの南部にあり、第一次カムチャツカ探検隊はここで集中的に力を傾注することになった。数多いシベリアのオストログは小規模で、食糧物資の補給は期待できなかった。ヤクーツクと、オホーツク海西岸の小定住地オホーツクとの間には険しい山岳地帯があった。一七一六年にロシア人はオホーツクからカムチャツカ西岸のボルシャヤ川への海路を開拓した。太平洋へ容易に出られるアムール川沿いを南へ向かうルートはネルチンスク条約後にロシア人には閉鎖された。

探検隊は厳しい気候と悪路の中、地球の三分の一を踏破しなければならない。東へ進むほど条件は悪化し、先行き不透明となり、国家事業に協力する人間は見つからない。一行はオホーツクでの船の建造に必要なあらゆる道具や物資を運んで来た。錨、釘、道具、武器などの金属類の他に、ロープや帆もあった。人口は少なく、腐敗した大酒飲みの労働者がいて、食糧さえ大量入手が難しかった。トボリスクからオホーツクへ出るルートの新しい地図を作成し、オホーツク海からカムチャツカへ渡る詳しいルート、次に、いわゆる氷海へ北太平洋岸を北上する地図を作成することも探検隊の主要任務に入っていた。誰しも正確で詳細、多様な知識に従って旅をするものであり、その結果、地域は帝国のものとなるものである。先例のない難事業である。ピョートル大帝は目的達成のための正確な知識はなく、また、直面する困難に対する認識もなかったので、命令は広範だが、大まかだった。だが、事業が長期になることははっきりしていた。

一七二五年一月、ベーリングはヴィボルグへ戻り、任期中の給与の家族への支払い手続きをして、妻子と過ごすなどの「私用」を果たした。数年後に戻ったとき子供たちは随分変わっていることだろう。ベーリングは私的な商取引も考えていた。年四百八十ルーブルの高給に加えて、地位を利用して財産が築けた――司令官は大量の荷物を運ぶことができ、探検隊の予算を私用品の輸送に利用する権利があったので、上手くやれば、遠いシベリアの前哨地でそれらを売却し一財産築けた。妻のアンナの父親は大商人だったから、商売とは縁がない軍人の義理の息子に助言したはずである。ベーリングの任期中、数年間離れ離れになるが、夫も妻も求めるものは富を得る機会と夫の昇進だった。富と地位が夫婦の目標だった(15)。

サンクトペテルブルクでベーリングは部下になる人物と会っていた。二十七歳のマルティン・シュパンベルグ大尉は十七歳年下の同国人だった。しばらくロシア海軍に所属し、アメリカ植民地への航海経験が一度あり、学歴はないが、力強く、決断力があり、粘り強いと評判だった。対照的に、アレクセイ・チリコフはまだ二十一歳で、ロシア海軍在籍わずか一年で探検隊の大尉に任ぜられた。ロシア人の彼はモスクワ数学専門学校に入学して優秀な成績を修め、サンクトペテルブルクの海軍士官学校に移った。卒業後わずか一年で教師として戻ったのだ。チリコフが受けた数学的素養が必要な天文学と、地図作成、航海術の技能と訓練は、地図作成探査に重要だった。その他の隊員三十四名は船員、熟練職人、動物飼育係、見習い将校、大工、修理工、外科医、司祭、測量技師、操舵員、造船工、それに一般労働者だった。

一七二五年二月のピョートル大帝の死後、女帝エカチェリーナ一世は、第一次カムチャツカ探検隊など夫の事業を引き継いだ。チリコフは一月二十四日に二十六人を引き連れてサンクトペテルグルクを出発していた。重さ三百六十ポンド（約百六十三キロ）の錨六基、大砲八門、銃数十丁、砂時計、索具、帆布、ロープ、薬箱、科学機器などウラル山脈の東側では手に入らない装備品を二十五台の馬ゾリに載せた。ボログダまでは周知の道を通り、ベーリングとシュパンベルグが海軍大学での会議を終えるのを待った。それから一行は元老院の正式命令と、シベリア知事ヴァシリー・ルキーチ・ドルゴルーコフ公宛の支援要請書を受け取った[16]。知事宛の文書は短いものだったが、はっきりと記されていた。「我々は海軍大佐ヴィトゥス・ベーリングと従者からなる探検隊をシベリアへ派遣した。一行は特別任務を帯びており、一行がシベリアへ到着した際には、任務遂行に必要なすべての支援を供与すること」となっていた。二月六日、ベーリングとシュパンベルグは軽装備で隊員六名と共にソリで出発し、チリコフと合流してから暗い冬の日にトボリスクを目指して連日雪深いウラルの低地を進んだ。三月十六日にトボリスクに到着。この約二千八百キロは旅のほんの始まりに過ぎなかった。

川の雪解けまでのその後の二カ月間にベーリングは知事に会い、エカチェリーナ女帝の書簡を見せて、五十四人の支援要員を求めた。シベリアには熟練作業員はおらず、ようやく隊員の倍以上の三十九人が集まった。ベーリングは大工と鍛冶職が大勢欲しかったが見つからなかった。トボリスクから東は道がないので馬とソリを売ろうとした。ここから先、イルティシ川からオビ川までは荷船の旅になる――筏を造る大工と、装備で重いソリを降ろして船に積み込む作業員が必要だった。四隻の平底の川船は各々長さ十二メートルで、マストと帆が付いていた。ベーリングは、まず小船で先遣隊を派遣し、探検隊の到着を知らせ、備品と食糧を要請した。行く先々の砦や定住地で何度も行ってきたやり方だった。シベリアの平原を横断して北へ流れる川とその支流には、まばらでも、ヨーロッパや中国への毛皮取引と中国産品の北部・東部への交易網が確立されていた。だが、ベーリングの探検隊ほど大規模な一行が大陸を横断したことはなかった。ヤクーツクまでシベリアを横断するにはオビ川を上り、七十三キロの連水陸路を渡ってエニセイ川へ出た後、ヤクーツクまでレナ川の支流をいくつか下る――それぞれの河系で新しい船が必要になり、どの川にも特有の障害があり苦労があった。

五月に入り、まだ風雪は止まないが、一行は氷塊が浮かぶイルティシ川の急流に貨物船を入れて次のオビ川との合流点まで東への長い旅に再び出発した。暗い空の下で急流に乗り、ときどき小さな村へ寄って休息と暖をとった。一週間あきれるほど寒い急流下りをした後、五月二十五日にオビ川との合流点に着いた。船を岸に寄せ、大工は船竿とオールを増やした強大な船用の大きな舵を造った。男たちはときどき外に出て巨大な船を手繰り寄せねばならなかった。逆風の中での、しかも蚊の大群に囲まれながらの辛い作業だった。一カ月近く奮闘して六月にはケチ川の支流に到達し、曲がりくねった浅い流れに沿ってマコフスクの要塞《オストログ》に辿り着いた。ここで一行はエニセイ川系の商業の中心であるエニセイスクの町へ向かう長い船旅の用意をした。一行がエニセイ川に着いたのは六月二十日だった。シベリアに足を踏み入れてから現地の受け入れ態勢は劣悪で、ベーリングはその典型を記録し始めた。地元の役人は探検隊一行に権限を振り回し、行ったこともない極西部の勅令などには見向きもしかった。ある時は、要塞の司令官は支援を求められると暴言を吐き、ベーリングの持参した公文書を床に叩きつけた。船の荷降ろし作業に人手を出すのを断った挙句に「お前ら詐欺師だな。絞首刑にしてやる」(17)と怒鳴った。

ベーリングは強気な人物で、皇帝の書簡に加えて多数の部下がいたので、輸送作業に必要な多数の馬と荷馬車など欲しいものはすぐに手に入れた。一行は困難な移動をどうにかやり遂げたが、エニセイスクではさらに落胆することになった。知事は作業員を追加したが、ベーリングは「働けるのは僅かで、障害者や病人ばかりだ」(18)と不満をもらした。八月半ばには、ようやく数トン分の荷物や補給品を荷馬車から川船に移し、ツングースカ川からイリム川へ向かった。イリム川で再び山のような荷物を小船に移し、急流の中で短時間の輸送を何度も繰り返した。探検隊本隊は九月二十九日にイリムスクの町に到着した。川が凍結する直前だった。レナ川沿いのウスチクートの要塞を目指す次の輸送は険しい約百三十キロの行程だった。ベーリングは冬の間に隊員を分け、シュパンベルグ他三十名と荷物を積んだ馬数十頭を先行させることにし、川船を造らせ、氷が溶ける春にレナ川を北東へ約千九百キロ下ってヤクーツクへ行く準備をさせた。本隊は冬が来る前に半年遅れてヤクーツクへ到着する予定だった。ようやくカムチャツカまであと半分というところまで来た。

その間ベーリングは冬の間に陸路を南下してバイカル湖に面したイルクーツクの町へ行った。知事に面会し、ヤクーツクから山脈を越えてオホーツクへ出るこの先の状態について尋ねた。これから先が最難関の旅になる。オホーツクまでは既存ルートはなく、山岳地帯で、川は浅く曲がりくねり早瀬が多い。山岳地帯での重い荷物の輸送は初めてであり、ベーリングはここが全行程の最大の難関だと考えた。地元住民は、冬はソリで旅をする。どの方向へ行くにも八〜十週間ぐらいかかった。「雪は二メートル以上、場所によりそれ以上積もる。冬場の旅では夜間の防寒のために毎晩シャベルで雪かきをしなくてはならない[19]」とベーリングは伝えた。

本隊と荷物がレナ川を下ってヤクーツクへ出たのは一七二六年の六月になった。ヤクーツクはこの辺りでは最大の町の一つで、住民は三千人以上、家屋は少なくとも三百軒あり、周辺の先住民はその十倍ほどいただろう。冬になる前に危険な山越えが控えており、早々に出発しなければならなかったが、思い通りにはならなかった。ヤクーツクでは一行の到着前に何も準備されてなかった。信じられなかった――部下を先行させて馬数百頭、穀物数トン、労働者数十人を要請していたのだが、どれも準備されていなかった。ベーリングは知事室へ乗り込み口論を始めた挙句に、探検隊が失敗すればその責任は貴殿にあり、皇帝の怒りを買い失職は間違いないと脅かした。そこで初めて知事は作業員六十九人と馬六百六十頭の確保を約束したが、現地はそれに対応できず、住民の激しい怒りを浴びた。最大の問題は賃金が支払われないことで不満と文句が充満した。

そこでベーリングは隊を分けた。まずシュパンベルグが百五十トンの小麦と装備品のほか、錨や大砲など地形から陸路では運びにくい物資や装備品を船に積んで出発した。新たに造った船十数隻と隊員二百人を同行した。次に少人数の隊を陸路でヤクーツクからオホーツクへ向かわせ、ベーリングもすぐ後を追った。数百頭の馬の行列であり、ベーリングの私物だけでも数十頭の馬が使われた。岩だらけの曲がりくねった険しい山道では荷馬車や荷車は使えない。チリコフは小麦などの補給品の最後の引き渡しを待って、翌年春までヤクーツクに残ることにした。

大きな荷物を積み、騒音と埃や糞まみれになった行列は足元の険しい山岳地帯を通ってオホーツクへ出た。ベーリングの「この道の険しさは言葉で言い表せない[20]」の言葉以上に状況はひどかった。正確な日誌の記録係の下士官ピョートル・チャプリンにとっては、昼は曇天で朝は「氷のように冷え込む」日が続き、馬の死と食糧不足が続き、脱走者の続出など問題だらけだった。与える草がなくなって馬は餓死した。湿地越えの丸太道を造るため未成育の木々の伐採に手間取り、峡谷の上り下りには一日に六回も凍えるほど冷たい浅瀬を渡った。隊員三人と多数の馬が死に、また、夜間に四十六人が物資を積んだ馬とともに逃走した。多くの資材が山道に放置され、後で回収された。四十五日間の険しい旅を終えて十月一日にオホーツクに到着したとき、ベーリングはこの町が想像より小さく、隊の到着準備をしていないことを知って愕然とした。オホーツクで物資供出を頼むには町が小さすぎた。牧場が数カ所と、先住民の小屋が数軒と、一行の十一軒の施設しかなかった。だから、休息どころか、さっそく越冬用の家と倉庫を建てなければならなかった。大方の馬が死に、人手による丸太運びは楽ではなかった。その後は明年夏にオホーツク海を渡ってカムチャツカへ行くのに不可欠な船の建造に着手しなければならなかった。ほかにも海で魚を獲り、屠殺した肉の保存用の塩づくりで忙しかった。最大の問題は、十二月になってもシュパンベルグから連絡がないことだったが、彼と二名の隊員は一大事を伝えにオホーツクへようやく辿り着いた。

シュパンベルグ一行が辿った川沿いのルートはベーリング一行のよりも苛酷だった。八月に早くも冬になり、地元民の記憶する最も厳しい冬だった。レナ川を川船で下ってからアルダン川とマヤ川を上った。二つとも急流があり、男たちは船を降りて、草が生い茂る藪や岩だらけの川岸を歩いて船を引いて行った。体力を消耗するばかりか一日一キロ以上もの辛い重労働を強いられた。九月末までに四十七人が辞めるか、逃走した上に船は氷に閉ざされ

た。気落ちした隊員たちが無言で抵抗する中で、つねに前向きで、めげないシュパンベルグは、越冬用の小屋とソリを造り始めた。彼は海軍方式の鞭打ちで脅して部下を働かせた。船荷を降ろして出来立てのソリに積ませ、雪の上を東へ向かって引かせ始めた。十月下旬には腰まで積もった雪の中を、十八トンの荷物を九十台のソリで引っ張って行った。一行はすぐに体力を消耗し、大砲や、砲弾、火薬、航海用具などを投げ捨てていった。跡にはごみが散乱した。十二月になると飢餓が始まり、馬の死肉や、鞍袋、馬具、ブーツやベルトまで食べた。シュパンベルグと二人の強者はユドマクロスという高台へ走って行った。そこは目立たない場所で、誰かが空地に立てた粗末な十字架があった。そこを下ればオホーツクだった。ベーリングも数カ月前に通って行った。三人は自分たち用に残されていた小麦粉を見つけ出し、他の隊員たちの元へ戻りユドマクロスへ連れて来た。途中で四人が餓死するか凍死した。シュパンベルグは衰弱した者を残し、ソリ四十台と御者を連れてオホーツクを目指して川を下った。途中で凍結した馬の死肉を食べた。シュパンベルグと二人の隊員は大事な物資をソリに載せ、昼夜重い足取りで雪の中を進み、ついに一月六日にオホーツクへ到着した。残る六十名ほどの隊員は十日後に辿り着いた。

ベーリングは救援隊に後戻りさせて生存者へ食糧を運ばせようとしたが、雪で暗く凍える寒さで救援隊は命惜しさに命令を拒んだ。ベーリングは一歩も引かず絞首門を建てさせて命令に従わない者は絞首刑にすると脅した。シュパンベルグ率いる隊員九十名と犬七十六匹から成る救援隊は二月十四日に不満気に押し黙って出発した。ユドマクロスで凍死体四体を発見し、残されていた七人を救助した。救援は困難を極め、ユドマクロスに着くと、シベリアで採用した十二人が斧やナイフを摑み「俺たちは、こいつらのように死にたくない。だから町（ヤクーツク）へ帰る。止めても無駄だ[21]」と叫んだ。冬から春はずっと、ベーリングは、ここまで来る道々に放置された物資を回収するために隊員を派遣し、残る者たちはオホーツク海を渡ってカムチャツカへ航海する船を建造した。しかし、晩春になると再び飢餓の恐れが出て来た。川を遡上するサケが例年より極端に少なく、六月にチリコフの一隊が数トンの小麦などの物資を携行してヤクーツクから到着したときには飢餓が発生していた。

大工は冬から造船に取り組み、六月上旬には進水の見通しとなった。新しい船は幸運を祈ってフォルトゥーナ号（幸運の女神号）と命名された。古い船も改修されてボストーク号（訳註　ボストークはロシア語で「東」の意）と名付けられた。チリコフが二回目の小麦と牛の輸送にヤクーツクへ戻っている間に（馬百七十頭のうち十七頭を失ったが、死者はなく大きな被害はなかった）、シュパンベルグは両船の責任者になり四十八人（鍛冶屋、大工、船大工）を、オホーツク海を六百三十海里（約千二百キロ）渡った対岸の小さな町ボリシェレツクへ移動させた。ボリシェレツクはカムチャツカ半島西岸のボルシャヤ川の河口の上流にあり、粗末な家屋が十四軒あった。着岸するとすぐに半島を横断して太平洋側へ出て、北へ航海するための大型船の建造に取りかかった。順風であり、シュパンベルグは二隻の船で対岸のオホーツクへ引き返し、八月二十二日にベーリングのほかに残留者を乗せて再びボリシェレツクへ到着した。カムチャツカは十七世紀に大陸の北方のロシア人が探検しただけで正確な地図はなく、ここが半島であることを知らなかった。船で半島を周って太平洋岸で荷を降ろせていたら辛い陸路の旅を繰り返さずに済んだことだろう。

ベーリングは、太平洋岸への最後の行程としてボルシャヤ川を上るため、荷物を大船から小船へ移した。次にはカムチャツカ川の源流にあるアッパー・カムチャツカ・ポストという別のロシア前哨地への輸送があり、その後、太平洋岸のさらに北にあるロウアー・カムチャツカ・ポストまで犬ゾリか小船による約二十五キロの旅が待っていた。シュパンベルグが先遣隊を率いて先発し、残った隊員たちは物資の整備と狩猟や魚釣りをし、冬にはソリ、春には小船での山越えの準備をしていた。雨や雪や唸る風の中で上流への荷物の運搬、陸路の運搬、船荷の揚げ降ろしなどの辛い作業が控えていた。ベーリングは犬ゾリを扱えるカムチャダール族の協力を得ようとしたが、それ以外の接触はしなかった。オホーツク海側から太平洋側までの往復約八百キロを犬ゾリ八十五台で何度も繰り返す数週間の強行軍だった。

カムチャツカ半島は全長約千二百キロで、深い森林に覆われた山岳地帯であり、中央を谷が通っている。多彩な野生生物で知られ、大きなヒグマがいる。夏は涼しくて湿気が多く、冬は寒い。十月から五月までは雪に覆われる。北から北極の寒風が吹き、寒流が半島の両岸を囲んでいる。高山の頂には氷河があり、海岸周辺部はつねに霧が出て、シベリアよりも湿気が多い。また、ユーラシア大陸では最も火山が多い地域でもあり、活火山が多く、蒸気を吹き出す温泉が無数にあって地震や津波が起きやすい。嵐は有名である。十九世紀にあるイギリス人旅行者は「凄まじい豪雪の嵐が荒れ狂った。荒野にみぞれの塊が黒い煙のように転って行き、私たちは寒さで歯をガチガチ鳴らしながら凍え切っていた。みぞれが強烈に叩きつけ、衣服の中に入り、パーカの下や荷物の中へ滲み込んだ[22]」と記した。ベーリングは「毎晩雪の中でキャンプをして出口を塞がれた……外で嵐に巻き込まれて、避難所がなかったら雪に埋もれて死んでしまうだろう[23]」と自身の体験を語った。

カムチャツカ全土にロシア人は百五十人程度しかおらず、ほとんどが三つある要塞付近で暮らす兵士か徴税官だった。その他の住民は言語も文化も似ている北部のカムチャダールと、南部の千島列島人だった。ベーリングはシベリアの異質な地域に住む先住民族に関しても記録していたようだが、彼は民族誌学者などではなかった。「ヤクート族は多くの馬と牛を飼育して衣食に供している。家畜を飼育しない民族は魚を獲って生活している。彼らは偶像崇拝者で、太陽と月と、ハクチョウ、タカ、ワタリガラスなどの特定の鳥を崇拝している。彼らはシャーマンと呼ばれる神官を崇拝している。悪魔と呼ぶ小さな像を彫っていた……他の住民は信仰を持たず、良い習慣はまったくない[24]」。カムチャツカでは「住民は非常に迷信深い。重病や死にそうな人は、父親でも母親でも、夏でも冬でも、一週間分の食べ物を持たせて森へ捨てる習わしがあり、多くは死ぬ[25]」と記した。

こういういい加減な所見には文化に対する偏見があり、原因の一つは、探検隊は非ロシア系民族やロシアの影響下にある民族との交流がほとんどなかったことにあった。ベーリングの到着以前は要塞の大雑把な支配下に置かれていたため無法状態に近く、かつては二万人と推定された先住民の人口は大幅に減少した。十八世紀末には数千人にまで減少し、ロシア人と混血して特異な文化を形成する住民も多かった。シベリアと同様に、カムチャツカの先住民は中央政府に強制される以上の労役を提供させられることもあった。これは規則違反だったが、カムチャツカはロシアから非常に遠いので役人を取り締まる者がいなかった。探検隊はロシア人とカムチャツカ人の双方に大きな緊張を生んだ。

一七二七年の春までに探検隊一行は途方もない道のりを旅していた。空路の直行便でサンクトペテルブルクからカムチャツカ東部までは六千七百キロ以上ある。探検隊はこの距離を何度も踏破した。川の上り下り、人跡未踏のシベリアの高原を越え、ときには同じ道を往復した、ほぼ北緯六十度線上に沿った岩だらけの道なき山岳地帯を越えて行った。ここまで三年近くかかった。この長い距離と険しい地勢は、ロシア太平洋帝国というピョートル大帝の野望の実現にとって大きな障害だった。こうして太平洋岸に辿り着いたベーリングには新しい目的があった——大型船を建造して北極海へ乗り出すことだった。

シュパンベルグ一行は一七二七年の秋から冬にかけて四千メートルを超えるクリュチェフスキー火山の麓にいた。大木の生えた海岸から約百六十キロ内陸の先住民の小さな居住地付近で木を伐採し、船大工や大工が仕事をしている海岸近くまで浮流させていた。地元の製法で野草から〈スラットカヤ・トラバ〉（訳註　甘い酒の意）という酒をつくった者もいた。海水を沸騰して塩をとり、魚油を攪拌してバターにし、大量のサケを木片の上で干した。四月下旬には船の骨組みが出来あがり、肋材と外枠は既に完成し、外板の工事に入っていた。船は全長約十八メートル、幅約六メートル、竜骨から甲板までの高さは約二メートルだった。二週間後には二本のマスト、帆、索具、錨の準備が整い、底荷《バラスト》、大砲三門、食糧が積み込まれることになっていた。船は聖ガブリール号と命名され、七月九日の温暖な日に進水させた。一行は四十四人の一年分の食糧を備蓄しており、その多くを遠くから運んで来た。小麦粉十五トン、堅パン三トン、（真水を）二十樽、さらに、地元の魚油十二トン、干サケ約三百四十キロも準備した。四日後に全員が乗船し、海岸を離れて約百九十キロ航海した後、カムチャツカ半島の太平洋岸沿いに北上し、大規

模な任務の最終作業を終えた。

チリコフは緯度と経度を計測して海岸線の概略図を描いた。意外にも海岸は北東方向へ延びていた。船の前進とともに数週間、陸地は左側に巨大な霧の堤のように見えていた。一行は船を止め、真水を求めて二度上陸した。山々が「高くそびえ、斜面は壁のように急で、山峡から変化に富む風が吹いていたからだった」[26]。素晴らしい眺めと、クジラと、アシカ、セイウチ、ネズミイルカなどの海洋動物を記録に留めた。霧と小雨の日が続いた。聖ガブリール号は七月末にアナディリ川の河口を通過した。嵐はなく、順風で航海に適した天候が続いた。八月八日、見張り番が大型のカヤックが近づいて来るのを発見した。カヤックには八人が乗り、意味不明の言葉（チュクチ語らしい）を喋っていた。カムチャツカ生まれの通訳がいたが、ベーリングは北と西方の地理情報は得られず「現地人は大陸が東にどこまであるか知らない……しかし、後で通訳は、ここから東へあまり移動しなければ晴れた日には陸地から島が見えると言った」[27]。だが、一行は北進を続けて北緯六十五度に達し、北の水平線には波立つ海原が広がっていた。そこは氷海だった。約五十年後にジェームズ・クック船長が三度目の航海でベーリング海峡と命名した海峡を航行していた。以前、コサック商人セミョン・デジニョフの探検家たちはこの海岸伝いを航海した。一六四八年、デジニョフは九十人で一本マストの小船七隻に乗り込み、コリマ川河口からシベリア沿岸とカムチャツカの海岸沿いを千五百海里（約二千八百キロ）南下した。船が難破して多数の死者が出たが、少なくとも二十四人がカムチャツカ沿岸を南下して小さな交易拠点を築いた。残念ながら、この航海の僅かな記録はモスクワへも、ヤクーツクの東のロシア官吏にも報告されなかったので、一七三六年までその航海は知られず、ベーリングの役には立たなかった。

八月十三日、ベーリングは与えられた命令どおり遠くまで航海したと考え、ロシアの慣例に従って自室に士官を集めて会議をした。ロシア海軍では、重大事項の決定は隊長一任ではなく、合同会議でなされることになっていた。ベーリングは士官らに質問した。アジアとアメリカは陸続きかの質問にどう答えたか。意見はさまざまだった。チリコフは越冬してでも航海を続けたがった。シュパンベルグは、船が無事に北極で越冬できる港がないので、もう三日間北進してみてはどうかと提案した。ベーリングは、基本的にここまで北上した限りでは、沿岸は「切り立った険しい山岳地帯であり、冬は雪で覆われていた[28]」と指摘した。シュパンベルグは、この未知の不毛な海岸で氷に閉ざされたり、難破するのだけは避けたく、そのうち海氷に出会うと思っていた。

議論を終えてチリコフとシュパンベルグの書面による進言があった後、ベーリングは結論と理由を次のように記した。

これ以上ここに留まれば、霧の深い夜に海岸に乗り上げ、また、逆風で脱出できなくなる危険がある。リーボード（訳註　帆船中央部に取りつけた板）と竜骨板が壊れている現状を考えれば、ここで越冬場所を探すのは難しい……私は、引き返してカムチャツカで冬を越す港を探したほうがよいと判断する。[29]

ベーリングは大胆な勝負師というより、知識豊富で注意深い指揮官であり、ピョートル大帝が彼を隊長に据えたのはそのためだったろうが、同じ理由で戦時中は海軍でうだつが上がらなかった。彼は現実的で、目標に向かって安全に成功する道を選ぶタイプだった。この航海では、危険と報酬を比べる目は確かだったろう。ここで事故が発生したら救援は期待できず、全情報は失われ、以後探検隊は派遣されないだろう。ベーリングが自分の任務は太平洋における将来のロシアの存在を高めるための布石だと考えていたことは確かである。これ以上進むための資料はなく、多くの収穫があるとは思えなかった。ベーリングは、シュパンベルグの言うとおり、さらに三日間の北進を命じたが、何もなかったので、方向転換して南へ引き返した。船はベーリング海峡を航行していたが、雲と霧のためにアラスカの海岸線を見つけた者はいなかった。

ベーリングの行動に不満な歴史家はいろいろ批判する。ベーリングは臆病すぎたか、あるいは撤退が早すぎたのではないか。もっと先へ進むか、東方の陸地を探すべきだった。先住民の意見に頼り過ぎたなどである。だが、当時この大陸については何もわかっていなかったし、ベーリングには探検隊の主目的が発見という認識はなかったかも知れない。将来の装備の良い探検隊のためにシベリア横断ルートを確立し、カムチャツカの海岸線の地図作成のために派遣されたのであり、大陸の発見や、北極での越冬にすべてを賭ける冒険をするためではなかった。

帰路では大型のカヤック四艘に分乗した四十人ほどのチュクチ族に遭遇した。東に大陸か島があるかどうか知りたかったが、前と同様、通訳がいないと意思の疎通はほとんど不可能だった。それでもカヤック一行はいくらか交易をした。肉と、魚、真水、青狐の毛皮、セイウチの牙を金属製の道具や針と交換した。

聖ガブリール号は数日間の荒天後、九月二日にカムチャツカ川河口へ入った。海にいたのは五十日間で、それから一カ月も経たずに海は凍り始めた。冬の間に船を修理し、帰る準備をした。ベーリングは、帰りにカムチャツカ半島の南を回りたかった。どこまで南下できるか、一行が再び辛いカムチャツカの山越えをしないでオホーツクに着けるかどうかを知りたかったのである。冬の間彼は長年カムチャツカに住み着いているロシア人と語らい、彼らはベーリングには東に謎の陸地があり、森林と大河があって、住民はカムチャツカのものと同じような大型のカヤックに乗っているという出所の怪しい話をして聞かせた。話を聞いてベーリングはいろいろ考えるところがあった。五月になると川の氷がとけて一行の出発準備は整ったが、ベーリングは近くに島があるかどうかを調べるために四日間東へ航海することにした。嵐のために何も見られずに撤退せざるを得なかったが、十二年後にまったく異なる状況で再び訪れることになる離島へかなり接近していた。

七月二十四日、ベーリング一行はオホーツクへ帰還した。帰路は重い荷物もなく、労働者の数も大幅に減り、一度通った道を進むだけなので何事もなく速く着いた。一月十一日にはトボリスクへ到着して役人に報告した。ベーリングは私人として交易した品々を申告し、関税を払った。一行は一七三〇年二月二十八日サンクトペテルブルクへ戻った。出発してからちょうど五年が過ぎていた。ベーリングと、シュパンベルグ、チリコフの三人は昇進して報酬が与えられ、それぞれ家族の元へ帰った。しかし、全員にとって良かったわけではない。寒さと飢えで十五人が死に、探検隊で使用された約六百六十頭の馬のほとんどは死に、ヤクーツク周辺地域は深刻な経済的打撃を被って馬主は零落した。探検隊が地元経済に与えた影響は計り知れず、騒擾《そうじょう》や暴動に発展した。カムチャツカではベーリングによる労働者と犬ゾリの御者の徴用が原因で一七三〇年代に暴動が発生し、ロウアー・カムチャツカ・ポストが焼失し、先住民に対する報復事件も起こった。

それでも、カムチャツカを発つ前に、ベーリングは半島の南東部の海岸の地図を描いていて、将来港にできる湾を発見した。そこをアバチャ湾と呼び、戻って来てこの遠隔地の地理上の謎をさらに解明したいとすでに考えていた。

第3章 完璧な計画

ピョートル大帝の際立つ特徴の一つに、飽くなき好奇心があった。ロシア社会を根底から変えたのはこの好奇心だった。旧態依然とした秩序を破壊し、改革を行って国家の姿を変えた。馬車や馬でさびれた田舎町を旅するときも、ここで見るべきものは何か、近くにこれはというものはあるかと住民に尋ねたものだった。ないという返事が返って来ると、皇帝は「どうしてわかるのか。おまえにはそうでも、私にはちがうかも知れないではないか。何でも見せてくれ[30]」と答えた。皇帝がヨーロッパの通商と軍事戦略、技術革新のみならず、芸術や科学への関心を持ったのはこの姿勢だった。ロシア人は国外へ出てヨーロッパの教育機関で学び、ロシアでは得られない技術的、科学的水準に到達すべしと奨励し、数学、砲術、工学、医学の基礎教育に資金を投じた。

ピョートルはサンクトペテルブルクのロシア科学アカデミー設立の際に最大の寄付を行い、三百年経った今日でもロシア科学アカデミーは最も権威ある学術団体である。彼はロシアの学会をヨーロッパの水準にまで引き上げて国内で学べるようにし、また、ロシア経済の近代化を進めようとした。ドイツの著名な博学者ゴットフリート・ライプニッツはベルリン科学アカデミーの創立者であり、ピョートルの治世の初期にそもそも提案しており、ピョートルは死去の前年の一七二四年一月二十八日まで科学アカデミーの設立を見合わせていた。皇帝には大学のような機能を持たせたいとの構想があった。初代教授は全員がドイツと、スイス、フランスから招聘され、各自研究の傍らロシア人とドイツ人の学生を教えた。歴史、法律、哲学、化学、数学、天文学、医学の分野があった。ピョートルは教授たちの到着前に死去したが、アカデミーはピョートルの構想どおり開花してロシアの知的向上に貢献した。東方の未開の地の探検もその一つだった。

　ロシア科学アカデミー設立の最終決定に署名したのはピョートル未亡人のエカチェリーナ女帝だった。エカチェリーナの統治は僅か二年間だったが、フランスと、ドイツ、スイスから十六名の教授が家族連れで到着してアカデミーの中核となった。第一回生の八名はヨーロッパ各国の学生だったが、まもなく学生数は増加した。宮廷が一時的にモスクワへ戻ると、アカデミーは放置され、多数の教授が給与未払いへの不満から去って行った。それでも、アカデミーはロシアがヨーロッパの尊敬を勝ち取る上で欠かせない重要な拠点だった。やがてアカデミーの科学者たちは世間と隔絶した世界とは異次元の、まったく新しい任務に携わることになった。

ベーリングが五年後にサンクトペテルブルクへ戻って来たとき、政情は一変していた。彼の出発時に帝位に就いたエカチェリーナ女帝は一七二七年に死去し、後継者のピョートル二世は、彼が帰還する僅か数カ月前の一七三〇年一月十九日に天然痘のため十四歳で死去していた。新女帝はピョートル大帝の姪のアンナ・イヴァノヴナだった。新女帝は宮廷をサンクトペテルブルクへ戻し、ピョートルの改革とロシアの西欧化、サンクトペテルブルクの都市開発、科学芸術の振興を継続したが、その統治はロシア史では「暗黒時代」とされている。豪華な舞踏会や贅沢な宮廷生活への歳出は地方の疲弊と、ポーランド、トルコとの度重なる戦争と矛盾した。だが、彼女を有名にしたのは妙に残酷な性格だった。女帝は宮廷の窓から動物を射撃し、劣等と思う人間を虐待した。身体障害者を嘲り、馬鹿にした。賞罰が恣意的で極端であり、恐怖と秘密主義が拡がった。アンナ・イヴァノヴナ統治下のロシア宮廷は「舵手と乗組員が泥酔しているか睡眠中の船が嵐に遭ったようなものだ……まったく展望がない」[31]とザクセン公ヨハン・ルフォール伯爵は密かに語った。

女帝は権威と名誉ある地位には外国人を就けたがった。治世早々の数カ月間に反外国人の貴族をシベリアへ追放した。この傾向はロシア人の怒りと意気沮喪《いきそそう》を招いたが、ベーリングには有利だった。再びシベリアとカムチャツカへ行き、大型船を建造してアメリカ西海岸の発見と探検を望む彼の新しい計画にも追い風になった。ロシア科学アカデミーと宮廷、海軍内部には、ベーリングは大胆さに欠け、アジアとアメリカは陸続きかどうかの結論を出せなかった——昔から噂にある大陸〈ボリシャヤ・ゼムリヤ〉について何も発見がなかった——との声があったが、ベーリングは装備が不十分で条件が劣悪だったことを指摘した。シベリアの新しい地図の出来映えと地方事情についての優れた分析を強調した。

ベーリングも妻のアンナも野心が強く、アンナはサンクトペテルブルクとモスクワの親族や友人を通じてつねに夫のために行動していた。ベーリングは貴族に昇格して褒章を与えられた。昇格、昇給と、シベリア滞在中の商売での利益でベーリング家はかなり富裕になった。一家は上流階級が住む地区の豪邸に移り住み、使用人がいて、立派に成長した八歳と六歳の二人の男の子がいた。息子たちは父親をほとんど覚えておらず、恵まれた生活に満足していた。社会的地位ではアンナはもう妹に劣っていなかった。幸福で裕福だったので、ベーリングは両親の遺産を故郷ホーセンスの貧民へ寄付した。

ベーリングは帰港後わずか数カ月の一七三〇年四月三十日に、第一次カムチャツカ探検隊の詳細な報告書と第二次計画の提案書を海軍大学へ提出した。ベーリングの所見では、第一次探検隊には未知の要因が多すぎて、挑戦不足だったので再度の探検が必要で、次回は計画、装備および人員に万全を期すべきである。第一次での指導力が発揮されれば探検隊は必ず成功すると考えた。政府の見解では、ベーリングが有力候補で、そして部下のシュパンベルグとチリコフも同様だった。

飢餓、酷寒、未知の航海で死ぬ確率の高さなど条件は厳しかったが、困難な時代には価値があった。シベリアは自由と未来永劫に世界に名を遺すチャンス、つまり、地理上に新知識を加える何らかの名誉と尊敬も提供した。第二次探検隊は自分の経歴に有益であり、冒険心もそそった。ベーリングはアンナ・イヴァノヴナ女帝に以下の計画書を提出した。

一．私の見るところでは、カムチャツカ東岸の波はどこの海よりも穏やかで、カラギンスキー島（カラガ島）

にはカムチャツカでは育たないモミの巨木があった。これは、アメリカ、あるいは、この方角にある陸地はカムチャツカからそれほど遠くないこと――二百四十〜三百二十キロ程度であるということである。これは五十トン級の船を建造して調査すれば簡単に確かめられる。そうすれば、ロシアと当該地域の住民との交易が可能になる。

二．カムチャツカで造船する。必要な木材が入手しやすいからである。食糧についても同じで――魚、鳥獣肉はとくに安い。それに、オホーツクよりカムチャツカの方が人手が得られやすい。さらに、カムチャツカ川の河口は深いので船には良い避難場所となることも見逃せない。

三．カムチャツカ、またはオホーツク川から、アムール川、または日本への海路を発見すれば、これらの地域には住民がいるから必ず利益になる。住民、とくに日本人と交易すれば相当の利益になる。船がないので、彼らが小船で中間地点へやって来て会うように交渉することにしよう。探検には前述の船と同規模か、やや小型の船が必要になるだろう。

四．探検に要する費用は――給料、船二隻の装備品・物資（現地調達はできず、当地とシベリアで調達）を除く――一万から一万二千ルーブルになる。

五．シベリア沿岸北部地域――オビ川からエニセイ川までと、そこからレナ川まで――の地図を作成するにしても、ロシア領内だから船でも陸路でも可能である。(32)

少ない費用で領土と経済圏拡大を図るこの提案に当然国は関心を持った。海軍基地設立と鉱物資源発見の可能性もあった。アンナ女帝はピョートル大帝の領土・交易拡大の継続を望んだ。そこで二年に及ぶ計画立案が始まった。ベーリングの原案はわかりやすかった。つまり、船を造ってカムチャツカからアメリカ発見の航海に出るというものだったが、派遣費用を正当化するためには不本意ながら他の関心事項を盛り込まざるを得なかった。千島列島を経由して日本へ到達する海路を開拓して地図を作り、シベリア北部沿岸の地図の作成を目指すことにした。二年以上の計画で海軍大学学長のニコライ・ゴローヴィン伯爵、元老院幹部で著名な地理学者のイワン・キリーロフ、宮廷外交官のアンドレイ・オステルマン伯爵など主要関係者の貢献と関心の及ぶ範囲で拡大した。キリーロフは、第二次探検隊は多額の費用がかかるが、領土が拡大しロシアに「無尽蔵の富」をもたらすと考えた。シベリアの多くの河川系は未開発の水路であり、有力な輸送路となり得ると楽観的だった。探検隊の二次的目標は地勢にではなく、地図作成と、インフラ建設、徴税、交易促進によるロシアの支配力強化を目指す政治的、植民地的なものであった。アンナ女帝の訓令によれば、元老院は「探検隊が陛下とロシア帝国の栄光に資するものとなるように十二分に審議した[33]」。

一七三二年を通じてアンナ女帝および元老院は新しい探検隊の目的と構成を定める勅令を次々に発出した。一七三二年四月十七日にベーリングを指揮官とする旨の元老院命令があった。五月二日には探検隊の概要が、五月十五日には準備開始とヴィトゥス・ベーリングを隊長、チリコフを副隊長に指名して準備を開始する海軍令が発令された。一七三二年十二月二十八日、アンナ女帝はさらに細かい指示を与え、第二次カムチャツカ探検隊の許可命令に署名した[34]。前途に待ち構える困難と障害を認識し、ベーリングと、チリコフ、シュパンベルグの三名の指揮官を昇進させた。ベーリングは大佐兼隊長、他の二名は大佐、他に八名が大尉になった。給与は二倍に上がり、事前に二年分が支給された。ベーリングは「航海中は全事項についてチリコフ大佐と協議の上決定すること[35]」も命じられた。合意が成立しない場合の決定権の所在は明確ではなかった。

大北方探検隊とも呼ばれた第二次カムッチャツカ探検隊は、これまでにない野心的な発見と科学目的を遂行する探検隊だった。第二次は、第一次で結論に至らなかった点を補完するとしたベーリングの穏当な提案を基礎に、ロシアの国力と高度な知識をヨーロッパに見せつけることを目指した。計画立案が進み、探検活動の範囲が膨らむにつれてベーリングは心配になった。一七三二年十二月の最終指示があったときは予想を超えた規模になっていた。ベーリングは三千人もの隊を率いることになった。科学者、書記、学生、通訳、画家、測量技師、海軍士官、船乗り、兵士、熟練職人など全員がシベリアでは入手できない物資を携行し、大荷物を引っ張りながら森林や、湿地、ツンドラなどの道なき道を何千キロも越えて東部海岸へ辿り着かなければならなかった。前回同様、道具類、鉄塊、帆布、保存食、各人の蔵書、科学器具など重い荷物を運ぶことになる。第一次と同様の岩だらけの道を通ってシベリア東部へ行くことになる。

探検隊の目的も増えた。地図のない広大な北太平洋を横断する野心的航海のほかに、シベリアのさまざまな謎の解明も加わった。オホーツクへ到着したら、ベーリングは前回のように船を二隻建造してカムチャツカへ渡り、アメリカを目指して東へ航海し、沿岸を南下することになった。この他、さらに船を三隻建造して千島列島と、日本、その他の東アジア地域を探検することになった。これらはベーリングの現実的で妥当な指示だった。他にもロシア人のオホーツク定住、太平洋沿岸地域での牧畜の促進、辺境の前哨基地への初等学校と航海学校の設立、遠洋航海船の造船所の建設、将来の地図作成のためシベリア各地への天文観測所設定、そして、地域活動を活発にし、莫大な運搬費用を回避するための鉱山と製鉄所建設だった。ベーリングが超人的な努力をして数十年かけてもとてもやり遂げられないだろう。探検隊は歴史に名を遺す名誉だと彼は考えていたが、事業規模と次々に発生する問題を過小評価していた。

皮肉にも、近年アラスカ西部の島々は別のロシア人航海者に発見されていた。一七三二年にミハイル・グヴォーズジェフは、ベーリングの聖ガブリール号を利用してカムチャツカのチュクチ族処罰に派遣された小隊の一員だった。チュクチ族はロシアの前哨基地を破壊し、納税を拒否した。第一次カムチャツカ探検隊当時、ベーリングが食糧と労働力を要求したときにも反乱を起こした。グヴォーズジェフは八月にアラスカの海岸を目視し、カムチャツカへ引き返す前にカヤックに乗った男に遭遇した。

ロシア海軍の支援の下に結成されたとはいえ、ベーリング探検隊は海軍の事業ではなく、指揮官にも航海術の長期の実践経験はなかった。ベーリングは実際に船を動かして航海してきたが、探検隊の旅の大半は管理技術を生かした約九千六百キロのシベリア横断の繰り返しだった。組織管理、人員補充、人馬と川船の補塡、地域の権力者との交渉などである。元老院幹部のキリーロフは世界の新興勢力ロシアの登場を夢見ていた。彼は新たにオホーツクへ行政官を派遣して探検隊の到着に備えさせ、船の建造を始めたかった。この仕事への情熱――シベリアの未開拓地のために既知の世界を離れること――は強くなかった。オホーツク当局は恵まれた部署ではなく、役人の関心は強くなかった。結局、シベリアは政治犯の追放先でしかなかったのか。ベーリングとキリーロフが白羽の矢を立てたのは、苦肉の策かもしれないが、追放されてヤクーツクの北のレナ川沿いの寒村で暮らしていたグリゴリー・スコルニャコフ＝ピサレフだった。

　ピサレフは高等教育を受け、ピョートル大帝時代は将来を嘱望されていたが、陰謀に関与した疑いで反逆者としてシベリアへ送られた。一時腕を買われたときもあったが、追放から十五年が経ち、彼の行政官任命は本人の意向も、彼を知る人物の意見を聞くこともなく実行された。ベーリングもキリーロフも知らなかったが、現在のピサレフは自堕落で、野心のない、怠け者だった――シベリアで信用を失い、才能を無駄にしてしまったのだ。それでも彼を新しい責任者に任ずる命令は下った。ピサレフはオホーツクへ移動し、拡張予定の町とカムチャツカ全土の幹部行政官になって、カムチャツカを恒常的に通商可能な重要な港に変貌させる仕事に着手することになった。新しい埠頭と、教会、兵舎、家屋の建設を中心的に取り纏める役に就こうとしていた。ロシア人とツングース族をオホーツク周辺へ連れて来て、牛や羊の飼育その他の農業を根付かせることになった。目標達成のために、ピサレフはヤクーツクの債務者刑務所から大勢の受刑者を釈放し、オホーツクで労働者に利用するように指示された。無気力から立ち直れずに政府への協力姿勢を失ってしまった現在のスコルニャコフ＝ピサレフのことをベーリングとキリーロフが知るのは無理だった。現実には、彼は力になるどころか邪魔な存在だった。一七三五年、シュパンベルグ率いる第一陣が自分たちの宿舎は確保されているものと安心してこの地域に到着する直前になっても、スコルニャコフ＝ピサレフはオホーツクへ姿を現さなかった。[36]

第一次と第二次探検隊の最大の違いは、第二次の膨大な科学的目的にある。一七三二年六月二日付ロシア科学アカデミーへの勅令において、科学者のゲーアハルト・フリードリヒ・ミュラーが記したとおり「植物、動物、鉱物の種類に関する注目点[37]」を研究する科学要員を選択するよう指示があった。科学者の任務はシベリアに関する従来の知識を増やし、シベリアに存在するもの——植物相、動物相、鉱物、交易路、先住民、経済的可能性——について詳細目録を作成することだった。それは壮大な科学的試みになるはずだったが、国家に雇われた科学であり、無私の科学的探究というよりロシア帝国の科学だった。

ベーリングは計画立案中に原案がどんどん膨らんでいくことが気になった。次々に新しい目的が追加されていくようであり、確かにどれも重要だった——真剣な議論がないまま——だが、ベーリングは全体をどうまとめて発見の航海の隊長としての役割を立派に果たせばいいのだろうか。科学的要素は政府の威信の拠り所だったが、ベーリングにとっては複雑化するばかりだった。責任の増大と高度に複雑化した資材調達業務をこなすには給与の増加分では見合わなかった。ベーリングの部下のスヴェン・ワクセル大尉はベーリングについてこんなふうに語った。「旅に出る時は三人三様のやり方があるから送り出す術などはないが、無事に目的地に到着させるには並外れた慎重さと思慮が必要だった[38]」。こういう発言は明らかにシベリアの途方もない遠さ、未開地、ほとんど住民がいないこと、苛酷な気候から出てくるものだ。シベリアではそもそも食糧調達が至難だった。準備が不十分だと何が起こるかはベーリングがよく知っていた。

科学者を率いたのはロシア科学アカデミーのヨハン・ゲオルク・グメリン、ゲーアハルト・フリードリヒ・ミュラー、そしてルイ・ドリル・ド・ラ・クロワイエの三人の有力者だった。グメリンはヴュルテンベルク出身の若いドイツ人博物学者で、化学者、鉱物学者でもあり、一七二七年にサンクトペテルブルクへ来て化学と博物史を教えた。学者としては新種の動植物に関心があった。他にも、シベリアの男は乳が出るとの噂の真偽と、シベリア人は自由に耳を動かせるかどうかを確かめてほしいと同僚から頼まれていた。ミュラーはドイツ人歴史学者兼地理学者で、一七二五年からサンクトペテルブルクにいた。三十代初めの正教授で、ロシア史の幅広い研究が認められていた。傲慢な性格(学問研究上の地位と評判を自慢にしていた)で有名で、格下と見なした同僚としばしば対立した。ミュラーの肖像画を見るとぽっちゃりして小綺麗であり、どう見てもシベリア向きではなかった。「私はシベリアの民衆史と、遺跡、民族習慣、および旅行記を著す仕事を承った[39]」と記した。科学隊の三人目のリーダーはフランス人天文学者で地理学者のルイ・ドリル・ド・ラ・クロワイエで、思慮深く、お洒落な人物であり、他の二人よりかなり年長の四十代半ばだった。この人にはフランスの有名な地図製作者のジョゼフ＝ニコラ・ドリルという兄がいて、兄の地図にはカムチャツカの海岸近くに大きな島があるという誤りがある。クロワイエは一七一〇年代末に第一次カムチャツカ探検隊に参加していた。後に他の隊員から彼の地理学者としての能力と一般的能力について疑問が呈された。

妙なことに、この二人は直接アカデミーに報告することになった。正式にはベーリングの指揮下にあったが、経過を見ると、事実上は三人ともベーリングは自分たちの指揮下にあると思い込んでいたらしい。科学者と助手や、随行員、装備品で探検隊の規模は拡大した。地理的発見の探検隊というよりも、アジアの北部と西部に新たにロシア人社会を築こうとする移住者の一団のようになった。隊の中核は隊員幹部と科学者助手、画家、測量技師、学生、舵手、大工、鍛冶職人、労働者など総勢五百人を超えた。加えて、隊の秩序とベーリングの命令を浸透させるために五百人の兵士がいた。さらに、ベーリングは必要に応じて何時でも二千人の労働者を雇用するか、強制的に徴用する予定だった。科学者はとくに大量の荷物を携行したがった。しかも、科学者と士官たち、ベーリング、チリコフ、シュパンベルグ、ワクセルなど幹部は妻子を同伴したので、膨大な量の荷物が大陸を横断することになった。これだけの荷物の取扱いは、もちろん第一次の時に困難を極め、針路の障害となった――造船用の資機材、衣類、そして十年に及ぶ長旅に必要な物資である。変わったところでは鉄の大砲二十八門の他に、測地学と、天文学、測量用の機材（重い青銅製）、それに気象観測用機材などがあった。千頭の馬と数百匹の犬もいた。流域の基点では川船を造る予定だった。サンクトペテルブルクの机上でも驚異的な計画だった。

ベーリングは科学者の参加に反対した。責任が過重になるからではなく、食糧不足の心配があり、住民が少なくぎりぎりの生活条件の地域に大勢の人間が流れ込めば、宿泊施設がなくなることを懸念してのことだった。第一次の際のシベリアの状況を覚えていた――酷寒、大都市の不在、貧農、人口過疎などである。オホーツクではスコルニャコフ＝ピサレフが集中して一行の受け入れ準備をしているはずだったが、そこは強風が吹きつける野原に小屋が数軒あるだけだった。砂と砂利交じりの土壌には雑草と捻じれた樹木が生えていた。第一次探検隊はそこで飢えをしのぎながら春にサケが遡上するのを待ったのである。これほど大勢の一行にどうやって食糧を確保し、冬の間どこに宿泊するのか。最大の都市はウラル山脈の真東のトボリスクだが、ここでさえ人口は一万三千人に過ぎず、シベリアにはこれほど大きい町はほかにない。ヤクーツクの当時の人口は約四千人で、周辺部に数千人がいただけだった。隊員、とくに科学者三名と助手らは高い地位にふさわしい宿舎の確保に神経を尖らし、旅や科学活動に不可欠な物品ではなく、大量のブランデーやワイン、食卓用のリネンと台所用品、衣類、書籍類など衣食住用品を詰め込んだだろう。不満が爆発する寸前だった。可能なことと期待の隔たりが大きすぎ、ベーリングはそんな調整不能の夢と期待に責任を負っていた。

対立する要望と、関心、目的でとんでもなく複雑になった探検隊は、どうやって飢えずに大陸を横断できるだろうか。ましてや、オホーツクに到着したらすべての荷物を引っ張ってどう生き残るのだろう。ベーリングには相談相手も情報源もあり、義弟のソンダースと自分の指揮官である海軍大学のニコライ・ゴローヴィン伯爵に相談を持ちかけた。ゴローヴィン伯爵は探検隊をベーリングの計画以上の規模に拡大した責任者三人のうちの一人である。モスクワでも、サンクトペテルブルクでも、何度も会議を開いていくつかの選択肢を検討し、初めてシベリアを訪れる人間には相当辛いものになるというベーリングの説明を聞いた上で、ゴローヴィンは女帝にやや極端な提案をした(40)。サンクトペテルブルクから数隻の船で西進して大西洋に出てから南下して喜望峰を回り、インド洋から太平洋を北進し、オホーツク海からオホーツクの町かカムチャツカのアバチャ湾へ入って必要物資を降ろすというものだった。航海期間といい、場所といい（ジェームズ・クック船長による南・北太平洋航海発見の数十年前）ロシアの航海術の優秀性を世界に示せると主張した。それで若いロシア人船乗りの訓練の場になり、太平洋地域の植民地開拓に役立ってロシア帝国の力と威信を誇示できる。さらに、探検隊は、日本との間に開く交易を保護するための海軍基地と要塞の建設に寄与するだろう。副次的に牧畜と農業がカムチャツカにもたらされる。魅力的な提案で、ロシアが太平洋でイギリスに勝てれば少なからぬ利益はあったろう。オランダ商船が定期的にこの航路を往復し、日本の長崎で交易していることは既に知られていた。

だが、太平洋へのロシアの進出は、ゴローヴィンが熱中する前に異を唱えた者がいた。威信と地勢上ロシアが優位に立つことを慮れるヨーロッパ勢に妨害されないように、彼らに知られずに進めればうまくいくだろう。キリーロフは、連水陸路が三つしかない「自然の運河」が多いので、大量の荷物があってもシベリア横断は容易との意見を述べた。飢餓に襲われかけ、運河と「楽な連水陸路」で死者が出たとのベーリングの報告を信用しなかった。いずれにせよ、世界周航には費用がかかり過ぎるのでゴローヴィン案は否決された。海軍大学は元老院に対し、探検隊派遣について熟慮し、問題を予め検討してシベリアへ送られる「必要なものすべて」について手段を講じた旨文書で表明した。さらに、トボリスクと、イルクーツク、ヤクーツクの全シベリア当局に対しては、ベーリング一行に必要なあらゆる支援を与え「隊長の到着時にはあらゆる準備を整えておくように」[41]と正式に通達されることになった。

第2部

アジア

ヤクーツクからオホーツクへの悪名高い荷馬の行列。18世紀の地図帳に掲載された。ベーリングは報告書に「言葉にならないほど困難なルート」と記した。(NYPL)

アバチャ湾の美しい自然港。1755年、ステパン・クラシェンニコフの『カムチャツカの話』の挿絵。(NYPL)

牛に跨るヤクーツクの母子。18世紀の地図帳に掲載。大北方探検隊への労役と馬の供出でヤクーツクの先住民の多くが窮乏した。(NYPL)

カムチャツカ北部を走る犬ゾリ。18世紀の地図帳から。夥しい数の犬ゾリが徴集され、大北方探検隊の荷物を引いてカムチャツカを横断した。(NYPL)

第4章

サンクトペテルブルクからシベリアへ

一七三三年、山道をいくつも越えてトボリスクへ向かうベーリング一行の風景は、行列や軍隊の行進を見慣れている者の目にも一糸乱れず整然と映った。進行速度は完璧で、各部隊の乱れはなく、砂煙だけを残して水平線に消えて行く。監督者の日には順調な動きで進んでいて、こんなことはめったにあることではない。海軍大学と元老院が練り上げた大計画がシベリアの現実に直面したとき、最終責任者のベーリングは何度も輸送問題で悪戦苦闘した。第二次探検隊は人数と荷物輸送量共に第一次を遥かに凌ぎ、輸送能力を超えるほどだったので、ベーリングの苦労は第一次のときよりも甚大だった。

隊の構成員の関心はばらばらでも、全員が自分の要求の充足をベーリングに期待し、それに対応する要員は不十分だった。輸送支援の悪夢は、度重なる受け入れ態勢のまずさで拡大した。先発隊がシベリアの村に到着して歓迎されることは滅多になかった。村人は第一次探検隊のときの迷惑と被害を忘れていなかった。労役と、食糧、補給品を求める催告書は地元経済を悪化させ、住民を苦しめた。シベリアのロシア人住民の中には自由を求めて東へ逃亡した元農奴や、スウェーデン人捕虜、犯罪者や政治犯（高位の旧貴族を含む）たちもいた。だが、住民の大半はコサックであり、シベリアを征服したのは彼らだった。コサックはもともとカスピ海と黒海の北部地域に住んでいた者たちであり、先住民の犠牲のもとでシベリアの人口は増大した。最初のコサックの子孫は、名目上はロシア人であり、ロシア語を喋るが、昔からのロシア人である探検隊一行に対しては先住民に対するのと同様に反感を持っていた。彼らは西のロシア人の権威を容易に受け入れず、また、遠方にいる女帝の書状を提示しただけでは、あるいは、サンクトペテルブルクに住み慣れた科学者が辺境地で特別待遇を受けたがっているからといって、支援することはなかった。この広域一帯はロシア宮廷を知らず、一種の無法地帯となっていた。遊牧民は報復されないと見るや暴動を起こして家畜を盗み、コサックは服従した住民から毛皮などの貢物を奪った。その上、アンナ女帝時代には国家反逆罪で二万人以上の流刑者がシベリアへ追放され「アメリカ西部の無法地帯」の雰囲気が拡大していた。

　数カ月が過ぎて、一七三四年初めに探検隊がウラル山脈を越えてトボリスクへ到着するとまもなく輸送問題が表面化した。いままでの旅はそれでもまだ楽だった。シュパンベルグの先発隊は二月二十一日にサンクトペテルブルクをゆっくりと出発した。シュパンベルグの仕事は、重量があって扱いにくいソリの積荷で、船が必要だった。副隊長のチリコフは隊員の妻子らを含めて五百人以上を率いて出発した。一行は馬に荷車を引かせていた。やがて徴用と強制で五百人の兵士が加わり、シベリアまで最終的に二千人の労働者が加わった。ワクセル大尉によれば「彼らは川船で働かせるための追放者たちだった」(42)。ベーリングも四月二十九日に後を追って出発した。妻のアンナ、二歳と一歳の子供を同伴した。十二歳と十歳の年長の二人は教育問題から親戚と親しい友人に預けた――辺境の地では数年間を無為に過ごさなければならないからだった。うまく行っても長い年月の別れになるので、家族全員が再会するころは大人になっているだろう。最後の出発組は科学者一行で、遅ればせながら八月に移動するミニ大学は急いで東へ向かった。

シュパンベルグ一行が千五百個の革袋に分けた七千ポンド(約三トン)の鉄鉱石を七十四人の人手を使って川船で運んでいたとき、他の一行は越冬を考えていた。本隊は一七三四年一月にほぼ何事もなくトボリスクに到着して隊を編成し直した。一行は期待したものの、人口約一万三千人の町にはこれだけの人間が冬を過ごす備えはありそうになかった。不平不満が噴出した。ベーリングは到着すると随員のために良さそうな家々を徴発したばかりか、春になって一行が出発するとき大勢の住民を雇用したり、強制的に徴用したりした。

二月末、ベーリングは少人数の部隊と、陸路イルクーツク南東部のバイカル湖付近へ向かった。この先一行がシベリアで別々に活動する際、贈物に使う緑茶、絹、磁器などの中国の品々を手に入れることが目的だった。その後ベーリングら数十人はヤクーツクへ急ぎ、一七三四年十月に到着した――サンクトペテルブルクを出発してから僅か一年半後だった。

チリコフ副隊長には、氷がとけ次第、本隊を引き連れて東進するという厄介な仕事があった。五月半ばには約二千人の本隊を移動させる準備が整った。トボリスクの住民には嬉しいことであり、一行は川船を使って第一次探検隊と同じルートを進んだ。イルティシ川を下ってオビ川へ出る。荷物を引っ張りながらオビ川を上ってエニセイ川へ出てから川を下ってイリム川とツングースカ川へ出て、最後にレナ川へ入る。前回のようにどの川系でも新しい障害にぶつかって新しい型の船や積み下ろし方法が必要となった。凍えるような風雨や、蚊の大群に襲われながら汗だくになって荷を引っ張って行った。そして、必ず、ヤクーツクの町へ到着するまで夥しい数の馬とあらゆる年代の人間の食と統率の問題が離れなかった。ヤクーツクの人口はせいぜい一行全員を合わせた程度だった。

　サンクトペテルブルク出発時の完璧な計画どおりに進んだことは一つもなかった。事前に船を建造しておくはずだったが、やっていなかった。用意されているはずの食糧はいつまで待っても現れなかった。荷馬車とソリが必要なのになかった。確保してあるはずの馬はおらず、支援か参加が約束されていた労働者はいなかった。あれほど確約した支援と物資供与はすべて妄想に終わった。扱いにくい巨大な荷物を抱えた大所帯を、溺死や飢餓を出さずにシベリアを東へ移動させるだけで一苦労だった。逃亡者が大勢出たので、人手不足で大量の荷物が運べず、隊の活動が妨げられる恐れがあった。逃亡者が多くなれば労働や生活条件は劣悪になる。一行を敵視する住民がいる上に、食糧は不足し、家屋はなく、凍える寒さで、シベリアでは逃げ場はなかった。隊の規律と重労働から逃れる術はまずなかった。

「さらなる喪失防止のために厳格な規律を導入しようとした。レナ川では二十露里《ヴェルスタ》（約二十キロ）ごとに絞首門を建てたところ、効果覿面《てきめん》で逃亡者はほとんどいなくなった」[43]とスヴェン・ワクセル大尉は語った。当時三十代のスウェーデン人のワクセルは、イギリス海軍とロシア海軍に所属していた。賢く、気取らない人柄で、妻と一七三〇年に生まれたばかりのローレンツという息子を同伴していた。ワクセルと息子は航海中に予想外の劇的な出来事で大きな役割を果たすことになった。一七三五年六月、本隊はヤクーツクでベーリング隊長と合流した。

ベーリング一家にとって旅は苦労ばかりではなかった――貴族の特権はシベリアでも変わらなかった。ベーリングはシベリアへの過去最大かつ最も困難な民族の移動である巨大な探検隊の隊長として力と進歩の象徴であり、シベリアには急速な変化と将来の変容、および行政の拡充が期待されていた。家族を良くすることに熱心な妻アンナもそのために一生懸命だった――さらなる社会的地位と階級の向上と、少なくとも下位の者たちから尊敬を得ることだった。ベーリングがこれほど骨の折れる仕事を引き受けた大きな理由には社会的野心があった。アンナは二人の子を残し、夫に従って世界の果てにまでついて行った。未開地シベリアで、ヴィトゥスとアンナはシベリア社会の絶頂にあり、ロシア帝国の権威の生ける象徴というべき贅沢さであった。

ヤクーツク、イルクーツク、トボリスクの知事や副知事など少数の選ばれた上級官吏と一握りの毛皮取引の豪商は、西欧の特権階級の衣装を気取ったが、ベーリング夫妻が見る限り、この地域に文化は存在しなかった。だから持ってきたのだ。大北方探検隊と何年も一緒にいる多数の従者と荷馬は、ベーリング夫妻がシベリアの衣食住の不便をあまり感じなくするための存在だった。夫妻はなるべくテントでは眠らず、専用の使用人を同伴していた。ベーリングは八方破れの評判どおりで、川船で川を下る際には全員がハエや蚊の大群を耐え忍んだ。だが、町へ到着して、町一番の家を占有して居住を開始すると、使用人は正式な夕食会用の銀や食器類を三十六セット取り出した。ベーリング夫妻は服装でも主人役をつとめ、目立つ存在だった。アンナの荷物には白い毛皮や紋織の縁取りのあるシルクやベルベット、木綿の衣装がたくさん入っていた。ベーリングの襟は糊が効き、鬘《かつら》にシルクのズボンで輝いていた。夫妻はサンクトペテルブルクの宮廷で似合いそうなリネンのシャツを着て、磨かれたぴかぴかの靴を履き、シルクのストッキングをはき、寒い戸外ではお洒落な毛皮を纏った。二人の部屋には枝付き燭台が飾られ、豪華で精巧な宝石その他の宝飾品や衣類が納まった漆塗りの衣装箱がいくつもあった——すべては二人がシベリア社会の誰よりも格上であることを主張していた[44]。

荷物の行列の中で最も豪華で派手なのがクラヴィコード（ピアノの前身）だった。それを背中に括りつけられた馬には気の毒だ。だが、シベリアの寒さと粉塵の中で何年も過ごすアンナにとっては、子供に教え、また、他の隊員夫人やシベリアの高官たちと過ごす退屈な夜を活気づけるためにも良い気晴らしになったにちがいない。

一七三四年十月、ベーリングはヤクーツクへ到着したが、満足できる受け入れ態勢ではなかった。チリコフは、荷物輸送用の船ができず、オホーツクへ運ぶつもりだった嵩張る荷物を全部ここへ放置していた。重い荷物は全部ヤクーツクに置かれたままだった。元貴族の流刑者スコルニャコフ＝ピサレフは川船の建造とオホーツクでの隊の受け入れ準備を命ぜられていたが、その仕事を始めるためにオホーツクへ向けてヤクーツクを出発したばかりだった。ベーリングとスコルニャコフ＝ピサレフは会った途端に互いに嫌いになった。スコルニャコフ＝ピサレフは、労働者を待っていたが現れなかったと言い繕い、ベーリングに処理を任せようとした。だが、ベーリング一人では時間も人手もなく処理できないのでスコルニャコフ＝ピサレフに任せることにした。船なしにどうやって山を越えて運ぶつもりなのか。船を造るとすればさらに一年遅れる。数千人もが食糧や居住場所がなくて困っており、ベーリングは次々に出てくる問題に追われ、くすぶる不満や数えきれないほどの予期せぬ小さな問題の対処に動き回っていて、重要な隊の執行計画に対応する時間がなかった。

ベーリングが命じられた主要任務の一つは、バイカル湖に流れ込むすべての川を探査して地図を作成し、シベリア三大河川のオビ川と、エニセイ川、レナ川を氷海まで北上して北極の海岸を探検することだった。ヨーロッパの商人が北極沿岸の航路でアジアの市場へ行けるかどうかを見極めることだった。これまでにイギリスとオランダの貿易商が北東航路の航海を何度か試みたが、すべて失敗に終わっていた。大北方探検隊の命令に後付けされたこの任務だけでも太平洋航海と同じくらい複雑な仕事であり、全探検隊の最終目的となった[45]。

ベーリングは、まず初めに、若い中尉のドミトリー・オフツィンが約三十六人を率いる分遣隊を結成した。一七三三年後半に一本マストの帆船トボル号を建造し、一七三四年に平底の川船四隻で兵士約八十名とともにトボリスクからオビ川を北上した。同行の兵士たちは北部住民の反感を警戒して川沿いの陸路を行進した。目標はオビ湾を北進して北極の海岸へ出て、そこからエニセイ川まで東へ航海することだった。オフツィンはオビ湾の氷をかき分け、北極の海岸沿いを航行し、一七三七年にエニセイ川を遡上して南下するという信じられない航海をやってのけた。

オフツィンは不幸な巡り合わせで、探検中に有名なシベリア流刑者のイワン・アレクセエヴィチ・ドルゴルーキー公に出会い、親しくなった。オフツィンは秘密警察に捕まり、その知らせはサンクトペテルブルクへ届いた。探検と彼が行った川と海岸の地図作成は称賛されたが、軍法会議にかけられ、地位を剝奪されて、アメリカへ航海するベーリング隊の水兵として参加するよう命じられた。アンナ女帝時代のロシアではそういう気まぐれな命令が運命を左右した(46)。オフツィンの降格と士気喪失で、アメリカからの帰途、指揮命令系統の混乱から隊員間に緊張が生じた。

一七三五年には、ベーリングはヤクーツクから同様の使命を受けた二つの分遣隊にレナ川沿いを北進させた。一隊は北極の海岸伝いにアジアの東の拠点まで航海して地図を作る予定で、数年前にベーリングも第一次探検隊で試みていた。第二の隊の目的はエニセイ川を目指して西進し、オフツィンの隊に追いつくことだった。一七三五年六月末、ワシリー・M・プロンチシチェフはこの第二隊で出発した。彼らは氷に閉じ込められて、北極の海岸の近くで越冬し、プロンチシチェフ夫妻ら多くが壊血病で命を落とした。後任のハルラン・ラプチェフは一七四一年までにエニセイ川への海岸調査を終えなかった。ピョートル・ラセニウス率いる別の隊はレナ川河口付近で物資が窮乏し、壊血病に襲われた。これら二隊の生存者は命令どおりに地図作成を遂行し、概略図を政府へ提出した。一行の多くが「死神の鎌」に刈られ「危険と失意を耐え忍んだことが何とも憐《あわ》れだ(47)」とワクセルは記した。ワクセルはさらに北極の海岸を探検する可能性についても意見を述べた。「隊員は物資不足と有害な大気と、酷寒で健康を損なう。ヨーロッパ人にとって当たり前の快適さなどどこにもない。実際に、彼らのほとんどが倒れる(48)。そう、ハエのように死ぬ」。

ベーリングは数年間ヤクーツクを基地にして船による北方探検隊とオホーツクへの東方探検隊を組織した。アンナと子供たちは暫く落ち着いた生活を送れたが、ベーリングは挫折続きで、発見の航海とは無関係の仕事に追いまくられていた。サンクトペテルブルクの優雅な居室で筆を走らせていた頃はたやすく思えた仕事の数々は、シベリアでは設備と物資に乏しく労働者も反抗的で難渋を極めた。それはイルクーツクから麻を取り寄せてのロープ作り、タールの蒸留施設造り、製鉄所建設などのあまり目立たない活動だった。一七三五年六月、チリコフが隊長としてヤクーツクに到着したとき、ベーリングは探検隊の活動の一部である河川調査の計画と編制にほぼ一年を費やしていた。ようやく住居や倉庫の建設とオホーツクへの移動に必要な川船の建造が緒に就いたところだった。

ベーリングのもう一つの大仕事は、前回かなり苦労したユドマクロス経由とは別の新ルートの開拓だった。新ルートの探索に二隊を派遣したが失敗に終わった。シベリアの東部沿岸には険しい山岳地帯が連なり、それが壁になった。従来のルートに代わるルートはなく、さらに二年かけて何度も山越えのルートを通らなければならない。重い荷物は川船で運び、軽い荷物は馬に積んで険しい山道を運んだ。ワクセルは山越えをしたときのことを「ユドマクロスとオホーツクの間は自然がむき出しの荒野だ[49]」とその驚きを記した。もう一人の隊員で若い博物学者のステパン・ペトロヴィチ・クラシェンニコフによれば、地形は荷車や馬車には険しすぎて「それはまったくひどいものだった……川岸は巨大な岩や丸石がごろごろしていた。馬がそんなところを歩けるのは驚きだった」が、多くは

死ぬか、脚を引きずっていた。「高い山ほどぬかるんでいた。山頂には大きな泥沼や流砂だらけの所があった。荷馬が泥に嵌《は》まると引き上げる術はなかった」[50]。

ベーリングは、行程を改良しようと、三キロごとに暖房小屋を造るよう命じ、労働者を派遣して泥だらけの場所に通りやすい通路を造らせた。暖房小屋には人を配置し、騎馬隊到着時に人と馬の避難所として冬中暖めておいた。オホーツクへの物資補給には常時四、五百人が往復を繰り返した。このときベーリングは隊と一緒にオホーツクへ行こうとしなかった。その地域がロシアの領土だと一目でわかるように地歩を固めて今後の探検隊が活動しやすくするためだった。目標は地図に載せるに値する公式ルートを確立することである。岩だらけの険しいルートでも、人々に頼られる、周知のルートにすることだ。しかし、ベーリングがどう改善に努めても、ユドマクロスのルートは危険で遅々として進まなかった。アンナと子供たちの馬が走り去って行方不明になりかけたこともあった。

一七三五年夏、オホーツクは新たに数千人を受け入れられそうにはなかった。ロシア人の村のほかに、先住民のツングース族とラムート族数百人が皮でできた住居で生活していた。シュパンベルグは先遣隊と到着したとき、新居の主人の歓迎を受け、隊員や荷物を受け入れる倉庫が完備しているものと期待していた。周辺から食糧が搬送され、住民は近隣一帯で牛や羊を放牧しているものとばかり思っていた。埠頭は建築中のはずだった。だが、何も行われていなかった。この仕事を命じられていた流刑者のスコルニャコフ＝ピサレフはほとんど何もしていなかった。

彼は一七三一年にオホーツクへ行く命令を受けていたが、到着したのは一七三四年だった。少人数をオホーツクへ送ったようだが、途中で死ぬか、逃げられてしまった。スコルニャコフ＝ピサレフは命令を実行していなかったのだ。命令が実行困難なほど過大で、無視するしかなかったのだろう。新住居も、道路も、農場も、牧場も、学校も、あるいは、カムチャツカとの重要な取引もなかった。オホーツクは相変わらず雑草が生え、石ころだらけの埃っぽい開拓地であり、住民は、疲弊した大勢の人間が到着して世話になろうとしている現実を目の当たりにして衝撃を受けた。

ワクセルはこの町にまったく興味を持たなかった。「不潔なところだ。春になると海から大量の魚が川を上ってくる以外、食糧が手に入る手段はない[51]」と述べた。ここで過ごすにつれてますます悲観的になった。「ここは低地で、大きな高波が来れば水に浸る……一帯の土壌は小石ばかりで、海が運んで積み上がり、やがて草で覆われた」。とても町を建設するような場所ではなかった。それでも、ここで獲れるサケの「味は上々で[52]」、野生ニンニクと食べるととても美味しかった。

スコルニャコフ＝ピサレフが何も準備していなかったので、シュパンベルグは、まず食糧と物資を収納する倉庫を造り、次に、冬の到来に備えて凍死しないように全員が入れる小屋の建設に着手した。生き残るための基本作業が完了して初めて大仕事の埠頭と造船所建設に手が付けられる。造船所がなければ日本へ航海するのに必要な二隻の船は造れない。だが、ここでもワクセルはオホーツクには批判的だった。「おまけに、春になると氷が災害を引き起こす危険がある。つまり、ここは緊急避難用の港であって、安心して常時利用できる港ではない[53]」と言った。それでも、ベーリングは、危険な通路をゆっくり通ってシュパンベルグと大工や船大工らに必要な食糧と物資を運んで来た。

オホーツクでの準備不足や、深水港には不向きな場所であることだけがベーリングが直面した大問題ではなかった。長い間準備し、物資調達に努めても、第一次探検隊が解決できなかったもう一つの重要な問題――東部シベリア住民にサンクトペテルブルクの権威を受け入れさせること――が解決できていなかった。勅令や命令に即座に従わせるためにはロシア帝国の権威が使われた。命令即実行が当然だった。だが、地方政府は物覚えが悪く、ベーリングが警告したように、ここは、名目上はロシア帝国の一部であり、皇帝または女帝の権威に服従しなければならないのだが、文盲で、生きるのに精一杯の貧しい住民は命令にすぐに対応できなかった。別世界だった。言うとおりにしたければ、ベーリングは力ずくで命令を実行させるしかなかった。

しかし、オホーツクでの最大の問題はスコルニャコフ＝ピサレフだった。彼は粗暴で礼を欠く上に、離れた場所に自分の砦があった。皇帝の権威を悪用して私用で労働者を雇い、ベーリングとシュパンベルグの活動を度々妨害した。階級意識が強く横柄な彼は、生真面目なシュパンベルグをすぐに嫌悪し、ベーリングともぶつかり合った。彼は二人を社会的地位の低い、真のロシア人ではない「外国人」と見なした。七十歳のスコルニャコフ＝ピサレフは「不当な長い流刑に処せられて人柄が悪くなり、……ベーリングの悪霊となった……言動が若者のように暴力的で、性急で、過激であり、自堕落で、賄賂にまみれ、口汚く、嘘つきで悪い噂を流した[54]」。スコルニャコフ＝ピサレフ一人から浴びせられる批判に秘書が三人がかりで対応し続けるほどだった、とベーリングは記した。

第5章
対立

謎の博物学者ゲオルク・ヴィルヘルム・シュテラーの鋭い観察と学説は、大北方探検隊の偉大な遺産の一つである。だが、シュテラーは複雑で矛盾した性格の持ち主で、人付き合いの悪い孤独な人間であり、晩年を共に過ごした人たちには好かれず、尊敬もされなかった。探検隊では、いくら正しくても、甲高い声を上げて人を見下した無礼な態度で傲慢に主張したのでいつも無視された。ロシア人の同僚からは、近寄らないほうがいい横柄でいやな外国人と思われていた。シュテラーは他人の感情には鈍感だったが、繊細なものや、本物、感覚的なことには極度に敏感だった。思考の矛盾に耐えられず、気配りと謙虚さに欠けていた。経験がないのに航海のことに口を出し、誤りがあるとすぐに指摘して、自分に任せられたら何かもうまくやったのにと言いたがった。

シュテラーの正しい状況判断は、同じくらい誤ったときもあり、シベリアとアメリカ発見の航海上ではほとんど救いにならなかった。士官らは彼の頑固な主張に反感を抱き、忠告に耳を貸さなかった。彼がいると冷静で賢明な結論に至らず、いつも刺々しい予想どおりの反応に終始しがちだった。シュテラーはロシア人の同僚を嫌うようになり、同僚からも嫌われた。

しかし、自然界の研究では、シュテラーはその俊敏で鋭い頭脳が捕えたすべてを一心不乱に記録しようとした。手を休めず、危険を顧みず、欠乏や寒さ、空腹を顧みず、新種の発見と採集、研究に没頭した。シベリア北東部の太平洋沿岸と北アメリカ北西部の太平洋沿岸の植物相と動物相の研究は百年後でも最も信頼できる優れた成果だった。シュテラーは苛酷な条件の下で記録をつけた。とりわけ苛酷だった一七四二年の冬は、無人島で、仲間たちが壊血病に倒れ、青狐が浅い墓から死体の肉を掘り出してあさる中で、風が吹き抜ける帆布小屋の中で震えながら観察したことをラテン語で走り書きした。

シュテラーは一七〇九年三月十日、ドイツの町ヴィンツハイムで八人家族の次男として生まれ、堅実な中流家庭で育った。父親は聖歌隊の先唱者《カントル》でオルガン奏者でもあった。カントルなので収入は多くなかったが、社会的地位は高く、刀剣をさして歩くことが許された。バッハもヘンデルもカントルだった。シュテラーの学業成績はつねにクラスの首席で、一七二九年に奨学金でヴィッテンベルクの大学に進学し、音楽と神学を研究した。彼の兄によれば、若い頃は「自然の事物に対する研究に熱心」であり、説教より自然に関する理解を深めたくルーテル教会の在任期間を短縮した。[55]その後ハレ大学で解剖学と医学を学び、二年も経たずに、人気の高い植物学の講義を受け持った。しかし、専属教授の嫉妬やその気性から一七三四年にベルリンへ行って行政職の道を探ることになった。

一七三四年当時のベルリンでは、自由契約の植物学者に将来性はなかった。そこで、野心旺盛な小柄で青い目の青年は、ロシアとサンクトペテルブルクを目指した。随分前にピョートル大帝が着手し、未亡人のエカチェリーナ女帝、そして大帝の姪のアンナ女帝へと受け継がれた進歩的な諸改革は、サンクトペテルブルクのロシア科学アカデミーを支援し、そこには多くの外国人学者が常勤していた。

デンマーク人船乗りのヴィトゥス・ベーリングが太平洋の第二次探検航海をロシア政府に提案すると、このかつてない規模の科学探検のニュースは科学界を駆け巡った。野心的な大北方探検隊のニュースは――その長大な行程、探検する陸地の広さ、そして太平洋を横断してアメリカへ到達すること――二十五歳の青年に行動を促した。シュテラーは後に「どうしても外国の地へ行きたかった」[56]と述べた。シュテラーはポーランドのダンツィヒへ向かった。そこは春にはロシア軍に包囲されていた。軍当局には外科医を名乗り、ロシアの負傷兵をサンクトペテルブルクへ搬送する任務に就いた。そして、ノヴゴロド大司教付きの医師となった。

その後、シュテラーはロシア科学アカデミーと接触し、努力を続けて二十八歳で職を得た。ドイツ人などの外国人は腹の中ではロシア人を軽蔑していた。そういう風潮は確かに感じやすい若い助手に影響を与えた。環境が彼の傲慢さを引き出し、アメリカ航海中に問題を起こす原因となった。植物学者として大北方探検隊に参加したいという願いは一七三七年に叶った。シュテラーはサンクトペテルブルクに短期間滞在中に元同僚の未亡人で魅力的なブリジット・メッサーシュミットと出会い、結婚した。彼女はシベリアへ付いて行くと約束した。しかし、いざ出発となると、自分の決心の実現性を再考し始め、辛い冬の旅を終えてモスクワへ到着したときには決心を固めていた。彼女には前夫との間に娘が一人いて、シベリアは娘を育てられる場所ではないと冬の旅で悟った。彼女はモスクワに残り、シュテラーは東への旅を続けた。

シュテラーは落胆し、苦い思いを噛み締めながら、グメリンとミュラーに追いつき、おそらくシュパンベルグの日本への航海へ参加せよとの命令に従い、一人シベリアで幸運を切り開くことにした。愛情面での挫折はシュテラーをさらに気難しくした。短気で怒りっぽくなった――独断的で自説を譲らず、粗暴な振る舞いをしがちだったが、グメリン宛の手紙では「彼女のことはすっかり忘れ、自然に恋をしている(57)」と言い切っていた。シベリア横断の旅は二年がかりだったが、友人を作らず、土地の植物相と動物相の調査に没頭した。旅行中は他の科学者とはかけ離れた人格を露呈した。シュテラーは原始的な条件が合っていた。グメリンは、シュテラーは「なるべく仲間と付き合わないようにしていた。彼はビールのコップでハチミツ酒もウィスキーも飲む。ワインは全然口にしなかった。食事の皿は一枚だけで、食べ物を同じ皿に盛った。だから料理人は不要だった。すべて自分で調理した……科学上の重要な問題をやり遂げようとしているときは一日中飲まず食わずでも平気だった(58)」と呆れ気味に記した。グメリンとシュテラーは、シュテラーの責務のことで衝突した。グメリンはシュテラーに助手のように命令しようとし、シュテラーはそれに逆らってサンクトペテルブルクへ正式な抗議を送った。グメリンはシュテラーの上司だと思い込んでおり、シュテラーは、二人は年齢も、受けた教育と資格も同じだから単独行動するものと思っていた。グメリンとの確執のほかにも、シュテラーはシベリアではとくに現物税《ヤサーク》徴税官の先住民に対する恒常的な虐めに怒りを覚えていた。徴税官は汚職で有名で、毛皮を強引に奪い取っていたからだ。

大北方探検隊の科学目標にはシベリアに関する一般情報の収集もあった。冬季の寒さ、四季毎の日照時間、乾湿、航行可能な湖と河川の数、鉱物資源の有無などである。非ロシア系諸民族の慣習の他に、慣用地名、地域や町の歴史の記録も同様である。画家は建築物、風景、住民を写生することになっていた。[59]土地の動植物相の観察と採集も重要な目的であり、時代精神に合致していた。自然物すべての目録作成はこの時代の卓越した科学目的の一つであり、今日ではよく知られた動植物が科学目的で懸命に採集、分類、命名された。一八五九年にダーウィンの『種の起源』が出版されるまでは、地球上の種の数は無限であり、たゆまぬ努力で収集し、研究されるものであった。全生物の厖大な図の編集が自然界の無限の多様性を理解する出発点だった。海上交易が盛んになり、イギリスや、オランダ、フランス、スペインなどの海運国の船が地球を周回し、船乗りたちは昔の教科書にない珍しい動植物や自然界の珍品を携えて航海から戻った。初めて目にする新種の生物の出現によって、これまではまともだと思われてきた動植物の絵が陳腐に映った。この時代の教科書のほとんどは、人魚、一角獣、海獣などのよく知られた想像上の生物を図解入りで解説し、こういう生物が地図上の空白地帯に生きていると言われた。

大北方探検隊とほぼ同じ頃、スウェーデンの博物学者カール・リンネ（一七〇七〜一七七八年）は新分類法に挑んでいた。一七三五年に『自然の体系（*Systema Naturae*）』で初めて紹介され、一つの種ごとに二つのラテン語名をつけた。「二（命）名法」と呼ばれ、一つの標本を識別して属と種に分類する。リンネの決め方は、性器と生殖法に基づいた分類でわかりやすいが、上品ぶった知識層の不評を買った。イギリスの植物学者サミュエル・グッドイナフ牧師は「リンネの植物学の第一原則の直訳は、女性の慎み深さには過激すぎだった」と述べた。こういう懸念はあったが、リンネの方法はやがて植物学者たちの基準となった――ただし、シュテラーがシベリアとアメリカ太平洋岸を探検した時点では十分に確立されておらず、シュテラーは自分の著述では使用していなかった。各「三大自然界」――動物・鉱物・植物――は綱・目・属・種に細別された。例えば、動物界には哺乳類、鳥類、両生類、魚類、昆虫類、虫類がある。生物はすべて下等なものから高等なものへ進化する大きな階層の一部であると考え、人間はその頂点である。深い学識を有する植物学者がシベリアとカムチャツカを訪れたことはないが、そこにはヨーロッパでは知られていない動植物や有名なものの変種が多く、全生物の生息地を突き止め、識別し、解説するには長年月がかかっただろう。それは理論的に体系づける能力と俊敏で旺盛な好奇心が必要な厖大な作業であり、シュテラーはその力を十分に備えていた。

一七四〇年八月、ベーリングがオホーツクでシュテラーに会ったとき、この若い博物学者に強烈な印象を受け、計画に参画させることにした。

シュテラーの性格は、科学者グループの中にくすぶっていた対立に火をつけた。それは探検隊の発足当初からベーリングの悩みの種でもあった。一七三六年九月にミュラーとグメリン、クロワイエが十二隻の川船で助手や労働者一行と共にようやくヤクーツクへ到着したとき、この町はすでに人でごった返していた。ベーリングとシュパンベルグの一行は山越えしてオホーツクへの物資輸送の準備中で、日本への航海に備えていた。人口四千人の町には新たに到着した一行の他にすでに八百人ほどがいた。家屋は二百五十軒しかなかった。隊員は民家に入ったが、

全員が満足したわけではない。ミュラーとグメリンは自分の地位を鼻にかけ、ベーリングが確保した家ではなく、富裕な毛皮商人の屋敷に入りたがった。自分たちの名誉と威信の軽視だと当然のように文句をつけたのである。ベーリングは二人の言い分を取り合わなかったが、二人は役人にずっと不満を訴えた。彼らにとってシベリアは目を見張る体験だった――苛酷な状況で、快適さは一切なく、科学目的を評価せず、支援を拒む粗野で反抗的な役人たちに加えて、ヤクーツクでは住居まで気に食わなかった。一行は蚊などの害虫や食い荒らす害獣に悩まされた上に、夏はやたらに暑くて埃っぽく、冬は凍えるほど寒かった。グメリンは著書『シベリアの植物相（*Flora sibérica*）』のために植物採集をし、また、ミュラーは執筆のために歩き回り、住民の話を聞き、文書館を訪ねた。ミュラーは危険で興味深い旅をしたロシア人たちから話を聞き、トボリスクと、ヤクーツク、イルクーツクの文書館では多数の文書の原本を発見した。

学者たちは敬意を払わないシベリア人を嫌った上に、ワクセルが記したのと同じ問題に悩まされていた。職場放棄である。グメリンは、役務提供を強いられた労働者には責任感がまるでないと言い、ワクセルは彼らをもっと正確に「亡命者」だと言っている。「優しさ、寛大さ、親しさのかけらもない」とグメリンは記した。「相当ひどい扱いだったにちがいない。助言してくれる人がおらず、私たちは経験するしかないので困った[60]」。グメリンはまた、住民が早朝の復活祭に続いて乱痴気騒ぎをしたのを見て、シベリアのただならぬ飲酒の風習に驚いた。「この甚だしい飲酒は四、五日ぶっ通しで続き、止める手段はなかった[61]」。こうした不満は、隊員の利益を護るのが務めだと思われている隊長のベーリングにも向けられた。グメリンとミュラーは隊長の能力と決断力を批判した書簡をサンクトペテルブルクへ送った。何もかも動きが遅く、ベーリングは寛大にすべきところを厳しくし、厳しくすべきところを寛大にしている。探検隊の諸問題はシベリアのせいばかりではなく、ベーリングが悪化させていると仄めかした。

グメリンもミュラーも、支えとなるベーリングの権威と存在なしにはシベリアではうまくいかなかった。しかし、そうは考えず、ベーリングが障害の原因であると思い込んでいた。学者たちと、隊を統率する海軍の上下関係には共通の基盤がなく、同じ目的を共有する意識も薄かった。ベーリングは彼らと、彼らに必要な事項には責任があるが、その権威が彼らに通用しない現実があった。学者たちは、ベーリング一行の帝国を代表する権威を利用して住民の尊敬を得、要求を満たすことに余念がなかった。ベーリングは、ヤクーツクからオホーツクへの速く安全に食糧輸送する保証を拒否し、太平洋側の岩だらけの町で宿舎を確保するとの約束もしなかった。そこにはシュパンベルグが急いで建築中の建物以外は何もなかった。さらに、オホーツクからカムチャツカへ渡る船で広い寝床を要求されても応じなかった。

グメリンとミュラーは、快適に活動するための支援上の問題と、ベーリングの無能、というか意志のなさに直面して、ヤクーツクからの東進を延期または中止することにした。代わりにロシア人の若い助手ステパン・クラシェンニコフを、クロワイエとシベリアで植物を探していて到着したばかりの博物学者のシュテラーに同行させた。彼はサンクトペテルブルク出発一年後の一七三九年一月に、エニセイスクでグメリンに会っており、グメリンはシュテラーがカムチャツカの探検で主任科学者に就くよう望んだ。シュテラーは何か新しい、価値あることに尽力する開拓者に選ばれるチャンスだと考えて乗り気になった。それはシュテラーがグメリンの権威から外に飛び出すことだった。

内輪もめの渦中の者たちは、サンクトペテルブルクへ戻る伝書使に各々の言い分を託した。双方が相手方の不当行為と義務の不履行や飲酒過多などの不法行為を糾弾し合った。科学者同士の争いに加え、シュパンベルグとチリコフも対立していた。シュパンベルグはロシア人ではなくスウェーデン人であり、チリコフを階級に拘り、装備にうるさすぎると思っていた。シュパンベルグは有能で信頼できる士官だったが、好きなように脅しや大型犬で怖がらせて物事を処理するところがあった。チリコフは、ベーリングの下す命令に対して、柱に繋がれたタカがもっと自由に飛ばせろとせがむような苛立ちを覚えた。チリコフはシュパンベルグを正反対の性格の「大敵」だと思っていた。彼は過労気味の隊長に次々と新しい小探検や新発見をする機会を提案してははねつけられた。ベーリングの気持ちは新しい可能性に挑むことではなく、あくまでも国の指示を遂行することにあった。チリコフは「自分の提案は受け入れられず、自分は無用になった……だから私に悪意しか持っていない[62]」と言った。だが、チリコフとシュパンベルグはサンクトペテルブルクへベーリングの指導力をけなす報告を送る点では一致していた。

スコルニャコフ＝ピサレフも相変わらず妨害し、うろたえ、ベーリングの行動と進捗状況について名誉を傷つける報告を行っていた。ベーリングは職務怠慢で、妻子とソリで遊びに出かけている、蒸留酒を密造して先住民と毛皮の交換をしている、住民を誘拐して使用人にしているなどである。ロシアの太平洋進出関係の有名な歴史家の一人Ｆ・Ａ・ゴールダーは「こういう非難にどれほどの真偽があるかで、真偽はわからない[63]」と述べている。ベーリングは、当然、部下に対し、また、シベリアの役人による妨害や利己的な行動に対して自己弁護した。だが、主な防御は命令の解釈に一段と保守的になることだった。ベーリングは大北方探検隊の大きな目的を短期間でシベリアの土地と住民に理解してもらえるとは思っておらず、地元当局に敵視され無視されても、できることを一歩一歩やり遂げようと努めた。命令書から逸脱しないようにし、オフツィンが流刑者と話をしたことで罪に問われるような、恣意的な処罰を避けようとした。

ベーリングは、対立し続ける代表者、士官、科学者ら多数の高慢な連中の間で長年官僚的な気配りと仲介の労をとってきた心労で疲れ切っていた。出発前にロシア政府との間ですべてを取り決めてきたのに、シベリアに到着した途端に現実が非現実的な夢の邪魔をした。最悪の条件の下で長年苦労を重ねた挙句、今度は遅延を非難されていた。ロシア政府内でベーリングを支えてきた二人の立役者であり、計画の推進者だったトマス・ソンダースとイワン・キリーロフはすでにこの世になかった。探検隊の計画は遅れ、費用はどんどん嵩んだ。一七三七年にはベーリングの当初見積額の十倍の三十万ルーブルになっていた。ロシア政府は誰かを非難せざるを得ず、ベーリングは隊長だった。ベーリングは「必要な情報を送らず、任務の遂行が遅れた」(64)ことを理由に一七三八年に給料が半減され、降格で脅かされた。終わりのない彼の任務と苦労を考えれば、とても士気を高める措置とは言えない。ベーリングは一七三七年夏までヤクーツクを出てオホーツクへ行かなかった。元老院は探検隊を中止するか、隊長をチリコフに代えるかを協議したが、シュパンベルグを隊長にとの声もあった。次第にチリコフとシュパンベルグとの緊張が高まった。双方とも相手の部下になりたくなかったのである。

海軍大学のベーリングの司令官であるゴローヴィン伯爵は、探検隊に進捗がないか、ないようでも、資金拠出の継続を元老院に進言した。また、チリコフに対し、ベーリングの命令が正しくないと判断したときは、その決定を撤回してもよいと伝えた。ベーリングの最大の弱点は、いかにもそう見えるが、あまりにも完璧主義だったことで――航海という最高の仕事をしようと飛び出すより、準備や装備を固めて将来同じ苦労を繰り返さないようにしたかった。逆にロシア政府は、支援継続のためには、余計に経費がかかったとしても、航海成功の朗報を待ち望んでいただろう。ベーリングの最大の失敗は、政治的センスに欠け、胸躍る任務よりも退屈な基礎固めに没頭したところだった。これまでのところ、支援獲得のための感動的な物語や劇的な発見は報告していなかった。ベーリングは自分に対する不平不満の高まりを気にして、誰からも失敗の責任を問われないように命令書に固執した。この立場はアンナ女帝下のロシアを意識したものだったが、シュパンベルグやチリコフのように冒険と危険と大仕事に挑んでいた若い士官は気に入らなかった。

ベーリングにとってシベリアのお偉方は報復の恐れがあるだけで何の助けにもならず、サンクトペテルブルクは遠かった。秩序維持の望みがあっても、ベーリング一行の要求を満たすことはほぼ不可能だった。物資の供給を求める者が多すぎ、しかも要求は過大だった――食糧と、鉄、皮、馬に加えて、数少ない人口ですでに限界だった地元の労働力である。労役に徴用された農民は「零落」し、農家を維持し、収穫を得て、家族を養うことができなくなった。

シベリアへ流刑になった政治犯のハインリッヒ・フォン・フックは探検隊が地元住民に要求した結果をいくつか報告した。「探検隊のために毎年ロシア農民はヤクーツクの町まで二千～三千露里《ヴェルスタ》（約二千～三千キロ）の物資の輸送に使役された……農民の多くは三年間も家を空けた。帰ってきたときは施しを受けるか、雇ってもらって生きるしかなかった」[65]。ヤクーツクの遊牧民も例外ではなかった。彼らは「春になると山のように荷物を背負った数百頭の馬と、馬五頭につき世話役一人でヤクーツクへ送られた。馬はオホーツクへの食糧と補給品の輸送に使われる。ヤクーツク―オホーツク間は雑草が生い茂る大草原で、ほとんどの馬は戻って来ない。馬の徴発に行かされる役人らは、私服を肥やすためにあらゆる手段で住民を苦しめる」[66]。過大な要求が満たされないときや、家族が死ぬか、逃亡した場合には、代わりに家畜を押収し、家畜が足りないと妻子を労役に就かせたので自殺がよくあったとフォン・フックは報告した。「新規のカムチャツカ探検隊が住民をまだ苦しめるなら、地域住民の全滅を防ぐ措置を取る必要がある」[67]。

ゴローヴィンへ提出したベーリングの報告書でもその間の歳月での困難な状況を明らかにしている。「配下の従者用の衣服や靴がない……暫定政府からの給料がイルクーツクから送られて来ないからである……食糧輸送に携わる者たちは痩せこけて、冬場のひどい寒さで手足が凍え、そのためと食糧不足から歩行困難になった者が大勢いる。六月中だけで二十二名が重病になり、全員が栄養失調になった」[68]。恒常的な食糧と物資不足で仕事がはかどらず、士気が萎えた。大多数の隊員と食糧・物資が山を越えてオホーツクに着いたのは一七四〇年の晩夏だった。計画ではそれまでに探検を終えることになっていた。遅延のほとんどはヤクーツクとオホーツク間の険しい地理が災いしていた。ベーリングは、長年、現ルートの安全確保と正式承認に努めていたが、報告書の中では、もっと速くて安上がりで安全なルートが必要だと述べた。「これまでのような苦労をせずに食糧など全物資のオホーツクへの輸送方法の開拓が急務である」[69]と。ベーリングが開拓したヤクーツク―オホーツク間のルートは途方もなく面倒で危険だったが、一八五〇年代に中国からアムール川を編入するまでは太平洋へ出る主要ルートだった。

重い荷物はゆっくり目的地へ運ばれて、二年以上かかったので、ベーリングはシュパンベルグをオホーツクへ派遣し、自ら日本と千島列島へ航海する船と、太平洋航海の船の建造を監督させた。船一隻に三百本以上の木材が必要で、オホーツク川の上流での木を伐採に船員を派遣したが、相変わらずの食糧不足と役立たない労働力で仕事は捗らなかった。一七三八年六月二十九日、予定より一年遅れで乗員百五十一人の船三隻が進水し、各々の船にオホーツクに貯蔵していた食糧を全部積み込んだ。船団は再建した第一次探検隊のときの聖ガブリール号と、アルハンゲル・ミハイル号とナデジダ号の二隻の新しい船から成っていた。船団はまずオホーツク海を越えてカムチャツカ西岸のボリシェレックまで一千キロ以上を航海し、日本の北方の、千島列島周辺の海図にない霧深い海へ南下した。まもなく船団は嵐で離れ離れになった。各船は独自に三十ほどの島々を発見して海図に記し、どこへも上陸せず九月にボリシェレックへ無事帰港した。翌年夏、シュパンベルグは二度目の航海に出た。早めにボリシェレックを出航し、秋の嵐が来る前にさらに南下する計画だった。ロシア政府としては、交易振興のために日本の所在を確定してカムチャツカと日本の関係を構築することがシュパンベルグの任務だった。両国間の交易は東部をロシア帝国のものにするのに役立つと考えられた。人口増加とともに東部地域の西部地域への依存度が減り、国庫の流出を止められるだろう。

二回目の航海は一七三九年五月で、はるかに貴重かつ興味深い結果が得られた。船団はまもなく「濃い」霧に呑まれ、一隻は方角を失って港へ戻ったが、シュパンベルグの船とウィリアム・ウォルトン大尉の船は南下を続けた。彼らは六月下旬に日本の本州北部の島へ辿り着いた。浅い湾にたくさんの小船がいた。沿岸の村々の周囲には何の畑かわからないが穀物畑で働く農民がいて、内陸は深い森のある丘ばかりだった。何度か小船で農民に会いに行き、住民たちも船に上がって来て、魚、水、大きなタバコの葉、米、果物、漬物などとロシアの布や衣服と交換した。小柄な男たちは船内に入る際にお辞儀をするなど「非常に礼儀正しい」かった。シュパンベルグは「歴史上、日本人はキリスト教徒を攻撃したという話がたくさんある」ので隊員を上陸させず、日本人の乗船を認めなかった。彼は「日本のどの船にも一キロ前後の石が数多く積まれていた。底荷《バラスト》として使われたのだろうが、あの大きさなら、悪くすれば、それを投げつけられた(70)」と言った。シュパンベルグが描いた日本人の姿はこうだ。

ほとんどは背が低く、出会うことは稀である。肌は小麦色で、目は黒い。黒い頭髪は太くて丈夫で、髪の半分を切り、残る半分を櫛で後ろに撫でつけている。髪に油のようなものを塗り、後頭部で上げて白紙で結んでいる……鼻は低いが、カルムイク族（モンゴル系）ほどではない。とがり鼻に出会うことはまずない。白い服を着て帯を締めていた。袖幅は広く、ヨーロッパの部屋着《ドレッシングガウン》のようだ。ズボン姿はなく、全員が裸足だった(71)。

住民は海図がわかり、彼らの土地は日本《ニッポン》であってジャパンではないとシュパンベルグに告げた。日本到着を確信し、直ちにシュパンベルグはこの情報を持って北へ引き返し、途中で千島列島の大きな島に立ち寄って真水を補給した。島ではアイヌを自称する八人の男に出会った。体毛が濃く、友好的だったそうだ。アイヌは船上で、ジンで「もてなされる」と膝をついてお辞儀をした。「髪は黒く、年長者は白髪頭だった。銀の耳輪をしている者もいた(72)」。シュパンベルグの日本訪問の話は、数えきれない他の旅人の話と似通っており、文書記録の時代以前から、外国人と奇妙な慣習への恐いもの見たさの表現に終始していた。シュパンベルグは一七三九年九月九日にオホーツクへ戻ってベーリングに詳細を報告した。アメリカ向けの二隻の建造は最終段階にあり、翌年春の完成を目指していた。シュパンベルグは再び千島列島へ赴き、島々を征服してロシアに併合したいと考えたが、ベーリングはそれを許さず、代わりにサンクトペテルブルクへ戻って事実を報告する許可を与えた。

シュパンベルグの日本航海の海図をスコルニャコフ＝ピサレフが見て、この海域には当然あるべき多数の島々が記されておらず、まったくなっていないと批判した。彼は急いでシュパンベルグの無能ぶりをサンクトペテルブルクへ公式に通報した。シュパンベルグは、更なる航海を提案する前に、自分の発見を擁護することにした。シベリアを西へ数週間旅したところで、オホーツクへ戻って三度目の日本への航海をして伝説の島々を調査せよとの伝令を帯びたサンクトペテルブルクの伝書使と出会った。オホーツクへ帰る途中で、東へ向かう途中のシュテラーと出会い、二人は一七四〇年八月に一緒にオホーツクへ戻った。シュパンベルグの航海は遅れていたが、ベーリングはシュテラーがカムチャツカへ来たこと、そしてアメリカへ一緒に航海するであろうことを喜んだ。シュテラーは当時三十一歳であり、率直で、がむしゃらで、引き留める扶養家族はなく、新しい冒険に胸躍らせていた。ベーリングは五十九歳になり、断固たる意志を持ち、愚直だが、七年という責任の重さをひしひしと感じ、妻子と自分の将来を気にしていた。

ベーリングは今でもまだアメリカどころかオホーツク海を越えてカムチャツカへも渡っておらず、サンクトペテルブルクの役人は今か今かと気をもんでいた。海軍大学は、いくら指令しても進捗しないことはわかっていた。シベリア当局を命令に従わせるために士官を派遣し、態度を改めない場合は拷問で脅かした。一七三九年にはベーリングに対する苦情と彼の反論を調査するために、トルブーシンとラリノフという二人の役人が到着した。国は「国庫の無駄遣いをなくすために探検隊の進捗状況の調査」(73)を命じた。スコルニャコフ＝ピサレフは、もっと有能で、反対も妨害もしないアントン・マニュイロヴチ・デヴィエという政治流刑者とようとう交代した。二人の特使の到着で、探検隊への支援が足りないと拷問を受けることになったことと相俟って、仕事のスピードが上がるかと思われた。つまり、もっと仕事に精を出し、船が進水し、食糧や馬が増え、その結果一七四〇年までにはアメリカ航海に必要なものがすべて新しい未開の道を越えてヤクーツクからオホーツクへ運ばれることになった。オホーツクには新しい建物や産業、農場ができた。だが、国からの新たな働きかけで計画の見直しの必要が指摘されたのに、隊員たち、とくに注目の的のベーリングは命令書から離れるのを一段と嫌がるという意図しない結果になった。こうして、何もかもがサンクトペテルブルクで、シベリアやアメリカへ行ったことのない役人たちの手で見直されることになった。

第6章

幻の島々

オホーツクの造船所ではアメリカ遠征用の二隻、聖ピョートル号と聖パーヴェル号の形が徐々に出来あがっていた——大きなクジラの肋骨のようだ。男たちはその骨組の上を動き回り、シベリア木材の厚板を張り、ロシアからはるばる運んで来た金具を打ちつけていた。一七四〇年六月には進水の準備が整った。船が浮かぶと、底荷と索具の作業に移り、物資と食糧が積み込まれた。二隻はまったく同型で、全長約二十七メートル、横幅七メートル、海面から甲板までは約二・九メートルあり、二本マストで、排水量は二百十一トンである。オランダが設計しバルト海や北海で使用されている中型の軽量貨物・乗客用の船であり、設計を若干変えて小型の大砲十四門、二ポンド砲と三ポンド砲、それに軽砲三門が積み込まれた。隊長室は船の大きさの割には広くて士官十数名が入れ、七十七人分の寝場所があった。両船ともに食糧約百六トンと、真水百樽、薪、弾薬が積み込まれる。予備の錨と、ポンプ、重いロープを巻き上げる車地《しゃち》、揚錨機《ようびょうき》もあった。甲板には三カ所の昇降口《ハッチ》と、大型荷物用の開口部があり、ほかに小型ボート二艘と、長さ約六メートルでオール十本の大型ボート一艘、オール六本の雑用船《ヨール》が備えられ、小さいマストと簡単な索具がついていた。遅れに遅れた作業がついに終わろうとしていた。

一七三七年にオホーツクに到着すると、ベーリングは造船所を建設し、まずシュパンベルグの日本航海向けの船を、次に自身の太平洋航海向けの船二隻を造った。渡航先が異なる数種の船の建造は時間を要したが、最大の難関はヤクーツクからの荷物の山越えだった。ワクセルは「(二十人の大工の)ほとんどをウラクとユドマクロスの倉庫へ派遣して荷物輸送を手伝わせざるを得なかった[74]」と記した。熟練職人でさえ労役に使われた。シュパンベルグは、二年間は日本航海用の船と食糧の準備に集中したので、アメリカ航海向けの準備はおざなりになったが、一七三九年秋には聖ピョートル号と聖パーヴェル号の準備は加速された。帆に使用される帆布はサンクトペテルブルクから一年かけて春に到着したばかりだった。作業要員も一七四〇年の初めに大工約八十人のほか鍛冶職数十人、船体ブロック製造業者、帆製作者など全員がようやく揃った。

一七四〇年八月十九日、積荷作業がほぼ完了し、ベーリングは妻アンナと十歳と九歳の二人の子供に別れを告げた。使用人は一家の荷物を取りまとめて、労働者や造船工、大工、それにカムチャツカへもアメリカへも行かない兵士らとともにサンクトペテルブルクへの長い帰路へ旅立った。他の隊員の家族も旅立った。オホーツクはわずか数年で小さな町に発展したが、聖ピョートル号と聖パーヴェル号の帰港を待つ場所ではなかった。航海は二年間の予定なので、家族は西へ戻って生活を立て直すほうが安全だと考えた。ベーリングには辛い別れだったにちがいない。夫婦は仲が良く、アンナは年長の子二人を友人や親戚に預けて地の果てまでついて行ったのである。一七四〇年の出発前からの手紙からは、離れ離れになった家族を一つにしたいとの強い思いと苦労がわかる。とくにアンナは、手紙が届くのに半年もかかる遠方からそうしていた。アンナは夫を「私のベーリング」と呼び、手紙にはそばにいない息子たちの職業選択の悩みや、アンナの両親の健康が記されていた。ベーリング夫婦は十九歳になる長男ヨナスが歩兵連隊への入隊を決めたことに憤慨し、よくない人間に出会わないかと心配し、「酒場に出入り」しないように望んだ。夫は海軍の軍人なのに、アンナは「青春真盛りの息子の腕や脚が砕け散るのではないか[75]」と気をもんだ。遠く離れているので、両親は手紙で助言するほか何もできなかった。ベーリングは、探検から戻り次第辞職したい旨の正式書簡を海軍本部へ送った。「私は三十七年間在職し、任地を転々として家族全員が一つの家で暮らすことがありませんでした。私は遊牧民のようでした[76]」。

大勢の労働者と隊員の家族が去り、出航準備が整って一週間も経たないうちに、思いがけない訪問者が馬でオホーツクへやって来た。長旅で疲れ果てていた。サンクトペテルブルクの近衛連隊の伝書使はベーリング宛の書状を携えていた。女帝は命令の執行状況と現在の進捗状況についての詳細な報告と、士官全員による報告書への署名を求めていた。これには自分たちの職責がかかっており、処罰を受けないためには、長期間の活動を正確に記すために準備に何日も、いや何週間もかかるかもしれなかった。しかし、秋の嵐と氷で航海が危険になる前にカムチャツカへ渡るためには時間の余裕はなかった。一七四〇年の出航時期を逃すと航海はさらに一年遅れることになった。

ベーリングは士官を集めて協議し、これ以上の遅れは避けたいとの意見で全員が一致した。日本への三度目の航海準備のためにオホーツクに残るシュパンベルグがこれまでの航海の詳細な報告を書き、ベーリングがさらにカムチャツカでの越冬の広範囲にわたる報告を書いて提出する旨をしたためた書状を伝書使に渡した。ベーリングはまだ実現していないシベリアの郵便局設置に関しても現状を報告しなければならなかった。これは、不可能に近い任務だった。どうやってヤクーツクとオホーツク間に、そしてカムチャツカにまで郵便局を建て、局員を配置すればいいのだろう。カムチャツカとオホーツク間の郵便配達実施は隔月になるだろうが、オホーツク海を無事に渡れるのは五月から九月までだった。だが、郵便局の不在は、ベーリングの命令不履行の例証になり得た。

八月三十日、聖ピョートル号と聖パーヴェル号は、問題を先送りしたまま錨を揚げて東へ向かった――新たな問題が浮上した。最初の目的地はボリシャヤ川沿いを数キロ内陸に入ったボリシェレックで、低い砂丘と潟湖《ラグーン》に囲まれていた。向かい風で、船長が苛立ち、オホータ川を抜けるまで沈まないかとひやひやした。一行が振り返ると、ソフロン・キトロフ大尉の指揮する補給船ナデジダ号が水面下の砂洲に乗り上げていた。船から積荷を降ろし、船を離礁させて修理し、荷物の積み直しで八日間遅れた。たいへんな事態になった。ナデジダ号は来春に予定のアメリカ航海用の堅パンのほとんどを積んでいたのである。それが塩水でだめになった。ベーリングの当初の計画は、一七四一年春にカムチャツカから東へ太平洋を横断し、アメリカ太平洋岸を探検し、越冬に安全な港を発見し、一七四二年夏にカムチャツカへ戻るというものだった。各人の脳裏に浮かんだのは、十分な食糧なしでどうやるかという答えのない問題だった。

四日後、シュテラーとクロワイエは科学者一行とその荷物、使用人でいっぱいの小型船で後を追った。九月二十日には船体の全船がボリシャヤ川に到着した。科学者一行はここで上陸し、ほかの船は南下してカムチャツカ先端を回ってアバチャ湾へ北上した。ベーリングは遅延のせいで補給船の一隻は秋の嵐に耐えられないと判断し、聖ピョートル号と、聖パーヴェル号、ナデジダ号の三隻で航海に出た。ちょうど新月で、カムチャツカ半島南端のロパトカ岬周辺の波と潮流は渦を巻き、白波が打ちつけた。ロパトカ岬と千島列島の最北端の島との距離は六キロほどで、海峡の真ん中には巨大な岩礁が突き出し、波が激しく打ちつけていた。この日、船は強い偏東風に運ばれては、偏西風の高潮に引き戻された。

聖パーヴェル号とナデジダ号は風と潮流との拮抗力に気づかず、大渦巻きの中へ突進して行く聖ピョートル号を眺めていた。後にワクセル大尉は「人生であのときほど危険な目にあったことはない」[77]と記した。一行は風と潮流に押されては引き戻されて一時間以上進まなかった。船の両側から海水が覆いかぶさり、舳先は深い波間に突っ込んだ。「長さ二メートル弱のロープで船の後ろに繋いでいたボートが波に飛ばされて船尾にぶつかり」材木が砕け、人は飛び散って、海に吸い込まれた。風が音を立てて帆に当たり、波の中を進もうともがくうちにメイン・トップマスト（訳註　下から二番目のマスト）が折れそうになった。「こんな波間を突き抜けていたら救われなかっただろう」[78]。逆流の勢いが衰えたとき、やっと聖ピョートル号はゆっくり前進して岬を回った。チリコフは一時間ほど待ってから聖パーヴェル号を難なく操縦し、オホーツク海を出て太平洋へ入った。

それから二隻はキトロフのナデジダ号を待ったが、どこにも見えなかった。補給船はついて来なかった。後でわかったことだが、キトロフは聖ピョートル号の凄まじい光景を見ていて海峡を進むのを諦め、ボリシェレックへ戻るよう指示した。ベーリングがキトロフの操縦の拙さを見るのは二度目で、それは船長と部下の間に悪い感情をもたらした。以後、この試練は変わりやすい未知の海への航海を思い起こさせるものになった。

聖ピョートル号と聖パーヴェル号はアバチャ湾のペトロパブロフスク（船名からピョートル・パーヴェル港）という新しい港へ入った。そこは前年にイワン・エラーギンらに開拓させた場所で、森林が大雑把に伐採されて小屋と倉庫が立てられていた。理想的な避難所で、聖ピョートル号と聖パーヴェル号は、この美しい砂底の港に入る初めての遠洋航海船だった。ここは風と波から守られているので、多くの船が錨なしに停泊できそうだとわかった。アバチャ湾は直径約十八キロで、雪を頂く円錐形の火山に囲まれていた。それらは活火山だった。一七三七年にその一つが噴火し、一帯は火山灰に覆われ、海岸に大津波が押し寄せた。

一行がペトロパブロフスクで越冬中に、ロシア政界を変える世界的事件があった。伯父ピョートル大帝の西欧好みを受け継いだアンナ女帝が一七四〇年に他界した。ピョートルの娘エリザヴェータが後継争いに勝ち、一七四一年十一月のクーデター後に権力を掌握し、一七四二年四月二十五日に即位した。エリザヴェータと宮廷は外国人と外国思想を嫌った。ドイツ人は高位から追われ、政府は些細なおきまりの批判にも眉を顰《ひそ》めるようになった。体制側が喜ばない出版物は禁止された。ロシア科学アカデミーは自由が制限され、予算は締め付けられた。だが、こうした知らせは船の出港前のカムチャツカには届かなかった。

シュテラーとクロワイエは、ボリシェレツクはひどい所だと思った。司令官のヤクーツキアン・コレソフは大酒

飲みだった。商取引は汚職が妨害となって沈滞していた。兵隊は自堕落で訓練が行き届かず、周辺の住民はやる気がなく反抗的だった。役人は毛皮で支払われる税金を搾り取り、集めた金とシベリアへの送金分の差額で私腹を肥やしていた。この町は鬱蒼《うっそう》とした森のある上流にある。川岸の要塞と教会は周囲を柵で囲まれていたが、三十軒ほどの民家は川の中に散在する小島に建てられていた。最も目立つ建物はウィスキー蒸留所と酒場だった。シュテラーとクロワイエは要塞の外に宿泊所を見つけ、靄と雪の長い冬に備えた。シュテラーは若手博物史研究者のクラシェンニコフと出会った。この男はすでに半島の大部分を探検していた。二人は一緒に動植物の採集と調査を行い、天候を記録した。

シュテラーはまた、この時代の医学の謎の一つである壊血病について考察し始めた。なぜベーリングの第一次探検隊はこの恐ろしい病に罹ったのだろうか――歯茎が黒ずんで出血し、気分が落ち込み、古傷が口を開ける――それなのに先住民が罹らないのはなぜだろう。シュテラーは、鍵は食事にあるとにらんだ――時代の先をゆく鋭い観察である。また、シュテラーはときにコサックや住民にブランデーをすすめて重い口を開かせ、東に陸地があると思うか聞き出そうとした。カムチャツカでは北東方面の土地との交易が時折あったことを確信した。しかし、後日ベーリングにそんな話をすると、ベーリングは「住民はいろいろなことを言う」し「コサックはあてにならない[79]」と言った。ベーリングにはやることが多すぎて、隊員の健康や先住民の風評まで考える余裕はなかった。彼にとっては山ほどある自分の手に負えないことの一つだった。シベリアという発展途上の市民社会が直面するさまざまな問題は口にすることさえいやだった。北への交易網拡大の可能性の調査さえ実行できていなかった。

だが、最も急を要する問題は、キトロフが食糧を積んだまま撤退したことだった。それが大きな緊張と遅延、さらなる冬の厳しさを招き、探検全体を破滅に追い込みかねなかった。一行はボリシェレツクでナデジダ号の荷を降ろし、半島を約二百二十キロ横断してアバチャ湾へ運ばなければならない。半島の中央部は道も川もない山岳地帯だった。馬も道もないので、周辺一帯の先住民が駆り出された。住民はソリと犬を出せと言われ、四千人を超える住民が雪の中をアバチャ湾まで数トン分もの荷物を数カ月かけて輸送することになった。ワクセルは住民の扱いに呆れた。

カムチャツカの住民は犬を走らせた経験がなかった。そんな輸送方法は聞いたこともなかった。生まれた土地から八キロ以上離れたことがない人たちがこうして私たちと地の果てへ行くことになった。おまけに、何より愛する犬といっしょに。ほとんどの住民にはお金はどうでもよかった。使うところがないからだ。お金が何かさえ知らない者も大勢いた[80]。

住民の扱いがあまりにもひどかったので、反乱が起き、大勢が働くことを拒んだ。一人が離反し、手荒く扱われた一団はロシア人七名の小屋に火をつけて山中へ逃げ込んだ。報復は素早く、凄まじかった。雪の中を兵士五十人が一行を追跡し、山の麓のオコラヴェーム川河口から離れた岩場にある彼らの小屋でひどい目に遭わせた。兵士は家々の屋根の煙突から手榴弾を投げ込んだ。住民はそれが何かわからず、調べようとしたとき爆発し、女子供を含む大勢が死傷した。生存者は捕まり、アバチャ湾へ連行されて「犯人探しのためたっぷり鞭打たれた」[81]。シュテラーとワクセルによれば、罰は厳しく非人道的だった。荷物輸送に犬ゾリで半島を横断する時間に加えて、ただでさえ残り少ない貴重な時間を住民の追跡と処罰のために数週間費やした。
　次々と起こる事件は、歳をとり疲れ切った隊長に更なる緊張を強いた。出帆の断念も考えた。不祥事の連続が、長年耐えて来た心労に加わった。もう妻はここにいない。探検隊の進捗状況は円滑になってきたが、不祥事はさらに不祥事を招いた。

　一七四〇〜四一年の冬にベーリングは乗組員の最終名簿を作成した。キトロフをナデジダ号船長から外して聖ピョートル号の士官補とし、自分の監視下に置くことにした。ベーリングはシュテラーもアメリカ航海へ同行させることにした。シュテラーとキトロフは敵対し合う仲だが、何カ月も小さな船に同乗しなければならなくなった。ベーリング付医師が体調を崩してサンクトペテルブルクへの帰任を申し出ていて、交替要員がいなかった。だが、シュテラーは医療経験があり、ルター派神学生でベーリングほか数名が同じ宗派だったことから都合がよかった。ベーリングはボリシェレックへ戻る犬ゾリ一行の一人に、シュテラーに「相談」があるのでカムチャツカを横断して来てほしいというメモを託した。シュテラーは二月十七日にメモを受け取り、うすうす見当がついた。彼は期待に胸を膨らませて仕事を済ませ、十日間たった一人で半島を犬ゾリで横断し、三月初めに到着した。シュテラーは「到着するや（ベーリングは）私にできる重要で有益な仕事があるので、航海への参加を引き受けてくれれば、上層部も喜ぶだろうと言った[82]」と記した。

二人はすぐに細かい打合せをした。サンクトペテルブルクからの事前命令に背くことはないとベーリングは確約した。ベーリングは「私の反論を一蹴して、責任はすべて自分が取ると言った」。シュテラーによれば、ベーリングは彼に博物史の研究の機会を与えること、そして、アメリカで「やりがいのある目的が達成できる」ように隊員の任務を果たせることも約束した。シュテラーはベーリングの船室を共有し、隊長付医師を務めることになった。シュテラーは「危険で惨めな航海となって」(83)戻ったら、見せるものが何もないことを気にしていた。しかし、航海は単に発見の航海ではなく科学の航海でもあった。領土拡大の野心もあった。ベーリングはシュテラーには鉱物資源の発見と判別ができる知識と技能があると信じていた。

ペトロパブロフスクは小さいが自然豊かで美しい町へと急発展した。しかし、その冬は、仕事と住民反乱の残忍な余波で探検隊は重苦しい気分だった。シュテラーはコサックの無知、残虐性、汚職、放埒《ほうらつ》、そして暴力に心を痛め、生来の気性から彼らの慣行を声高に非難した。彼はボリシェレックの学校設立に関わることになったが、残念なことに周囲の人間に嫌悪されないまでも気に入られなかった。シュテラーは、非キリスト教的で不道徳な言動に見えることを改めさせようとして、熱心のあまり苛立ち、コサックの生活様式に対する軽蔑をはっきり見せた。彼は報告請願書を書いてサンクトペテルクへ送り、カムチャツカの住民に敬意と抑制をもって接するべきであり、住民は権利を有すると指摘した。遠隔地の上手な管理運営方法にまで言及した。シュテラーは社会正義を強く主張したが、誰も聞く耳を持たず、過労で疲れ切った人間の耳には届かなかった。

計画は数年遅れ、ベーリングと士官たちは差し迫った航海と任務が気になっていた。不愛想な態度に辛抱強さが足りないと叱れば、新たな苛立ちとなった。ベーリングは仕事をやり遂げ、家族との再会をひたすら考えるようになったが、士官たちも同じだったろう。一方、シュテラーは過去の探検にはあまりとらわれてはいなかった。以前の苦しさと期待に思い煩ってはいなかった——今でも興味津々だった。シュテラーにとっては冒険であり、義務でも、前向きに生きるために早急に乗り越えるべき障害でもなかった。シュテラーは出発前の冬に「私の提案は、つまらないことでなくても真摯に扱ってもらえなかった。指揮する立場の者は、惨めな結果に終わって露骨な虚栄心がむき出しになるまでは自分が正しいと思い込んでいるからだ[84]」と記した。ベーリングとチリコフが衝突したように、シュテラーとベーリングは衝突した。チリコフはベーリングが臆病で何年も引き止めを食らっていたことに苛立っていたのだった。この時はベーリング隊長兼船長に好意的な者は多くなかったが、ベーリングにはもうどうでもよさそうだった。

一七四一年五月、いよいよ出帆の準備ができた。五月は太平洋横断の航海にはもってこいの月だったが、ボリシェレツクから届く食糧を待って出発は六月に延期された。食糧を調べると一航海期分しかなく、計画した越冬には不十分だった。未知の航海に当たっては、太平洋を横断して年内に、カムチャツカ沿岸の猛烈な冬の嵐が来る前の秋までに、戻る必要があった。隊員はすでにシベリア滞在が長かったので、もう一年と考えただけでも気が狂いそうだった。家族は全員帰ってしまっていたし、東方に胸を膨らませる気持ちはほぼ失っていた。

最後に残った最大の問題は、海を横断し、新天地へ行き着く正確なルートを決定することだった。五月四日、ベーリングは士官会議を召集し、サンクトペテルブルクからの命令を読み上げ、この命令に沿った航路の選択肢を協議して決定することにした。伝統的にロシア帝国海軍では、重大事項を決定する際には幹部全員による投票が行われた。ベーリングは独裁者ではなく、対等な者同士の中の最上位という立場だった。シュテラーは会議には呼ばれなかった。彼は北方にアジアに近い陸地があるとのコサックの噂を聞いていたので、もし彼が会議に出ていたら会議に影響を与え、コースを変えていたかもしれなかった。士官たちは冬の間じゅう可能性を議論し、理由を評価し、乏しいながら有効な地理的証拠を検討した。アンナ女帝の命令は、会議を開き、「ロシア科学アカデミーから派遣された学者とアメリカ行きのルートについて協議する」(85)ことをベーリングに求めていた。そして、探検のこの時点で彼は正式な指令を外れたくなかった――誰しも命令違反の処罰を恐れるのは当然で、ベーリングはとにかく変更したくなかった。会議にはシュテラーが参加していないので、アカデミー代表のクロワイエが地図を持参し、まず学説上アジアとアメリカの間にある陸地と島嶼《とうしょ》を探すべきとの意見を頑強に主張した。これらの土地や島は彼の兄のフランス人地理学者ジョゼフ＝ニコラ・ドリルが作成した地図に掲載されていることが知られており、この人はロシア科学アカデミーにも雇用されていた。ドリルはベーリングのアメリカ航海に協力して北太平洋の地図を作成していた。

ドリルはサンクトペテルブルクでは尊敬されていて、彼の地図にはヨーロッパ列強がまだ領有していない大きな島々が描かれていた。計画の遅れや失敗と思われるので、ベーリングは彼の意見にあえて逆らうつもりはなかった――これらの島が本当に存在し、ロシアが領有を宣言し損なえば自分の責任になるからである。残念ながら、ドリルの地図には探検隊のルートに真偽不明の想像上の島々があった。その最たるものがエゾとガマランドで、十年前の第一次カムチャツカ探検隊の終盤に探しても見つからなかった存在しない島々である。二島は繁栄の地であるとの噂があったので、ベーリングへの指示に二島の発見が加えられていた。

シュパンベルグはエゾの存在を反証し、せいぜい千島列島の一つの島であって非現実的なほど誇張されているのを示そうとしたが、信じてもらえなかった。聖ピョートル号でベーリングの後任に指揮官となるワクセルは「シュパンベルグの地図は実体験が基になっており、他の意見や憶測は取り合わない……シュパンベルグはこれらの島々がエゾだという見解は取らないだろう……私はといえば、これらの海域にエゾという陸地があるとしても、これらの島々でしかないと考える。ほかにエゾがあったら必ず発見されていただろう[86]」と述べた。クロワイエは、二島は思った以上に東にあるので、ベーリングもシュパンベルグも見たことがないのだと主張して自説に固執した。彼には説得力があり、アカデミーという後ろ盾があったので、ベーリングは彼の意見を聞くよう指示した。

シュパンベルグの探検があり、チリコフとワクセルが二島は幻想だと強く反対したにもかかわらず、ベーリングは指示を貫き、結果的に失敗を非難されないように聖ピョートル号と聖パーヴェル号に南下して謎の島々を探すよう命令を下した。会議では他の士官たちも仕方なく北東ではなく南東と東方への航路を取ることに同意し、文書に署名した。後日、チリコフは、全員が南下に同意させられたような感じだったと報告したが、「それは一般の地図にはカリフォルニアからファン・デ・ガマランドまでが表示されていたので、アメリカの一部であったし、ドリル・ド・ラ・クロワイエ教授の地図でもそう表示されていた[87]」。

この決定で、海図にはない太平洋上の巨大な空間を大回りして時間を食うことになった。すでに出航は一カ月も遅れ、食糧不足のところへきて、この針路は破滅を招いた。十年後にワクセルは、ドリルとロシア科学アカデミーの連中は「幻想か誰かのカモになって軽々に信じた知識を基に立案した……私たちが詐欺の犠牲になったと考えると怒りで血が煮えたぎる」(88)と憤った。

会議では、乗組員には知らせず、船は九月末までにペトロパブロフスクへ戻るとの決定も確認した。前年秋の食糧喪失でアラスカでの越冬はできなかった。すでに遅延しており、謎の島々を探しにまず南東方面へ向かうとすれば一回の航海期ではほぼ不可能だった。

五月の残りは出航前の最終準備に費やされた——ロープ作り、水漏れ防止、索具テスト、縦揺れによる亀裂塞ぎ、洗浄と床磨き、木工、食糧の運搬・積み込み、故障や損傷の修理などである。船二隻の完備確認のための点検と艤《ぎ》装《そう》をし、最終的な人員配置を決めた。シュテラーは出発前の準備のごたごたをよく覚えておらず、複雑な物資等の管理運営にはまるで気づかないかのように、アバチャ湾で見つけた珍種の魚の採集、記録をしていた。一行は大砲十四門と砲弾、小火器数十挺分の火薬に加え、一人当たり約六カ月分の食糧を積み込んだ。カラス麦四トン、樽詰めの塩漬け牛肉三トン、バター三トン、豚肉一トン以上、食塩三百キロ弱、真水百二樽（約二カ月分）、クラッカー三・五トン、ほかに火薬十七樽、薪、鉄、予備の帆、ロープ、タール等々である。(89)

五月二十二日、乗組員は各自荷物を持って船に乗り込み、船室へ納まった。聖ピョートル号には大人七十六人と十四歳になるワクセルの息子ローレンツが、また、聖パーヴェル号には七十六人が乗り込んだ。聖ピョートル号の指揮官はベーリング、副指揮官はスヴェン・ワクセル大尉で、以下アンドレヤン・ヘッセルベルグ大尉、ソフロン・キトロフ船長、次席マーテイ・ハルラン・ユーシンがいた。ゲオルク・シュテラーは外科医で博物学者である。アレクセイ・チリコフは、チハチェフ大尉とプラウトン大尉とともに聖パーヴェル号を指揮し、天文学者で地理学者のルイ・ドリル・ド・ラ・クロワイエも同乗した。指揮命令系統の外には海兵十九名と士官、事務長《パーサー》、外科医助手、樽職人、かしめ工（訳註「かしめ」とは器具などの継ぎ目を工具で固く密着させること）、製帆員、鍛冶職、大工、船員など専門職が同乗した。ほかにシュテラーの唯一の話し相手である画家のフリードリヒ・プレニスナーと、太平洋を越えた地で人と出会った場合の「通訳」にカムチャツカの先住民三名が連れて来られた。

五月二十四日（日）、ベーリングは聖ピョートル号の帆を揚げ、二隻の最終点検を行った。万一のときは援助するために二隻は同時に出帆した。いざ出航のとき風が凪いで船は停止し、五月二十九日まで帆は垂れたままだった。風の勢いが強まって二隻は港の外へ引っ張られた。運悪く数日間違う方角へ強風が吹いた。「風向きは二十四時間ずっと南と東の間を揺れ動いた(90)」。二隻は、六月四日（木）まで難航してアバチャ湾へ引き戻されたが、四日に微かな北西風が起こり、帆をふくらませてゆっくりと海峡を通って港を出て行った。好天下、帆を揚げ、アバチャ湾を東へ、果てしない水平線へ向かって出航した——南東方向のガマランドを目指した。

六月九日の朝、好天の下、順風にのって南東へ五日間の航海後、二隻は北緯四十九度に達し、地図でははっきりしないガマランドに近づいたので、水深を測り始めた。異常なものが目に入り警戒した。「真正面の」とワクセルは記した。

かなり遠くの海面上に黒いものがあった。あらゆる種類の海鳥が大きな塊になってそれを囲んでいた。その黒いものが何かわからず、測深したが海底まで届かなかった。そこで黒い塊が見える範囲で針路を少し変えた。結局、クジラの遺骸であることがわかり、そこへ向かって進んだ。最初はびっくりして岩の塊に見え、気をつけなければいけないと思った。視界を遮るものがまったくない海原を航海するときは決して安全ではない(91)。

それから三日間、一行はゆっくりと北緯四十六度まで南下し続け、水深約百六十五メートルには何もなく、島も見えなかった。六月十二日、チリコフは日誌に「私たちはガマランドがあるという海域にやって来たが、やはりなかった(92)」と記した。シュテラーは記録された士官たちとの口論では初めからこの判断に異を唱えていた。彼は船の後で「初めて南か南東方向のはるか遠くに陸地らしきものを」見たと言った。「海が非常に穏やかなので、気が付くと船の周りにいろいろな種類の海藻が大量に漂っていた。とくにヒバマタは、潮流が陸地の方へ押し戻すので、ふつうは海岸から遠いところで見かけることはない(93)」。シュテラーは、カモメとアジサシ、シノリガモも見たと言い、陸地が近い証拠だと考えた。彼は大胆に士官らに自説を説いたが、海軍での地位がないので、針路決定に口出しできなかった。隊員の大半は海軍出身のロシア人で、ワクセルは穏やかなスウェーデン人だった。シュテラーはドイツ人で、教育と文化の背景が大きく異なっていた。彼は同僚たちとは理論的に、率直に、論じ合ったが、士官は尋ねられたことに答えるだけで、それ以外は上官の命令に服するだけだった。

シュテラーと士官たちには誤解と確執があり、時とともに敵意となった。シュテラーはだんだん村八分になり、無視されて、日記にその怒りと憤りをぶちまけた。「望む目的を達成するのに理屈がどうしても必要な時に、海軍士官らの常軌を逸した振る舞いが始まった。航海規則ででもあるかのように、船乗りでない者（シュテラーは聖ピョートル号上の唯一の該当者）の意見だけを無視し、馬鹿にして、ほかの科学と論理はすべて受け入れた[94]」とシュテラーは憤った。シュテラーにとっては、航海の命運は自分の科学的観察次第なのに、彼らは一向に耳を貸さない愚か者だった。彼の専門性に対する無視は「計画全体にとって決定的とも言える一日に起こった――その後の日々はむだに費やされた[95]」。もちろん船はどの陸地へも近づかなかったが、シュテラーは無視されて不当だと感じた――これまではいつも自分の意見は真面目に聞いてもらっていた。船乗りにとってシュテラーは、海で生活し陸地の様子にも詳しい海の男に命令するだけで満足する、苛立つ、自惚れ屋でお節介者だった。

シュテラーは自分が正しいと思うと簡単に諦めなかったが、いつものとおり諦めずに自説を吹聴し続けた。みんなはシュテラーを虐め、からかって、単調な船上の生活の憂さ晴らしにした。シュテラーは彼らの気晴らしだったが、当人は往々にして気づかなかった。男たちは、答えさせるためだけに議論を吹っ掛けることもあった。ある者は海流なんてものはないと主張した。世界地図を指して、カナダ東部の大西洋にあったと言う者もいた。モルジブ諸島はインド洋ではなくて本当は地中海にあると自信たっぷりに言う者もいた。シュテラーは真面目で有能な人物であり、総じてロシア人と船乗りの知識を過小評価していたので本気だと思って向きになって論争した。彼の怒りっぽさは酒の飲み過ぎからかもしれなかった。資料はいろいろあるが、出航直後の一七四一年五月からの聖ピョートル号の航海日誌には「ラグノフ少尉は樽からウオッカをバケツ一杯汲み出してシュテラーに与えた[96]」とある。

六月十三日、二隻は互いに接近し、ワクセルは激しい風と波の中で聖パーヴェル号のチリコフを「拡声器」で呼んだ。ベーリングはすでに太平洋上の謎の島々の探索命令を下していたので、ガマランド探しを中止し、アメリカを目指して北東へ針路を定めるように命じた。海図にない茫漠たる海原で二隻は互いが命綱であり、ともに東へ向かった。しかし、六月二十日早朝荒天になった。この海域特有の霧と暗闇、暴風の中で二隻は互いを見失った。

前もってこうした事態を想定した計画に合意していたので、二隻は近くの海域を周回し、三日間かけて相手の手がかりを探した。それも無駄だった。二隻は近くにいたが、逆風と荒天に遮られて相手を見つけられなかった。これも事前に決めていた時間が経過すると、ベーリングとチリコフは別々に航海を始めた。ベーリングは霧の暗天の中をさらに四日間北緯四十五度まで南下して、陸地が近いというシュテラーの説の正しさを確かめてみた。さらに無駄な時間を費やした末に苛立って北東へ針路を取れと命令した。少なくとも、ロシア科学アカデミーの会員と協議することへの指示に従わなかったとは言えず、また、シュテラーがどれほど自説に固執しても、信じる者はいなかった。

第3部

アメリカ

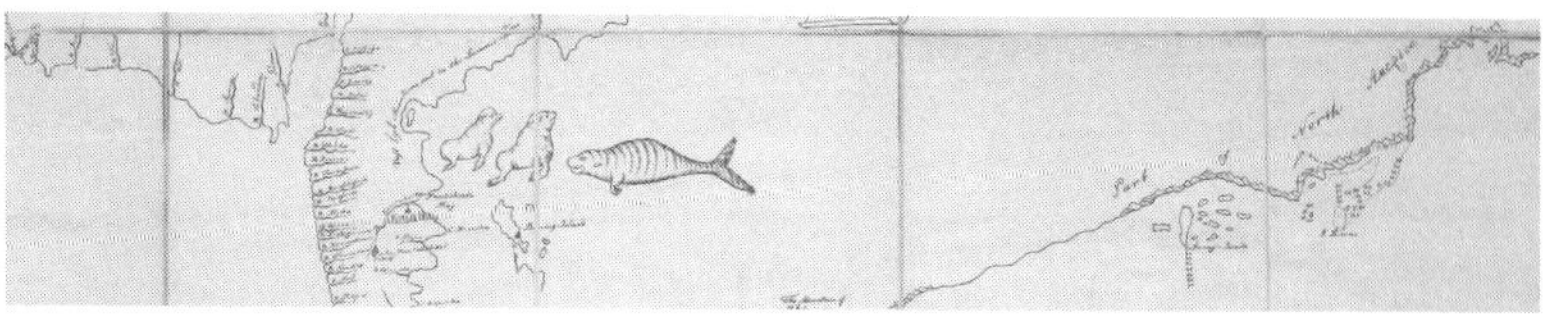

1790年代のアラスカ海岸を描いた版画で、トリンギット族の舟が見える。ジョージ・バンクーバー著『北太平洋発見と世界周航（*Voyage of Discovery to the North Pacific and Round the World*）』中のジョン・サイクスの写生。

スヴェン・ワクセルによるこの写生には聖ピョートル号の船員とシューマギン島のアレウト族との初めての出会いが見て取れる。（ウィキメディア・コモンズ）

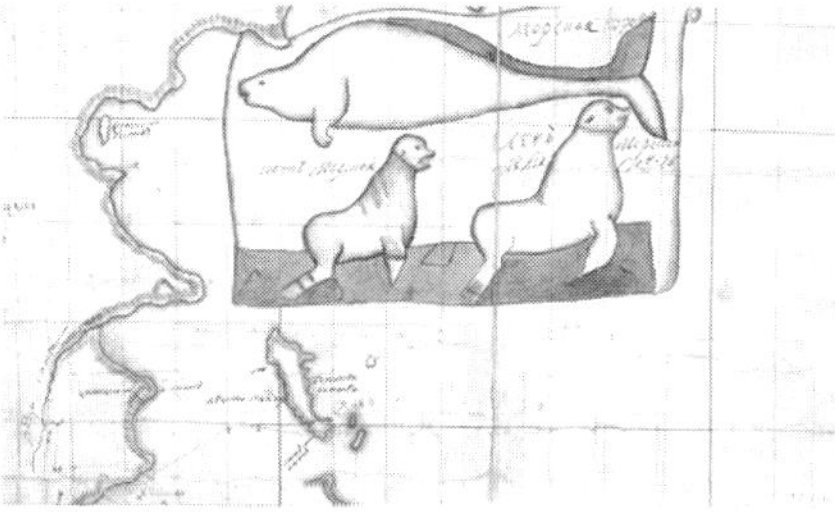

ベーリング島と難破した隊員一行が出会った不思議な海獣の写生。ソフロン・キトロフによるステラーカイギュウとトドの写生で、スヴェン・ワクセルの絵に似ている。（ウィキメディア・コモンズ）

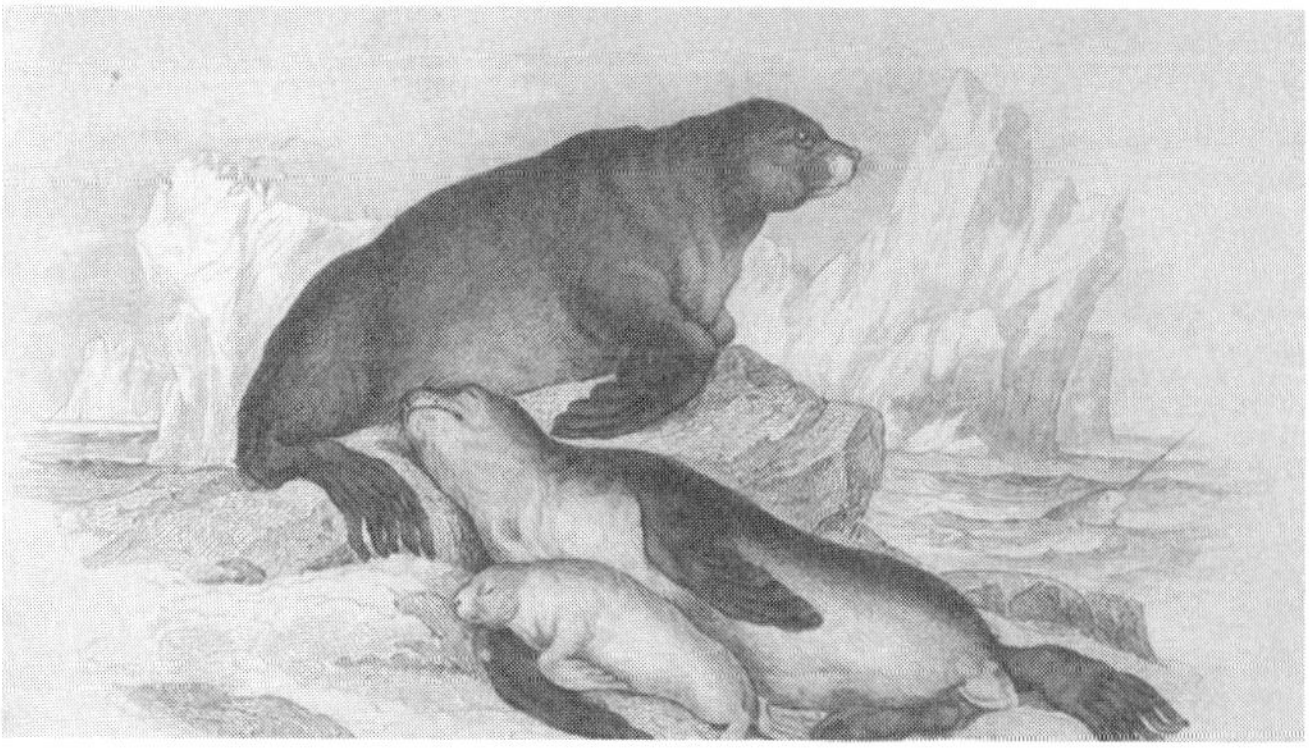

アザラシ、またはオットセイ。ゲオルク・シュテラーの有名な博物史論文『海獣（*Beasts of the Sea*）』の初期の版から。（NYPL）

シュテラーの1753年ドイツ語版『海獣』の挿絵。シュテラーとフリードリヒ・プレニスナー、トマス・レペヒンが現在は絶滅したカイギュウを切り裂いている。（ウィキメディア・コモンズ）

第7章

大陸ボリシャヤ・ゼムリヤ（アラスカ）

晴天のこの日、聖ピョートル号の船上では、一仕事終えた男たちが手すりにもたれて、現在の苦境を話し合っていた――これほど遠くまで来たのに、どちらを向いても島の影すら見えない。六月末には真水が半分に減り、これから先もしばらく陸地が見えない場合に備えて配給が減った。料理番は夕食の粥をいつもよりかためにした。船は数週間晴天と順風に恵まれて東へ進んでいた。「海と空のほか視界には何もなく、聞こえるのは、カムチャツカとアメリカは狭い海峡でわかれていると信じ込んでいたことを嘆く士官の声ばかりだった」[97]。ベーリングは体力を消耗する原因不明の病で船室に引きこもる時間が増え、士官らはベーリングに相談や報告なしに船を動かしていた。ワクセルと士官会議が大きな責任を持ち、ベーリングは航海日誌に登場しなくなった。「こうして船室にこもったままの隊長には、判断を仰げる程度の事項しか伝えないという異例の新体制が始まった」[98]とシュテラーは振り返った。聖ピョートル号は一カ月近く北東方向へ進み、差し迫った脅威はないが、絶えず未知の不安に苛まれる航海を続けていた。船が波を切って進む音と風が帆にからむ音のほかに物音は聞こえず、目に入る光景はなかった。

内輪もめが日課のようになった。七十七人がひしめき合う全長二十七メートル、幅七メートルの木造船にプライバシーがあろうはずはなかった。喧嘩の中心には必ずシュテラーがいて、船の針路に関して自分の忠告に耳を貸さない士官たちを非難し続けた。シュテラーはいつもの言い争いで軽視され、意見は無視され、馬鹿にされることにうんざりしていたが、自分が対人関係悪化の元凶であるとは思っていなかった。一方、ロシア人船員たちは、傲慢な態度で気難しいシュテラーを揶揄し、虐めた。シュテラーはこう記した。

ヤクーツクからオホーツクまで文句を言わず黙々と命令通りに荷物を運搬したコサックや流刑者の扱いとまるで同じだ。根拠が確かで時宜を得た私の忠告をにべもなく拒絶する士官たちの罵詈雑言と態度こそが、前々から私と他の者の口を封じた理由だった。みんなのために、全体の利益を考えて話し合おうとしても、答えはいつも決まっていた。「わからないやつだな。おまえは船乗りではないだろう。会議の場にいなかったじゃないか[99]」である。

シュテラーは、名誉が軽視されるか、当然の敬意が払われなかった後で、士官は自分のような教養人よりもシベリアの無知な連中を相手にすることに慣れているからだと日記の中で怒りを発散した。彼らは「まったく身のほどを忘れ、習慣で自分が正しいという錯覚に陥るか、無知と言われて侮辱されたと感じたのだ[100]」。

まず、六月初め、南に陸地があったのを彼らが見損なったとシュテラーは思い込んだ。そして、七月初めになって、太平洋のやや北に陸地があると確信した。浅い海面下にある雑多な海藻群を見て、陸地は近く、おそらく北だと士官に知らせたが、一笑に付され、そのまま北東へ進んだので腹が立った。シュテラーは体験よりも書物から動植物の知識をもとに証拠固めをしていた。カムチャツカには通常アシが生い茂り、船が陸から沖へ出ると海藻が散らばるので陸地のある確かな目安になった。速い潮流は近くに海岸のある証拠だった。「とくに六月は、魚が陸に近づき大挙して川を遡上するので、カモメの群れは餌にありつきやすい海岸付近を飛ぶことが多い(101)」。シュテラーは、ふつう北か北東の方角へ鳥が飛んでいたことを観察していた。「赤と白のとげのあるクラゲ」がいて、シュテラーは海岸から二、三〇キロ以上離れたところでは見られないことを確信していた。海藻群の中に、シュテラーがウミビーバーと言うラッコをたまに見かけたそうだが、誰も見た者はいなかった。アラスカに対する船の現在位置を知りながら、これほど遠くにラッコがいようとは意外だった。「陸地が近い確かな徴候」をロシア人士官と弱気のデンマーク人隊長に「冷静に、敬意を表しながら、辛抱強く」伝えたと日記に記し「早く陸地に到着するため北へ針路を取る」ように忠告したが、相手はため息をつくだけで聞く耳を持たなかった。ベーリングはまずシュテラーを航海に連れて来たことを後悔し「そんな馬鹿なことがあるか」、そんな戯言は「聞いていられない」、「海藻は海洋の至るところに生えている(102)」と答えたのだろう。「絶対に」陸地が近いというシュテラーの理に叶った説明を隊長があっさり拒否したのには驚いた。「私は何も言えなかった」とシュテラーは記した。他の場合も同様だが、シュテラーはここでも誤った。彼は日記に詳しく理由を書いていて、一部は正しいが、この時点で北東方向の針路を北へ変えるのは、アメリカへのさらに長い航海となる、つまり、アリューシャン列島へ導いたことだろう。

シュテラーの忠告はあまり信用されなかったが、彼が洞察力を発揮した瞬間があった。辛辣だが妙に鋭く、次第に強まる予感について記した。

あらゆる注意と代償を払い、必要な経費はすべて承認されたにもかかわらず、この最大かつ最も有益な計画が、公益に関しては当初の予想を遥かに下回る成果しか挙げられなかった不幸なケースを初めて目の当たりにした。とはいえ、他方で、私利私欲のまったくない、お互いに熱意ある言動で協力し、小さな一歩から千倍の成果になって戻ってくるかもしれない。(103)

七月半ばに航海は約六週間になった。船は順風に乗り、太陽は輝き、すべてが順調だったが、真水と食糧が不足し始め、長く陸地が見えないことに不安を感じ始めた。いったい陸地はどこにあるのか。この先も海原が続いて水と食糧がなくなり、本で読んだことのある有名な船乗りのフェルナンド・マゼランのように、壊血病になって不幸にも命を落とすかも知れなかった。いつまでも海洋が続かないことぐらいはわかる地理の知識はあったが、自国から遥かに遠い未知の外洋では不吉な想像が頭をよぎった。ベーリングの部屋で士官会議が開かれ、七月二十日までに陸地が見えなければ航海を中止し、方向転換してアバチャ湾へ戻ることで全員の意見が一致した。

七月十五日は好天と順風に恵まれ、船は波を切って進んだ。夕方、東に雲が現れたとき、シュテラーは甲板をふらつきながら次第に濃くなる靄の先へ目を凝らしていた。目を細めると、渦巻く靄の向こうにうっすらと輪郭が見えると「陸だ」と叫んで手すりに駆け寄った。船上は興奮に湧き、男たちは手すりに駈け寄り、よく見ようと索具に飛び付いた。だが、これまでの行動から誰もシュテラーの見たものを信じなかった。「私が言い出し、絵のようにはっきりしていなかったので、またかと思われた[104]」とシュテラーはふてくされた。小雨が降っていたが、陸地は翌七月十六日に正式に東方に確認された。陸地が見えたと言ったのは三度目だが、この時ばかりは事実だった。聖ピョートル号は北緯五十八度三十八分、アバチャ湾の東方五十度に位置すると観測したとワクセルが記録した。アラスカは視界に入っていたが、到着までには三、四日かかった。

シュテラーは、ずっと自分が正しかったと内心得意だった。探さずに自分の言葉を信じてくれていたら「アバチャ湾を出て六週間後三、四日でうまくいったかもしれなかった」。

航海日誌によれば、アメリカ大陸が最初にはっきり見えたのは、山頂に雪を頂く巨大な山々が霧の中に浮かび上がった姿で「高い火山があった[105]」。船からおよそ百海里（百八十五キロ）で、目視では「火山」は海岸沿いに連なる小高い山々の中にひときわ高くそびえていた。靄の中に深緑の森林がどこまでも続いていた。この日は聖エリアの日だったので、それに因んで山に命名した。*シュテラーは「この山はかなり高いので十六オランダマイル離れていても海からはっきりみえた……シベリアでもカムチャツカでもこれほど高い山を見た覚えはない[106]」と述べた。ワクセルはいつも通り淡々と見たことを確認した。「陸地には雪を頂く巨大な高い山々があった[107]」。

士官と船員の全員が新天地発見の偉業を喜び称え合った。肩を叩き合い、栄光と名声を想像して、サンクトペテルブルクではご褒美にありつけるだろうと話し合った。しかし、この騒ぎで船室から出て来たベーリングには歓喜の気配はなく、甲板をぶらついて周囲を眺め渡し、遠くで白波が海岸に打ちつける微かな音を聞いていた。肩をすくめて船内に戻ると、後に「すべてを達成したと得意がっているが、どこへ到着したのか、故郷からどれだけ離れているのか、これから何が起こるかを考えていない。貿易風が起きるかもしれないが、帰還の妨げになるかもしれないではないか。この国のことを知らないし、越冬用の食糧もない(108)」と不安な気持ちを記した。大北方探検隊というベーリングの任務の頂点であり、三十年前にピョートル大帝が行動に移した夢の成果だったが、ベーリングは心配が山積みでその瞬間に歓喜はなかった。新天地を発見してロシア帝国の領土に加えるために地球を半周するほど遠くまでみんなを連れて来たが、どうやって故郷に連れ帰ればいいのか。チリコフと聖パーヴェル号の運命もまた頭から離れなかった。まだ行方がわからない。沈没して溺れ死んだのだろうか。それとも、いまもどこかで必死に助けを求めているのだろうか。

アメリカ、アラスカ、伝説の大陸ボリシャヤ・ゼムリヤは、乗組員それぞれにとって異なる意味があった。シュ

＊　アラスカ州とユーコン準州の境にあるセントエライアス山は、標高五千四百八十九メートルで、カナダとアメリカ両国の最高峰である。カナダのクルエーン国立公園とアメリカのランゲル・セントエライアス国立公園にまたがっている。ヤクタットのトリンギ族から「シャアトレイン（Shaa Tlein）（大きい山の意）」と呼ばれ、「バウンダリー山頂一八六」という無味乾燥な呼び方をされた時期もあった。ベーリング一行の命名ではなく、十八世紀の後半にカイアック島のセントエライアス岬に因んで名を付けたという歴史学者の指摘がある。

テラーにとっては、水平線に浮かぶセントエライアス山の輪郭は夢の実現であり、博物学者として名声のために大事な機会だった。新大陸を最初に訪れて動植物相を記述し、新大陸の科学的宝庫を世界に明らかにして見せることだった。奥地へ入って珍しい標本をたくさん採集し、貴重な鉱物資源を見つけ、サンクトペテルブルクのロシア科学アカデミーと政府を大いに喜ばせて地位を得ることを想像した。他方、ベーリングたちにとっては、未知の海岸は危険であり、細心の注意を払って近づくべき場所だった――住民の敵意、航行の危険性、見えない浅瀬があった。ベーリングやワクセルや士官たちは座礁などの海難事故を危惧していたが、シュテラーは急いで海岸へ漕いで行って新しい陸地を探検したがった。新種の動物、新種の植物を発見して命名できるだろうか。

逆風と、小雨、突風、霧のために船は三日間海岸へ近づけなかった。近づこうとして前進、後退を繰り返した。測深では海底はまだわからなかった。シュテラーは探検の期待に興奮しながら、潮の流れを見て、安全に投錨できる場所について士官に意見を述べていた。意見がはねつけられると(以前ここへ来たことがあったのなら確かだというのか)、シュテラーは「物事が不確実なときは、少しでも確かな兆候があればそれに従って行動し、幸運を信じることだ(109)」と不満を露わにした。シュテラーには相当自信があったので、異なる意見、とくに指揮命令系統が身体に沁み込んだ海軍士官の意見をまともに聞こうとしなかった。他の場合でもそうだが、ここでも彼は判断を誤った。潮流は静かな河口の証拠ではなく、むしろ近くのサックリング岬と投錨を考えていた陸地から離れた沖合の小島との間を流れる海流だった。ベーリングは慎重で、嵐に備えて夜間に島の海岸から船を遠ざけるよう命令した。

夜間に前進、後退を繰り返し、ようやく朝になって船は再び島に接近した。一日がかりで西海岸を調査して危険な岩礁を発見すると、ベーリングは再び船を陸地から遠ざけ、その夜はまた前進、後退を繰り返した。翌朝、七月二十日、士官たちは、本土からやや離れた、現在はカイアック島と呼ばれている島の風下側の吹きさらしの停泊地を選んだ。「美しい森林が海岸まで迫り、海岸から山々の麓まで土地は平らだった。見たところ海岸も平坦な砂地だった」[110]。キトロフ大尉は、島は「石柱のように海に突き出ている。島周辺の浅瀬の水面下には岩礁がありそうだ」[111]と報告した。聖ピョートル号は灰青色の泥土に錨を降ろし、近くを偵察するためボートを降ろし始めた。シュテラーは新しい陸地を見つめていた。船から降りて砂地の海岸を歩きたかった。

真水の樽は三分の二が空だったので、まずは水の確保だった。ベーリングはキトロフに、十五人を連れて大型ボートで、ウィンガム島と現在呼ばれている近くの小島へ行くように命じた。任務は人目につかない停泊地と材木用の太い木の伐採場所を探すことだった。短時間で船に戻って報告することになった。ベーリングは安全策を取った――聖パーヴェル号が行方不明になっており、一度の誤算が命取りになる。しかし、彼の指示には、将来太平洋を横断する探検隊のための安全な港の確保が念頭にあったので、キトロフはいつも通り忠実に従ったのである。

キトロフがウィンガム島を調査中に、小型ボートがカイアック島の中央を目指して西へ進み、真水のある小川を探しに行った。誰もシュテラーに話しかけなかったので、彼はボートが降ろされ、準備されるのを眺めていた。とうとう彼はベーリングの元へ行き、自分も一員になれないかと尋ねた。ベーリングから、上陸は危険すぎるし、水汲みは真水係の仕事だと返えされ、思わず口をつぐんだ。動植物の採集は時間の無駄だとベーリングは考えた。一行に次の航海はないからだ。限られた時間で海岸の地理を調査し、できれば地図を記し、次の航海者の安全のために港を確保し、そして、もちろんロシア領土の拡大に努めなければならなかった。その後でカムチャツカへ戻らなければならなかった。季節はすでに進み、食糧不足なのに、こんなに遠くの危険な海辺で足止めされたくなかったからだ。風の心配もあった。聖ピョートル号のいる港は安全ではないので、天候が急変したら直ちにボートの二隊員を呼び戻さなければならない――それなのに、シュテラーと助手が奥地に入って船に戻れなくなったらどうするというのか。

シュテラーは新世界の驚異を持ち帰った人物として誇らし気にサンクトペテルブルクへ戻る自分を想像した。彼はショックから立ち直ると「探検隊はアメリカの水をアジアへ運ぶだけのために[112]」わざわざここまで来たのかと皮肉交じりに言った。キトロフとワクセルがシュテラーは自分たちのどちらかに同行すればいいと言ったが、ベーリングは頑としてシュテラーに「恐ろしい地獄の話」を聞かせて脅そうとした。シュテラーは、自分は「危険を怖がるほど女々しくない」と怒り（彼の十八世紀的思考の反映）、ヨーロッパ人による初の北西アメリカ上陸という歴史的な日に上陸するのは「私の本来の仕事であり、天職であり、義務[113]」ですと言い返した。大型ボートが降ろされ、キトロフと隊員を乗せて北へ漕ぎ出すのをシュテラーは茫然と眺めていた。

シュテラーは再びベーリングに頼み込み、そこで、あなたの対応を海軍本部と、ロシア科学アカデミー、元老院へ「それ相応に」報告すると脅迫した。聖ピョートル号は小さな船なので口論は多くの隊員の耳にも届いた。ベーリングが「手に負えない男」と言うと、シュテラーは「敬意を払わず、ある種の祈りをし[114]」動植物相の研究はこの航海の大事な目的であると主張した。シュテラーが「懸命に祈った」のは一種の呪いだが、その結果望みが叶ったので、ルター派の二人に共通する祈りだったのかもしれない。隊長は、堪忍袋の緒が切れてシュテラーを帆船に投げ込んだのではなく「たちまち機嫌を直した」。ベーリングは、シュテラーにワクセル指揮下の小型ボートで真水係との同行を許したが、従者であるコサックのトマス・レペヒン以外の助手は認めなかった。午前九時にシュテラーとレペヒンが船からボートの空樽の間に降りたつと、ベーリングは手すり付近にトランペット奏者二名を呼び、シュテラーが海軍高官でもあるかのように敬礼の合図を吹かせた。もちろんからかったのだが、本人は素直に喜んで颯爽と手を振った。ベーリングが折れて上陸させたのは、探検隊の公式命令にある鉱物資源の調査だと主張できるからだった。シュテラーは「大事な任務を負った」が、キトロフ一行の他の連中は「たいしたことはしない」と当てこすっただろう。この日は晴れたり曇ったりの穏やかな天気で、東から心地よいそよ風が吹いていた。

一行が小川（現在はステラーズクリーク《シュテラーの小川》と呼ばれている）で真水を汲んでいる間、シュテラーは「貴重な」時間に砂浜から深い森の奥へ走って行き、レペヒンが後を追いかけた。シュテラーは時折屈み込んでは珍しい植物を掘り出し、すぐに「住民とその生活ぶり」を感じ取った。巨大なベイトウヒの下で飼葉桶のような形の丸木舟を見つけた。中にはまだくすぶっている木炭があり、住民は「ヤカンや容器がないので焼いた石で肉を調理した」[115]とシュテラーは記した。黒こげの骨の中には「肉片」の付いたものもあり、「しゃがんで食べた人間がまき散らかした」ものとわかった。海洋哺乳類の骨ではなく、カリブーの骨だと思ったが、島にカリブーがいる証拠はなく、骨は本土から持ち込まれたものにちがいなかった。カムチャツカで「パン代わりに供されて」いた干し魚の塊と、直径二十センチの「大きい」ホタテ貝もいくつか見つけた。他にも火燧し道具とカムチャツカで使っていたのに似た火付きのいいコケを見つけた。二人は森の中で伐採された樹木を見つけ、石か骨の斧で何度も打ちつけたようで「古代ゲルマン人の『雷石（thunderbolts）』という方法と同じだった」。樹皮が人間の腕が届く高さまで剥がされている木々もあった。樹皮は家や、帽子、バスケットを作るのに使われたのだろう。シュテラーが観察した野営地と道具類の様式については、現代の民俗誌学者がプリンスウィリアム湾のチュガッチ族の夏の野営地との関連を指摘している[116]。木は高さ三十メートル以上で造船業を「何百年も」支えられるほど見事だった、とシュテラーは彼らしく大げさに記した。

二人は湿っぽい霧の森の中へどんどん入って行った。最近誰かが通った跡があった。二人は「刈られた草で埋まった場所」に出くわした。樹皮の上に石を積み上げて窪みを隠していた。シュテラーは「人間と住居」をどうしても見たかったが、レペヒンは銃とナイフを携行していたのに、自分は護身用の小型ナイフしかなかったので不安だった。窪みは縦約四メートル、横約六・五メートル、深さ約四メートルの穴蔵か貯蔵所だと思われ、中には道具、用具、「酒用の」多年草、それにカムチャツカで漁網作りに使われる干草が入っていた。サケの燻製と、紐、長い矢の束が入った樹皮製の入れ物が数個あった。秘密の食物貯蔵庫で、冬用の備蓄だった。シュテラーは各品目から少量の標本をとり、一行に知らせるためにレペヒンを海岸へ戻らせた。彼は一人でさらに「深い闇の森」へ入って行き「自然界の三分野（訳註　植物、動物、鉱物）の顕著な特徴[117]」を調べた。彼は近くの見晴らしのいいトウヒの山を必死に上り、遠く本土に上がる野営地の煙を見た。本土の野営地は別の種族のものかもしれなかった。コッパー川沿いの内陸に住むイーヤク族か、ヤクタト湾東部のトリンギット族かもしれない[118]。時間があればいろいろな部族と接触できただろう。だが、戻らねばならなかった。彼は「調査の障害物が返す返す残念で、これほどの重要案件の指揮を委ねられた人間たちの行動を心から悔やんだ[119]」。

シュテラーは煙を辿って部族に会いたくて矢も楯もたまらなかったが、時間に限りがあったので、植物を腕一杯に抱えて海岸へ走った。彼は次に真水汲みで停泊中の一行にメモを託し、小型ボートと隊員数人の力を借りて、長さ約二十キロ、幅わずか三キロ程度と推測した島の向こう側を調べてもっと標本を集める許可をベーリングに求めた。「ぐったり疲れていた。其の間に海岸でしおれかけた珍しい植物をスケッチし、お茶に最適な水を試せてうれしかった」(120)と記した。

返事を待っている間、珍しい鳥の囀《さえず》りが聞こえ、見たことのない足跡を発見し、周囲にはアジアやヨーロッパで知られていない植物があった。とくに鳥は「未知の珍種で……華やかな色彩からヨーロッパ種とシベリア種との違いがすぐにわかった」(121)。周辺の豊かな自然美にただただ感動し、是が非でも新大陸をもっと見たい気持ちになった。シュテラーは「一時間くらい経ってボートに早急に戻らないと置き去りにするという愛国心の強い思いやりの返事を受けた」(122)と皮肉交じりに記した。彼は常にぎりぎりまで粘り、仲間の脅しで思いとどまる人間ではなかった。残りの水汲み作業時間を計算して、もう一度出かけた。「言いくるめる時間は残っていない」と判断し（だが、船に戻ったときはあれこれ言いくるめた）、「鳥を立ち去る前にできるだけ沢山集めたかった。夕暮れが近かったので、コサックに私が見つけた珍しい鳥を撃ち落として来るように命じ、その間にもう一度西へ行っていろんなものを見たり集めたりして夕暮れに戻った」(123)。

予定が長引いてしまった。ボートが待っていて、心配しながら急いで船に戻ると――暖かいココアを渡されたのでびっくりした。あの頃はめったにない厚遇だった。彼にとってはこれ以上思いがけない飲み物はなかったかもしれない。ココアの原産地はアメリカのどこか、おそらくメキシコ南部であり、大西洋を横断してスペインへ向かい、その後アムステルダムやサンクトペテルブルクへ運ばれた。最終的には陸路モスクワへ、シベリアへと運ばれて聖ピョートル号に積み込まれ、再び太平洋を渡って初めてアラスカの地を踏んだヨーロッパ人の一人としてシュテラーはココアを飲んだ。ココアは船乗りよりも長い、世界一周に近い旅をした。

シュテラーが戻って一時間もしないうちに、キトロフ一行十五名を乗せたボートも聖ピョートル号へ戻って来た。キトロフはウィンガム島の東側に長さ約一・六キロ、幅八百メートルの良港を発見したと報告した。「方角は北東、海峡の深さは、四十六、四十、三十二、十八、十三、十一、七、六メートルで投錨可能である」。海底は「砂地で所々が粘土だった。島の地形はどの方角からも風が当たりにくい[124]」。小島を探検中に切り出し板で造った夏用の小屋を発見した。中には珍しい形の木の篭や、シャベル、銅色の小石などの道具類や家具があった。キトロフはその石が銅器の砥石に使われたのではないかと思った。人はいなかったが、少し前までいた気配があった。キトロフは、カイアック島のように確かに人がいて「我々を見て逃げたか、隠れたか、あるいは、本土に住んでいて夏になると魚や海獣を捕りに島にやって来る[125]」のだろうと考えた。島は小さく、こんなに狭い場所で十五人から身を隠すのは難しいことから、そうかも知れない。しかし、ベーリングにとっては、キトロフが安全な港を発見して概略図まで描いたことは嬉しい知らせだった。特別命令事項がこれで一つ達成された。

ベーリングは数人にボートへ戻って最後の水汲みに行き、「小屋に先住民への贈呈品を置いてくるように[126]」命じたとワクセルは記した。贈呈品は布か革と、鉄のやかん二個、ナイフ二本、大きなガラス玉二十個、鉄の喫煙パイプ二本、タバコの葉の大包みだった。将来ここを訪れた際に良好な関係を築くため、島の住民に未知の髭面の男たちへ好印象を持ってもらおうとしたのだった。野営地から持って来た魚の燻製は「とても美味しかった」とワクセルは言い、交換を喜んだ。シュテラーは、野営地の場所を伝えた後で略奪がまたあったことを知り、ベーリングとはやや異なる悲観的な見解を示した。「ここを再訪したら、先住民は即座に逃げ出すか、迷惑を被ったことで敵意を示すのではないか。とくにタバコを飲んだり食べたりしたら……毒を盛られたと思うだろう」[127]。シュテラーは単に反対だったか、カムチャツカでの先住民のひどい扱いに辟易していたのである。だが、ヨーロッパ人と遠隔地住民との初期のころの出会いを参考にすれば、やかんやナイフなど鉄製品の贈物は非常に価値があり、後々まで喜ばれただろう。

シュテラーは野営地の近くで誰かに見られているような、ぎこちない感覚を持った。その感覚が正しかったことは、約五十年後に思いがけない資料から判明した。一七九〇年、ジョゼフ・ビリングス探検隊の一部隊であるガヴリール・サリチェフ指揮下のロシア船が「温厚で頭のいい」イーヤク族の男と出会い、通訳を通じて男から子供の時分の話を聞いた。男が子供の頃、本土で漁獲と狩猟を終えた後一家はよくカイアック島を訪れていたが、ある夏のこと、島に船が訪れた。「船からボートがやって来たので、私たちは逃げた。船が去ってから小屋に戻ると、地下の貯蔵室にガラス玉、タバコの葉、鉄のやかんなどがあった」[128]。

最後の水樽が積み込まれ、熱いココアを味わった後、いつも通りに戻った。戻りが少し遅れたことをすぐには叱責されなかったので、シュテラーは「諸事に関する自分の考え方を知ってもらえた」と記した――彼の傲慢さへの皆の嫌悪を強めたという意味かもしれない。島の南端をエライアス岬と呼び、海図に記すと聞いた時、シュテラーは「島は岬とは呼べないと説明した」のに「士官らは海図に岬を載せようとした」とこぼした。岬の突起は本土か

ら続いていなければならず「この場合、たとえば、島は分離された頭か分離された鼻ということになる」[129]と啓発しようとした。学者ぶる人間を好きな者はおらず、怒りと不快感の入り混じったため息が聞こえそうで、顔を背けて暗澹たる気持ちになる。

翌七月二十一日の朝ベーリングが不意に甲板に現れ「いつもとちがって」誰とも相談せずに錨を揚げて沿岸伝いに北進を命じた。ワクセルは出発を少なくとも数時間遅らせ、残った二十個の樽に水を汲んでからにしてほしいとベーリングを説得したが、ベーリングは拒絶し「もうすぐ八月だし、我々には陸地も、風向きも、海についても知識がないので、今年はすでに発見された事実で満足すべきだ」[130]と答えた。ワクセルとキトロフは隊長の命令、とりわけ真水の供給が十分でないうちに出航するのには不服だったが、士官会議を開いて協議することはせず、当面は指示に従った。既知の海域を戻るより「陸地に沿って進むつもりだった」[131]とワクセルは記している。食糧は残り少なく、ベーリングが風向や潮流の知識がないことに強い不安を感じるのはもっともであり、危険で不安定な状況にあったのは事実だった。太平洋横断に七週間かかったので、帰途はそれと同じか、それ以上の日数がかかると考えねばならなかった。ベーリングは航海日誌に記録された風向きのパターンを把握しようとしていた。夏の間は卓越風が北東または東寄りに吹く可能性が、逆方向の二倍あった。このパターンが続けば、モンスーン気候の場合と同じで、季節が変わると風向きが逆になると考えた。そうなると、この時期の風の三分の二は逆方向の、南西の風となって船には逆風になる。風は船に抵抗する。そうであれば、北西に向かっている間は、アラスカ沿岸の探検は三週間程度しかできなかった。

その日の正午近く、船が避難していた場所からゆっくり動き出したとき、シュテラーは「本土へ上陸しようとしなかったのは、頑固さが抜けず、友好的か敵対的かわからない一握りの非武装で臆病な未開人の攻撃を恐がり、どうしようもないが、ホームシックに駆られたこと以外に理由はない……ここで調査に費やした時間と探検の準備時間を比較すると、準備期間の十年に対して、調査活動は十時間だった[132]」と考え込んだ。シュテラーは陸地から離れるのを見つめながら、どれほど興味深い未発見が残されているかを想像しただろう。彼は一行の行動に不満で、ベーリング以下ロシア人士官の決断を支配した臆病さを軽蔑した（同じころ、同じ沿岸のさらに南と東にいたチリコフ一行の状況を把握していたら、ベーリングは一層危険を回避していたかもしれない）。

聖ピョートル号は、カイアック島からは西へ進み、霧と風と短時間だがときどき降る激しい雨の中をほぼ北西方向へ航行した。航海日誌の冒頭はきまって「荒れ模様、時化《しけ》、雨[133]」である。沿岸にはホーキンズ島、ヒンチンブルック島、そしてモンタギュー島など森林が密集した島々が点在し、隠れた水路があり、正確な地理の把握に難渋した。もっと時間があるか、穏やかな季節で晴天なら見通しがきき、プリンスウィリアム湾の氷河のフィヨルドや、コッパー川のデルタ、先住民の村落が見えたかもしれない。船が進むにつれて「暴風雨が続き[134]」海は荒れ狂った。しかし、陸地は予想した北向きにではなく西だったので、未知の海岸との衝突の危険を避けるために針路の調整が必要だった。

聖ピョートル号が北西へ航行中、シュテラーは、カムチャツカとアラスカの違いを考えていた。「（こちら側の）アメリカ大陸は、気候に関しては確かにアジア大陸の極北東部よりもはるかに良い[135]」と記した。山々は「非常に高く」頂上は万年雪に覆われているが、カムチャツカの山よりも「自然美が豊かである」。シュテラーは十八世紀の自然科学者に特有の好奇心と幅広い興味を示し、カムチャツカの山々は「完全にばらばらで統一を失ってから長く、その結果、鉱物性ガスの循環が弱く、内部の熱がなく、それゆえ、貴重な鉱物資源もない。他方、アメリカの山々は固い。岩石は苔に覆われておらず、どこでも黒土であり、だから、岩の間から発育不全の低い木が伸びているような不毛……ではなく、高く美しい木でびっしり覆われている[136]」と考えた。アラスカは山脈の内部の熱のせいで同緯度のアジアの山脈地帯より植物の生育がいいという学説（現代では誤り）の正しさを信じていた。彼は理論化とまったく無関心な者との自説の共有にためらいはなかった。自然界の正確な知識がないから、素朴で非体系的な推測が科学研究の出発点になった。

森林と山が多い沿岸がゆっくり過ぎるのを眺めながら、シュテラーは、自分が集めベーリングに船内への持ち込みが許された標本の観察をじっくりじっくり記録できた。カイアック島で採集した植物はブルーベリーと、ガンコウラン、ホロムイチゴなどカムチャツカのものと似ていたので珍しくなかった。最大の発見は、歩き回っていたときたくさん生えていたラズベリーに似た大きな植物だった。現在はサーモンベリーと呼ばれているラズベリーの新種で「まだ熟していなかった」。生きた標本を帰りに船内へ持ち込むには許可がいると思ったので「その大きさ、形、美しさゆえに」少しだけ注意深くそれを掘り出して甲板の容器に入れておいた。しかし、枯れた標本で満足しなければならなかった。彼は仲間に「そのためのスペースを惜しんだのは私の落ち度ではない。抗議すべき私自身が相当のスペースを占めていたからだ[137]」とさらなる嫌みを記した。

シュテラーはほかにも十種の「未知の珍しい」鳥を記録した。カササギとワタリガラスだけは既に知っていた。従者のレペヒンはシュテラーがとくに夢中になった一羽の鳥を撃った。アオカケスに似た種で、アオカケスはサンクトペテルブルクのロシア科学アカデミーの図書館にあったカロライナの鳥類の本で見た。名前は思い出せないが、博物学者の著作で「外観は鮮やかな色彩」との印象が残っていた（本はイギリス人博物学者マーク・ケイツビー著『カロライナ、フロリダ、バハマ諸島の博物学（*The Natural History of Carolina, Florida, and the Bahama Islands*）』である）。鮮やかな色彩の鳥は米国東部のアオカケスと同類だが、頭に黒いふさがあり、後に初の科学的観察・記録を記念してステラーカケスと命名された。シュテラーは「この鳥だけでアメリカにいたことを実感した[138]」と記していた。

シュテラーは、探検隊に対する命令の重要な目的である鉱物資源を発見できなかった点についても時間をかけて弁明した。サンクトペテルブルクの上司たちは「鉱物資源を発見できなかったのは、私の注意力不足や怠慢のためではないとすぐにわかってくれるだろう。正直いって、砂と灰色の岩のほかには何もなかった。沿岸には白鉄鉱《マーカサイト》と硫化鉱しかありえようがないこともやがてわかるだろう[139]」と楽観気味に記した。ロシア当局の誰もが命令書の実行に躍起で、少しでも外れると自分の立場の弁明に努めた。ベーリングが命令事項に遺漏がないかを気にして、それ以外のことにあまり熱心でなかったように、シュテラーは正式許可なく航海に出る行為と理由、それにベーリングの指示に従えばすべて許されることを確かめていた。忠実でないこと、過度に自主的になることの反動を誰もが多少警戒していた。

七月二十五日に「隊長は士官と協議し、靄が晴れない間は南西方向へ航行し、カムチャツカへ向かうことで合意した。だが、晴れて、風は北および西向きの順風となりアメリカが見えた[140]」。すぐにカムチャツカへ戻りたいベーリングの思いより、アラスカ沿岸を探検したいワクセルとキトロフの思いが勝った――ベーリングはもう針路を自分の思い通りにできなかった。天候が回復するや、船は陸地へ逆戻りし、ゆっくりと岸に沿って珍しい航路を進んでいった。

あるときは、視界が悪く、船はやみくもに進んでいた。どの方角にも陸地は見えなかったが、測深から波立つ浅瀬だとわかった。「懸命に脱出しようとしたが、どちらへ向かっても浅瀬だった。行き詰まって南へ進むことにした。浅瀬がしばらく続き、幸い深海へ出た」[141]。七月二十六日の朝に靄が晴れると、北方三十から五十キロくらい先に「高地」が見えた。コディアック島か、近くのシトカリダック島だっただろう。だが、すぐまた荒れ模様になり、聖ピョートル号は霧雨の渦巻く中を突進し、二十九日には「強風に翻弄された」。七月三十日には荒れた空が明るくなり始め、三十一日には風向きが変わって北寄りの針路を取って再び陸地へ接近した。霧が繰り返し海面を漂った。

八月二日の深夜零時を過ぎてまもなく、明るくなってゆく空と銀色の月光で、甲板から「大きな森」のある島が霧の中から不気味な幽霊のように浮かんで見えた。ベーリングはその島を聖者の名前にちなんで助祭ステファノ島と呼んだが、ワクセルとキトロフはトゥマンヌイ島（霧の島の意）と呼んだ。一七九四年にジョージ・バンクーバー船長は聖パーヴェル号上の副隊長の名前にちなんでチリコフ島と呼んだが、チリコフはこの島を見たことはなかった。この島はコディアック島から南西に約百六十キロにある。「珍しく爽やかな晴天で、暖かく、穏やか」で、一匹のアシカがこちらを見ながら船の周囲をゆっくり泳ぎ回っていたとき、真水の湖と、小川、草に覆われた丘が見えたので、シュテラーは最後にもう一度上陸したいと願い出た。ベーリングは岩礁や浅瀬があって上陸は危険と判断したので願いは却下された。シュテラーとベーリングは「このことで口論になりかけた」[142]。そこでベーリングは船室で士官会議を開いた。主な目的は、士官たちがシュテラーを「叱責」したり、彼が義務を遂行したがらないことを非難しないと合意することだった。シュテラーが新天地の天然資源を調査・評価しないことに対するロシア科学アカデミーと元老院からの公式な譴責《けんせき》を恐れていることの証左でもあった。シュテラーは、このメンツを保つ内容がきっちり記録され、皆が根気強く義務を履行することを約束することにして「それ以上は言わない」(143)ことに同意した。

聖ピョートル号は錨を揚げて北東方向への航海を続け、他方、シュテラーは手すりから釣り糸を垂れて沿岸の水面下に潜む二種の新種のカジカを釣り上げた。しかし、真水の問題はまだ残っており、どこへも寄らずにカムチャツカまで西進するのは無理だった。ベーリングは逆風を気にし、シュテラーは上陸のチャンスを待つだけだった。計算ではカムチャツカまであと西へ約千五百海里（約二千八百キロ）だった。

第8章

遭遇

六月二十日早朝、聖パーヴェル号の乗組員は、アラスカ半島とチリコフ島の南の北太平洋の中ほどで、北の水平線に聖ピョートル号を見た。ぼんやり見えただけで二時間後には視界から消えてしまった。チリコフは聖パーヴェル号に主帆を下げて針路を変えずに進むよう命じた。だが、翌日、海原には何も見えず、チリコフは航行計画を変えずに聖ピョートル号を見た場所に「できるだけ近づけと命じた」。風向きが逆でその付近に留まるのは一苦労だった。六月二十三日の朝、チリコフは船室で会議を開き、聖ピョートル号との再会を期待しつつ当面は自分たちだけで航海を続けることで意見が一致した。聖パーヴェル号は荒海を越えて北東方向への前進を続けた。

やがて北方に山脈らしきものが見えたが、すぐに雲だとわかった。それから晴天と順風の一週間が続き、七月初旬になった。船の下に緑がかった草木のようなものが揺れていた。草ではないかと考えて測深すると、百八十メートルでも海底に届かなかった。チリコフが「草木を調べると、海藻ではなく、大量に押し寄せた海岸の澱みに見られるイラクサに似た種だった」[144]。七月十二日には「海中でアヒル」を見た。十三日には「アヒル、カモメ、二本の古流木」を発見した。十四日には「カモメの大群とアヒル、クジラ一頭、ネズミイルカ一頭、それに、しばらく海中を漂っていた中ぐらいの流木片三本」を見て一行はどよめいた。そして、東に陸地が実際に見えた。「山が多く」、水深百十メートルの海底は「砂で所々に小さい岩」があった。船の周囲を鳥が飛び交っていた。七月十五日のこの日、シュテラーは、同じ沿岸の数百キロ北にいた聖ピョートル号の船上から北へ目を凝らし、陸地が見えると叫んで、翌日になって確認された。

聖パーヴェル号が島に近づくにつれて、ウミガラスや鵜《ウ》の大群が頭上で飛び交った。「アメリカ大陸に間違いない」と確信したのは、ルイ・ドリル・ド・ラ・クロワイエの地図で、スペイン領アメリカとして「有名なアメリカの一部[145]」の北にあったからだった。一行はアラスカ・パンハンドルのケチカンにあるバルトロメオ岬のベーカー島にいた。クロワイエの地図は、もちろん、スペイン帝国が領有していた海岸線を略記したものだった。ただし、スペインは約五千キロ南のアカプルコ以北に現れたことはなかった。ありえないようだが、沿岸の住民と話した者はなく、遠隔地の帝国が島々へ領有を主張するとは考えなかった。聖パーヴェル号は良港を探してさらに数時間ゆっくり北進した。「海岸線は不規則で、海岸まで山が迫っていた。山には見事な木々が生え、ところどころ雪で覆われていた[146]」。チリコフ一行は出発地点のサンクトペテルブルクからはまさに地球の反対側にいた。

翌日、午後四時頃、チリコフはボートを降ろすよう命令し、操舵員のグリゴリー・トルビツィン他八名が安全な港かどうかを確かめに海岸へ近づいた。現在のコロネーション島のウィンディ湾である。トルビツィンは戻ると

「海岸にはモミと、トウヒ、マツの大木が生え、岩には多数のアシカがいる」が、人の気配はなく、港には適していないと報告した。船は安全のために夜間に海岸を離れ、翌日は霧の中を「雪を頂いた高い山々が北へ延びる」[147]海岸沿いを北微北西に進んだ。チリコフの回想では「アメリカの海岸を丹念に調べるつもりだったが、七月十八日の不幸で計画はだいなしになった」[148]。

霧が晴れて、甲板から目を凝らすと二、三日前よりも山に雪が積もっていた。船を「あえて海岸へ近づけた」が、錨を降ろせる安全な場所が見つからなかったので、大型ボートを降ろして安全な投錨場所を探すことにした。その後で陸地を詳しく調査するための基地を設けるつもりだった。チリコフが艦隊長のアブラム・デメンティエフに命令書の写しを渡し、彼はそれを何度か読み上げ、陸地での行動を詳細に記した文書に署名した。チリコフは船に残り、デメンティエフが十人を連れて大型ボートで上陸する間、陸から約一海里(千八百五十二メートル)離れたところをジグザグに航行していた。そこは現在のヤコビ島のタカニス湾で[149]、シトカの町の北西方向にある。チリコフは、上陸後はロケット信号弾をあげて無事を知らせ、夜は焚火をし、先住民にはヤカンと、ビーズ、布、針、タバコの贈物を与えよと指示した。さらに、港の特性とその図解、「草木」の調査、「岩石と土壌に貴重な鉱物が含まれていないかどうか調べて」欲しかった。空の水樽を満水にする役目もあった。聖ピョートル号と同様に、帰路の準備が十分ではなく、真水と食糧の調達が最優先だった。だが、国家の野心的な探検に最も重要なことは「何事もロシア帝国の女王陛下の真正にして善良な下僕として行動することである」[150]と訓示した。

ボートは船を離れ、靄の中に消えた。嵐で船に戻れなくなった場合に備えて一週間分の食糧が積み込まれたが、指示は明快だった。「速やかに任務を遂行し、その日のうちか、翌日までには船に戻れるように最大限の努力をする」ことである。しかし、信号弾は上がらなかった。夜になっても海岸に焚火は見えなかった。聖パーヴェル号は「強風と激しい潮流で」岸に近寄れなかった。数日たっても合図はなく「濃霧で目印を確認できなかった」[151]。デメンティエフ一行は上陸できなかったか、住民に襲撃されて命を落としたのではないかと考えた。晴天だったのが、やがて大雨と濃霧と強風が数日続き、聖パーヴェル号は風で陸から離された。

七月二十三日、チリコフはデメンティエフに上陸を命じた海岸へゆっくり近づくよう命令した。恐る恐る進むと岩が海面から突き出て、海面下には岩がいくつも隠れていた。チリコフの命令で大砲が二回森にこだましたが、返事はなかった。霧がやや晴れ、デメンティエフらが上陸したと思われる場所に煙が上がっているのが見えた。海岸の火で気持ちを持ち直し、間隔を置いて大砲を七回発射した。ここ数日は「火、建物、ボートといわず、人がいる気配は一切なく、無人ではないかと思った」[152]。焚火は大きくなったが、ボートは現れなかった。チリコフは船尾灯を灯して合図し、晴れていたので船を海岸に接近させた。朝になると海岸の火は消え、霧の中に一条の煙が上がっていた。

ボートが壊れて船に戻れないのではないかと考えた。この件について文書を作成し、各自が署名した。再度危険を賭して残る小型ボートに大工とかしめ工を乗せ、修理に必要な道具を全部積み込んで上陸させることにした。甲板長のシードル・サベレフが自ら上陸隊の引率を買って出て、足止めされた船員たちとすぐに戻って来ると言った。四人は正午近くに出発し、およそ九海里（約十七キロ）先の海岸を目指して漕ぎ出し、聖パーヴェル号は海面下の岩に極力注意しながらボートの後を追った。海が荒れ、聖パーヴェル号は午後六時には後退し、海岸へ接近するボートを甲板から見つめた。聖パーヴェル号は待った。合図は一向になく、ボートは戻って来なかった。翌七月二十五日午後一時、湾内からボートが二艘現れてこちらへ向かってきた。チリコフはボートが戻って来たと思って船を近づけたが、すぐにロシアのボートではないことがわかった。「舳先が尖り、漕ぎ方も静かだった」[153]。大勢が乗った大きめのボートは距離を取り、四人が乗った小さいボートが近づいて来た。一人は真っ赤な衣を着ていた。数人が立ち上がり、こちらへ手招きしながら二度「Agai, Agai」（こちらへ来いとの意）と言ってから、向きを変えて湾の中へ戻って行った。チリコフは白ハンカチを出せと命令したが、ボートは海岸へ向かって姿を消した。海上にも海中にも岩があり波が砕け散っていたのでボートを追えなかった[154]。聖パーヴェル号は大波で錨を降ろせず、後退するしかなかった。その後は火や煙の合図はなかった。

「デメンティエフたちに何か良くないことが起こったにちがいない」[155]とチリコフは記した。彼らは既に八日間も行方不明で、生きていれば、何度も船へ戻るチャンスはあったはずだった。「先住民の行動や、我々に近づこうとしないのは、仲間を殺したか捕えたためではないか」[156]。後にワクセルが聖パーヴェル号の不運な話を聞いたとき、どうしてそうなったかと考えた。「我々が陸に近づくと、アメリカ人は姿を隠す。だからボートで上陸した者は危険をまったく感じなかったのだろう。それから手分けして真水を探したり、ベリーや果物を探したりした。こうして一行はばらばらになり、先住民はチャンスとばかり姿を現し、一行は先住民とボートの間で立ち往生して戻れなくなったのだろう。確かにそうだ」[157]と記した。チリコフは甘かった。二艘のボートが近づいて来たのは「船を乗っ取ろうとしたのだろうから」[158]部下を主甲板下に隠して彼らを船におびき寄せるべきだったと述べた。そうすれば何人かを人質にして、ロシア人と交換できただろうと考えた。*

チリコフは、さらに二日間偵察しながら船を海岸近くに待機させていたが、二艘のボートと十五人の消息はつかめなかった。二日目の午後、湾内に再び原住民のボートが二艘現れたが、海岸付近を離れず、その後引き返して姿をくらました。海岸から僅かに煙が上がったが、すぐに消えた。上陸や浅瀬の調査に使うボートがなくなり、船は深刻な状況になった。在庫目録では、船には真水用の樽四十五本とあるが、水漏れで僅かしか残っていない樽もあった。帰路には「とても十分とは言えない」が、満杯にする目処は立たなかった。アメリカ滞在は僅か数日間だったが、できるだけ速やかにカムチャツカへ戻るほかに選択肢はなかった。七月二十七日、全員の食糧の節約が始まり、聖パーヴェル号は逆風と雨と闘いながら帰路に就いた。

聖ピョートル号は、逆風のために数日間コディアク島の東側をジグザグに進んでいた。現在のセミディ諸島の方

＊　アラスカ南岸と、ブリティッシュ・コロンビア州北西部内陸、ユーコン準州に居住するトリンギット族であろう。彼らの言語のリンギット語で「Agai」または「Agou」は「来い」とか「こちらへ来い」という意味である。ヨーロッパ人とトリンギット族との関係は良好なので、チリコフが報告した彼らの行動は、用心深いが友好的であり、手招きしてよそ者に漂着物を見せようとしたか、近くの村で取引をしようとしたのだと普通は考えられる。アラスカ沿岸の狭い入江付近では潮流衝突による荒波がよくあり、二艘のボートはそのために沈み、乗っていた者たちは溺れて岸にたどり着けず、上陸後の最初の任務だった焚火も信号弾も上げられなかったのだろう。

向へ漂っていたとき、シュテラーは多数のアザラシと、オットセイ、ラッコ、アシカ、イルカ、ネズミイルカを観察していた。こういう動物は霧の立ち込める島の海岸で繁殖するらしかった。進行方向に渦巻く濃霧の中で不気味な岬が幻のように浮かんでは消えた。八月四日、北西方向に大きな火山が見え、九つの島が二十四キロにわたって続き、どの島にもそびえ立つ峰があった。船はそこから南へ針路を取り、北と西の方角に見えるはずのアラスカ半島から遠ざかった。南以外の全方向に陸地が見えるので、乗組員にとっては湾に閉じ込められたような感覚だった。シュテラーは時間をかけて陸地を調べたいと熱心に訴え、ワクセルとキトロフは、戻る前に海岸の地図をもっと描いておこうとしてベーリングの同意を得ようとした。だが、大波が引くたびに半分水の下にもぐっている岩礁が海面に現れた。船上の誰もが、シュテラーでさえも、正確な海図がなければ陸地には近づけないと考えた。かろうじて見えた陸地は「微風の吹く静かな海面上を、速力を出して二、三時間航海していると、突然大波にあって操縦に苦労した」[159]ので、そこは列島だったのではないかと考えた。もうベーリングに探検する気はなく——カムチャツカへ戻りたい一心だった——アラスカ湾西側周辺の島々と本土の不思議な配置のおかげで、まっすぐ帰る予定が狂ってしまった。状況は未知の陸地に対するベーリングの不安の正しさを証明し、霧と雨がそれをさらに掻き立てた。

南へ航行する船は再びチリコフ島の西側を通ったが、この時は東へは遥かに遠く「風はこの時期から八月九日までだいたい東か南東に吹くので、カムチャツカへの最短航路を数百キロ進んだが、現在の風向きで船は停滞してちっとも進まない」[160]とシュテラーは記した。ベーリングの心配が的中して一行は強烈な逆風の偏西風に阻まれた。速度は落ち、風で南東へ約八十キロ逆戻りした。シュテラーは船の周囲に魚が多いことに怯えた。「静かな海面に異常に魚が増えるのは、嵐の前触れであって、魚が多くよく動くほど嵐が激しい」[161]と言われていた。シュテラーは魚を数えた。そして、八月十日、霧と小雨の中に見たこともないものが見えた。ラッコでもアシカでも、クジラでもネズミイルカでもなかった。「頭は犬のように耳がぴんと立っている」と記した。「上下の唇の両側から髭が垂れている。目は大きく、躰は長く、かなり太くて丸く、尻尾の先は細い。皮膚は厚い毛で覆われているようで、背中は灰色だが腹は赤みがかった白である。だが、海中では動物はすべて牛のように赤く見える」[162]。この珍獣には前足がなくヒレのようだ。水中を優雅に飛び跳ねて遊び、二時間以上も船の跡を追いかけて、船底をゆっくり泳ぎ回って向こう側に顔を出し、三十回ぐらい行ったり来たりしていた。海中を漂う海藻と戯れ、掴んで口へ運び、また、シュテラーが棒でつつけるほど船に近づき「これ以上ないほどのおかしく滑稽な動きを見せた」。さらにふざけて大笑いさせて遠くへ逃げた。シュテラーはこの動物を「海猿《シーエイプ》」と呼び、後世の博物学者の謎となった。その動物はシュテラーがカムチャツカやアラスカで見たどの海の哺乳動物とも異なっていた。彼はその動物を鑑別できるほど熟知していた。有名な「ステラーの海猿」によく似ている動物に関していろいろ議論があったが、「月も星もなく」明るさが足りず、霧と靄のせいでほとんど見通しがきかなかった。おそらく成熟したオスのオットセイか、若いオットセイだったのだろう[163]。「海猿」が船から逃げた理由はわからない。シュテラーは採集したくて撃ったが弾は外れた。*

＊　一九六九年、マイルス・スミートンは、家族とアリューシャン列島を航海中によく似た動物を目撃したことを自著『霧の列島（*Misty Islands*）』に書いた。その描写からシュテラーが述べた動物と酷似していた。ほかにも帆船の二人が、近くでふざける珍しい海の哺乳動物を見たと報告した。彼らは前もってシュテラーの話を読んでおらず、目撃後に同じ動物だと思った。

この頃、外科医助手のマティア・ベッジは、船員五人が壊血病に罹り、他に十六人が「重症」との報告書を提出した。その後も働けない者の数は増えていた。二日間船室にこもっていたベーリングもおそらく初期だったのだろう。航海中は船の指揮、人員配置、舵手の指名、航行業務などをほとんどワクセルが担っていたので、ベーリングがいなくても航行に直接の支障はなかった。

逆風と闘いながら進んだり、戻ったりの一日が終わり、ベーリングは自室で会議を開いて現状を分析した。出席者はベーリングとワクセル大尉、ソフロン・キトロフ船長に、この時七十歳を過ぎていた老航海長のアンドレアン・ヘッセルベルグらの幹部である。初めに前回の議事録に目を通し「九月末に」ペトロパブロフスクへ戻る指示を出したことを取り上げた。これは「秋の大嵐と濃霧で」もはや危険のようだ。一行には暗礁、岩場、潮流、砂堆《さたい》の海図も知識もなく、陸地に近づくのは危険だった。島々は視界の悪さをいっそうひどくした。会議後、幹部らは全員を呼び、北緯五十三度線「または、風次第ではその近辺」に沿って帰港する時が来たと述べた。文書は「早期に帰港を決定」と題され、その場の全員が署名した。ここまで六十九日間海にいたことになる。針路を南西寄りに取れとの命令が発せられた。シュテラーは「いつもどおり」意見も署名も求められなかったと記した。だが、ひそかに自分の意見を記録していた。「会議の目的とその後の行動から結論を導くなら、間違いなくこうだ」。「彼らは帰りたいのだ。最短距離で戻りたいが、最長航路になる」[164]。北緯五十三度線上は島々が道を塞ぐが、やや南寄りの航路なら遠回りでも順風に恵まれるとシュテラーは考えた。

船は翌週の八月十七日まで逆風のため北緯五十三度線上でジグザグ進んでいた。追い風はなかった。航海日誌がそれを物語っている。霧雨、少雨、豪雨、小雨、雨、霧、靄などで視界不良の中を、船尾の補助帆《ジガー》、中檣帆《トップスル》、前檣帆《フォースル》、上檣帆《トゲンスル》、主帆《メインスル》、トライスル（マストの後側の補助的小縦帆）、トップマストステースル（三角形の帆）を揚げ下げして船を風向にあわせながら必死に進んだ[165]。この間、聖ピョートル号と聖パーヴェル号は何度か交差したようだが、二、三日の差で出会いがかみ合わず互いに気づかなかった。十七日午後は「本物の嵐」となり、やがて「巨大なうねり」を伴う「強風」が吹き、翌日には止んだ。終わりのない風と波との闘いは徐々に男たちの体力を奪っていった。

　八月十八日、シュテラーが目覚めると陸地の話をしているのが聞こえたので、様子を見に甲板へ飛び出した。航海中シュテラーは幾度となく陸地を見て知らせたが、士官たちはうるさがって近寄ろうとしなかったので、彼が甲板に出たとき、誰も陸地のことを言わなかったのは当然だったろう。「絶対に陸地を見たとは言わないことにしているのだろう[166]」シュテラーはつぶやいた。彼への悪ふざけか、陸地が「たった一カ所、南に」見えたので誰も見たことを確認しなかったからだった。シュテラーはそのあとで、朝、霧で隠れる前に南にはっきり陸地が見えたと主張した。「そう遠くない。あの方向から漂っているコンブの量から推してもわかる[167]」。それに「西風が突然止んだこと」は、アメリカと南にある島の間を航海している更なる証拠だと考えた。明らかに士官は「陸地」への関心はなく、シュテラーは、連中は陸地を見なかったことにして調査せず、海図に記載しないつもりではないかと考えて腹立たしかった。「調査せずに立ち去っては弁明の余地がない」と憤った。

　シュテラーが何の島だと思うかと尋ねると、ワクセルは「ファン・デ・ガマランド」と答えた（他の者たちに目配せしたのではないか。あれほど時間を浪費した謎の島の存在をワクセルが全否定していることは全員知っていたからだ）。シュテラーは「ドリル先生」と彼の地図を信頼し、自分は科学アカデミーの一員であり無知な船乗りなどではないとの自覚があった。十九日にシュテラーは再び陸地を見たと思ったが「私以外に誰も見ておらず、信じなかった」。だが、その印はあった。風が凪いでいて、海藻、海の哺乳類、それに「最深百六十メートル付近の浅瀬に生息するタラの一種がいたのだ[168]」。夕食にタラを味わえたかもしれなかった。八月二十日、さらに南へ舵を切り、ワクセルは「まだ陸地が見えるか」と「からかった」。だが、シュテラーは重要な決定に加われたことはなく、いつもの冷ややかな調子で「彼らは自然と経験の許容範囲以上に遠くは見られなかった[169]」と記した。その海域には陸地はなかったし、見えたのは地平線上の雲だけだった。航海が続くにつれて議論と軋轢が増していった。

それから数日間は穏やかな東風が吹き、再び「猛烈な」嵐に見舞われ、「激しい雨と荒波」が甲板を洗った。八月二十七日、ベーリングは再び三人の幹部士官を自室へ呼んで会議をした。計算上は、アバチャ湾まで約千二百四十海里（約二千三百キロ）だが、現在の速度では二カ月半はかかる。真水が満杯の樽は三分の一しかなく「逆風が続けば」カムチャツカのアバチャ湾までもたなかった。「安全確保のため」そして「投錨場所を見つけて陸地へ接近し、帰るまでに必要な真水を確保し、逆風にあっても決定的ダメージを被らないように[170]」再び船を北へ向けることで意見が一致した。全員が文書に署名した。「一カ月前にカイアック島付近で投錨したときに樽全部を満杯にしていたら、遅延も水の供給も必要なかっただろう」とシュテラーは当然日記に記した。

船は順風と晴天に恵まれて北進し、やがて陸地に近い印が目に入った。アシカとカモメがいて海面に海藻が漂っている。八月二十九日には、五つの小島が連なり、水平線に本島らしきものが見えたので、近づいて上陸できそうな場所を探した。正午には全長約五十キロのシューマギン諸島最大の島の一つ、ナガイ島の東側の風下で錨を降ろした。シューマギン諸島には大小約五十の島がある。弱風で快晴と探検には絶好の天候に恵まれて、午後ワクセルはユーシンをボートで島へ送り停泊地を探させた。午後八時頃、船を「風から守るために」ナガイ島とニア島という近くの小島の中間地点へ移動させた。現在、諸島湾と名付けられた海域には多数の小島があった。その晩、キトロフは北西に約十三キロ離れた遠くの小島（現在のターナー島）で燃える火を見た。

翌朝、ワクセルは、キトロフを先頭に、昨夜火が見えたターナー島の現場へボートを派遣し、ヘッセルベルグが率いるもう一組を近くのナガイ島へ派遣して真水の泉を探させることにした。ベーリングはシュテラーをヘッセルベルグの隊に同行させてはどうかと提案し、シュテラーは「とても嬉しい」と応じた。シュテラーと隊員との関係は修復されておらず、彼はベーリングの発案を「士官らにもう一つの島で先住民の発見の栄誉に与らせるため[171]」に自分の気をそらそうとしたのではないかと疑った。シュテラーは先住民に会いたかったが「二組ともに収穫があればいい」と思った。ヘッセルベルグは隊員十人とシュテラー、プレニスナー、シュテラーの従者レペヒンを率いて崖下の窪みを目指した。シュテラーによれば、島は「何もなくて汚く」長年の海鳥の糞で汚れ、捻じれて絡み合った細い灌木がしがみつくように石の大地を覆っていた。六十センチ以上ある棒は見つからなかった。

シュテラーら三人はすぐに内陸の岩山へ向かい、きれいな泉をいくつも見つけた。戻ってみるとヘッセルベルグらが海岸から二百メートルぐらいにある小さな湖か池を発見し「最初に見つけた最も近い水たまりを選んで作業を始めている」のに唖然とした。シュテラーが試しに水を口に含むと、アルカリ性で塩辛く、吐き出した。彼は急いで船のワクセルへ、こういう溜まり水は「壊血病が瞬く間に広がる恐れがあり、石灰成分で喉が渇き、体力を消耗する。この水は船内ですぐに日々塩辛さを増し、最後には塩水になる[172]」ことを知らせた。彼は自分が発見した水の一部を船に送り、ヘッセルベルグらが見つけた水よりはるかに水質がいいと伝え、ワクセルに両方を試すよう訴えた。シュテラーは内陸でずっと良い泉を探しあてたが、伝え方がまずかった上に悪感情から拒否された。

隊員らは「お気に入りの塩水」を汲み続け、塩水の樽を船に運んだ。濁り水で喉の渇きを癒してはいけないと言ったシュテラーの忠告を心に留めておくべきだった。船医として「昔からの威圧的な慣習」で無視されたと述べたが、士官たちとの関係のまずさや、以前に何度も誤りがあったことから、それは十分にあり得ることだった。今度ばかりは、シュテラーは「私の命も、仲間の隊員たちの命も守ろう」としていたが、「この水がどうだというのだ。いい水だから満杯にするのだ[173]」とにべもなかった。シュテラーたちは気分を害して、奥地へ向かい、長さ約三キロ、幅約一キロの大きな湖を発見し、ヘッセルベルグにこの湖の水を汲むように頼んだ。湖まではさらに二キロ近くボートを漕ぐことになったが、ワクセルの返事を受け取っていたので、ヘッセルベルグは断った。後にワクセルは水質に関して慎重さが足りなかったことを認め、シュテラーの性格が気に入らず判断を誤ったと述べた。「いい水だったが、たまに押し寄せる潮流のために海水が多少混じっていた。後でこの水の悪影響により病気になり、数人が死んだ」。だが「そんな水でもないよりはましだった。料理には使えたからだ[174]」と記した。

時間がなく、どんな水でも、完璧でなくても、ないよりはましがワクセルの言い訳だった。「停泊中の船は安全ではなかった。そこではいつ南風がおこるか知れず、そうなると逃げ場がなかった。だから早く船を外洋へ出せるように水の補給を急いでいた[175]」。ワクセルの発言は事後の正当化のように聞こえる。一行は二日間諸島湾にいたので、シュテラーが薦めた泉か湖で水を汲めたからだ。病人を船から降ろして新鮮な空気を浴びさせようと海岸へ運んでいた間、シュテラーは不機嫌そうに低い丘を歩き回っていた。そこで黒い子狐に出くわして吠えられたので、ライフルで一発お見舞いし「証拠」に持ち帰りたかった。だが、命中せず、弾を込めている間に逃げられた。ほかにも数匹の赤狐に出会ったが、同じように失敗して採集できなかった。

ナガイ島でシュテラーが探検し、ヘッセルベルグが質の悪い水を汲んでいた間、キトロフは昨夜火が見えた島を探索していた。指揮を執るワクセルは、船の停泊場所が安全とはいえず、島までは遠く、嵐や風向きの変化で遭難の怖れがあったので、当初はキトロフにボートを使わせたくなかった。キトロフは、シュテラーやチリコフがベーリングに反論したように、ワクセルが安全を気にし過ぎると抗議した。キトロフが航海日誌にワクセルがボートの使用に反対したと書くと言い出すと、ワクセルは軟化して「将来、調査しなかった理由を釈明しなくて済むように」[176]ベーリングと協議するために船室へ入って行った。ベーリングは身体を起こし、キトロフを調査に出してやれと言った。協議は済み、文書に署名し、キトロフはチュクチ族の通訳らの同行者五名を選んだ。銃で武装し、贈物を携行した。ベーリングはさまざまな事態への対応を指示し、とくに「やさしくしろ」と言った。午後一行のボートは島へ到着し、火が見えた場所へ行った。

まだ燻っている窪みを発見したが、人の気配はなかった。嵐が来そうな雲行きになったので、キトロフらは丘を駆けおり、ボートを出して船へ戻ろうとした。だが、ボートに乗り込んだときに大波をかぶって水浸しになり、船よりずっと近いナガイ島で先に降りた仲間たちの方へ向かった。高波でボートが海岸の岩にぶつかって壊れ、全員岸に打ち上げられた。全員で手当たり次第に流木を集め、大きな焚火をたいて船に合図し、ずぶ濡れで凍える体を温めて低体温症から守った。キトロフ一行が嵐で船に戻れなくなると、彼が大嫌いなシュテラーは「船乗りたちの巧妙な筋書で彼らと顔を合わせずに済むのはありがたい[177]」と記した。嵐で「海は大荒れになった」が、九月二日午後にワクセルはキトロフ一行の救助に大型ボートを送り出した。九月三日、一行は破損したボートを捨てて聖ピョートル号に帰り着いた。

キトロフは人望がなく「彼が行かなかったか、誰にも会わずに早く戻り、私たちからボートを取り上げて給水作業が遅れていなかったら、順風に乗って船出し、すでに百六十キロ以上先に進んでいただろう……オホーツクから帰路までこの男の誤りで不幸を招いたと全員がぼやいた[178]」とシュテラーは記した。嵐で遅れるというタイミングに影響を及ぼした三度目の不運がなかったら――船乗り、あるいは海軍士官としての彼の能力を問える出来事ではないが、こうは言える――ナガイ島で錨を降ろして嵐が過ぎるのを待たなかったら、聖ピョートル号は何日間も進んでいただろう。探検隊がたった一つの不運だけで失敗することはめったになく、小さな不運と大事なときの事故の積み重なりによって瓦解すると言われている。

今回の遅延は深刻な影響をもたらした一方で、このとき思ってもみなかった珍しい出会いが生まれた。

九月五日午後遅く、バード島のそそり立つ岩壁の上の草深い丘から大声がし、男たちは気になって寝床から起き上がった。やがて二艘の小型の皮舟（シュテラーはグリーンランドのカヤックと比較している）がこちらへ漕ぎ出

した。どちらにも中央に人が一人乗っていた。声が届きそうな場所へ来ると、チュクチ族とコリアク族の二人の通訳にも理解できない言語で長々と話し始めた。初めて出会ったアメリカ人だった。シュテラーは「珍しさと強烈な興味」から興奮で身震いした。船から、耳を指さしながら大声を出した。すると、彼らは皮舟の中をかきまわし、ハヤブサの羽が付いた棒を取り出して船に向かって投げた。これは友好を示す行為と解し、ベーリングは贈物を積んだ棚を降ろせと命じた。赤い布と、鏡、銅鐘、鉄のビーズ、ナイフ五本である。船は皮舟に接近して贈物を差し出し「アメリカ人は大喜びで受け取った」[179]。カヤックの男たちはハヤブサの羽と爪つきの羽のついた細い棒を二本投げた。シュテラーは「生贄か、友情の印か私にはわからない[180]」と記した。それから彼らは海岸へ戻って行き、叫びながら着いて来るよう合図し、飲食の動作をした。ベーリングはワクセルに残ったボート一艘を用意させ、贈物の追加分とウオツカを取り出させた。一行は武装隊員九人と通訳、シュテラーとで構成された――「相手に疑念を抱かせないように、槍と、軍刀《サーベル》、銃に帆布を被せた」。

　ワクセルは、岩だらけの危険な海岸付近にボートを係留した。ロシア人の船員二人と通訳が服を脱いで冷たい海中へ飛び込み、脇の下まで冷水に浸かった。彼らは武器を携行しておらず、ワクセルは、視界内に留まり、すぐには何もせず、威嚇する態度も見せるなと命令した。三人は海岸をよじ登り、先住民たちの方へ歩いて行った。彼らは「驚きと親愛の情」を示し、島の外れの丘を指さし、島の裏側に住んでいることを示したようだ。ロシア人は贈物を出したが、断られた。すると先住民は新参者の腕を「恭しく」摑んで近くの野営地へゆっくり戻り、座らせて、クジラの脂身を出した。ほぼ若者と中年のみで「みな中肉中背で、強靱でずんぐりしているが均斉がとれ[181]」、黒髪は長く、やや低めの鼻に、黒っぽい目をしていた。「クジラの腸を上手に縫い合わせた袖のシャツを着ていた」。顔や手足に骨のピアスの飾りをつけた者が多かった。

一人がカヤックを小脇に抱えて海岸へ運び、水際で中へ座って聖ピョートル号へ向かって漕ぎ出した。「あの男は長老で、彼らの頭目にちがいない[182]」とワクセルは記した。それから、ワクセルはシュテラーが止めるのも聞かず、ウオツカとタバコを取り出し、自分たちがまず杯を飲み干して、相手になみなみと注いで渡した。彼らは喜ぶどころか、まずそうな顔でウオツカを吐き出し「仲間に向かって叫んだ」。シュテラーによれば、ロシア人は「なあに、大丈夫さ」と言い「これならどうだとばかり」タバコに火をつけたパイプを渡し、吸い方を指南した。相手は咳き込み、うんざりという顔でボートを漕ぎ去った。「カムチャツカの住民には美味しくても、ベニテングダケやヤナギの樹皮入りの腐った魚のスープを出されたら、上流階級のヨーロッパ人でも同じことをしただろう[183]」とシュテラーは妙に前向きにとらえた。

上陸した者たちが調査を続けている間、ワクセルはカヤックを聖ピョートル号の方へ漕がせようと仕向けていた。こんな時のために持っていた一冊の本を取り出した。フランス人のラオタン男爵ルイ・アルマン士官によるアメリカ滞在中の話と先住民についての著書の英訳本である。ワクセルは、樹木、食べ物、水などいろいろな「アメリカ人の」言語（ヒューロン語、アルゴンキン語）をアルファベット順に読み上げ、意味が通じたと確信した。彼らはアレウト族だと思われるので、北アメリカ東部のアルゴンキン族とヒューロン族の言語と文化に共通点はなく、言葉を発したときの身振り手振りでなんとなく理解したのだろう。アラスカ半島とアリューシャン列島の先住民のアレウト族は、民族的にはユピック族とイヌイット族との繋がりがある。

波が高くなってボートが危険になりそうだったので、ワクセルは全員をボートへ戻そうとした。ロシア人二人が戻り始めたとき、九人の先住民が通訳の腕を摑んで戻させまいとし、通訳はもがきながらワクセルに置いて行かないでくれと叫んだ。通訳の容貌が自分たちに似ているので、仲間だと思ったらしい。ワクセルは大声で通訳を離せという動作をしたが、彼らは「見ていないふりをした」。そこで数人がロープを摑んでボートを岩の間から引っ張り始めた。「悪意はなく、危険だと思ったからではなく、何となく引っ張ったのだろう。海岸は岩が多くてボートは壊れそうだった[184]」。双方が大声で叫び合い、何を言っているのかわからなかった。ワクセルは空に向けてマスケット銃を二発発砲させ、岸壁に轟音が鳴り響くと「先住民は恐れをなして雷にでも打たれたように地面にひれ伏し、手中のものを全部放り出した[185]」。通訳は海へ向かって走り、ワクセルが出そうとしているボートに這い上がった。しかし、錨が岩に挟まってしまい、引っ張っても離れず、ロープを切り落として急いで船へ戻った。すでに日は暮れて、夜の八時ごろだった。その夜、南から嵐が押し寄せ、どしゃぶりの雨が叩きつけた。海岸には一晩中盛大な焚火が燃え続け、シュテラーは「何があったのか考え続けた」と記した。初めて相手に見せつけたこの火薬の威力を、遠からずロシア人侵略者たちはアラスカ沿岸各地で見せつけ、その力で住民を圧倒し、征服した。

翌日、出航しようとしていると、島から七人やって来た。二人がカヤックを船のそばへ寄せ、ベーリングは贈物に鉄のやかんと、針と糸を与えた。お返しに彼らは樹皮製の帽子を二つ贈った。一つには人の形に似せた刺繡があった。カヤックは全部海岸へ戻って行き、大きな焚火を囲んで叫び、詠唱し始めた。ワクセルは、全員か、何人かを捕まえてはどうかとベーリングに提案したが、ベーリングはそれを許さず、ワクセルは「文書で捕獲しないように指示され、何があっても実力行使に出てはならないと命令された[186]」。シュテラーは、衣服、道具、設備、容貌など見たことをすべて書き留めていたが、アメリカとカムチャツカの住民の類似性を認め、言語は異なるものの両者の関連性を確信した。研究を深めて自説を立証するだけの時間がないことを悔しがった。「独自の判断で活動できていたら、きっと完璧に立証できただろうが、船乗りの望郷の思いがそれを許さなかった[187]」。天候と風向きの変化でそれ以上両者は交歓できず、聖ピョートル号は暗くなる前に再び海へ向かった。シューマギン諸島での八日間は一行の運命を決したのかもしれない。帆を揚げて西へ向かったときには秋の嵐が始まろうとしていた。

第9章 海難

キトロフが火の正体を探りに行った翌日の八月三十一日、ナガイ島で新鮮な空気を浴びていた船員が初めての壊血病の死者となり、墓に木の十字架が立てられた。船員の名前をニキータ・シューマギンといい、島に彼の名前をつけた（現在は列島全体をシューマギン諸島と呼び、当該の島はナガイ島に改名）。九月一日の朝、残った病人は船へ戻され、水樽五十二個が大型ボートで船に運ばれて甲板に括られた。突然の嵐は激しさを増した。風と波のあまりの激しさに一行はケーブルを切って、キトロフを置き去りにして島を離れようとしたほどで、シュテラーが「船は岩と岩の間を漂い、きっと難破する」[188]と思ったほど窮地に陥った。

この時、ベーリングはほとんど船室から出られず、他にも十二名が重症の壊血病で病人リストに載っていた。シュテラーは医学を修めたが、長く実務経験がなく、外科医の仕事を分担していて病人リストの人数増加が気になった。妙な脱力感について自分でも「外地の影響を受けた」と記した。手足のだるさのことだった。シュテラーは壊血病の初期症状ではないかと考え、病気に使えるものはないかと医療箱を探したが、中には「湿布や軟膏、オイルなどの他に戦闘に備えた四、五百人分の外科医薬品があるだけで、航海に必要で、壊血病や喘息などごく一般の病気に効く医薬品はなかった」[189]。

シュテラーが「全員に必要な分の抗壊血病の薬草を集めるために病人の詳しい症状」[190]をワクセルに尋ねると、重要なことなら自分で集めろと言われすげなく断られた。ワクセルはシュテラーの態度と物言いに苛立ち、彼が何と言おうと、相手を見下し、自説の正しさを主張する外国人学者の戯言にすぎないと思い込んだ。シュテラーは確かに周囲の怒りを買っていた。シュテラーの主張（その多くは海の生活に慣れた者には何ら価値がなかった）に耳を傾けることは面子を失い、彼の優位を認めることだった。重要な助言でも蠅や蚊のように追い払われた。塩水のことを再度提起したときのように「黙って消え失せろ。俺たちは大事な仕事をしているのだ」と言われて、シュテラーは、ワクセルや同僚から「あしざまに」に撃退されたと記した。

彼は自分の意見や「全員の健康と生命に関わるこの重要な仕事が船員数人分の労働価値さえないと思われていて」関係がそこまで悪化したことを知って愕然とし「良かれと思ってやったことを後悔し、これからはもう何も言わずに我が身の安全だけを考えようと思った」[191]。ナガイ島では、シュテラーとプレニスナーはできるだけ多くの草を集めて食べることに専念した――リンドウ、コケモモ、ガンコウランなど「クレッソンに似た草」を探した。士官らは「死の恐怖から」遅ればせながら塩水についてのシュテラーの警告を聞き入れ「自分たち用に」泉の水を二樽汲みに行かせたが、嵐が来そうになって慌てて病人を船に運んだため、海岸に置き忘れたことを彼は後で知った。

聖ピョートル号は塩水の樽と少量の薬草を積んで再び帰国の途に就く用意ができた。シュテラーは薬草をベーリングほか十二名の病人に処方し、改善の兆が見え始めた。ベーリングは再び甲板に姿を見せ、多くの船員たちが病人リストから外され、歯も元どおりになって元気を取り戻した。「神の御加護で私は信用されることになった」とシュテラーは記した。もっと早く私の言うことを聞いて薬草をたくさん集めていたら、全員に食べさせられた。

壊血病の惨状の生々しさは、聖ピョートル号と聖パーヴェル号のアジアからアラスカへの航海と同じ年に航海に出たジョージ・アンソン率いるイギリス海軍の世界周航（一七四〇〜四四年）にも見られる。アンソンは財宝を輸送中のスペイン船を攻撃して国民的英雄となったが、アンソンと帰還の喜びを分かち合えた船員はほとんどいなかった。大多数が命を落とした。イギリスへ戻れたのは、五隻のうち大砲六十門を備えたセンチュリオン号一隻だけで、二千人もの乗組員のうち僅か二百人ほどだった。ほとんどが壊血病で惨めな死を遂げた。他の死因は一握りだった。

航海中の死亡率の高さを見越して、船には定員を超える人数が詰め込まれたが、やがて赤痢やチフスなど船上でよくある病気の病人が出て、人手不足になった。そして、壊血病が最大の問題になった。嵐で船が窮地に陥り、労力が最も必要な時に、男たちは塞ぎこみ、手足は重く、頭はぼやけてきた。乗組員の三分の一はハンモックで唸り、衰弱してとても甲板へ出て行ける状態ではなかった。古傷が開いて血が流れ出し、治癒した骨折が再びはずれ、歯茎は赤茶色に張れて痛んで血が滲み、歯はぐらついて抜け落ちた。「男たちは正気を失い、腱が縮んで膝を折り曲げたようになり、やせ衰えた(192)」。

甲板の掃除ができるほど元気な者はいなかったので、大波で船が揺れるたびに悪臭を放つ遺体が転がった。奇病は蔓延し、病人は泣きわめき苦悶のうちに死んでいった。硬直した遺体は床に放り投げられた。アンソンの艦隊には「乗組員の三分の二を海へ投げ込み、士官と従者を除いて生存者も何もできなかった」船もあった。骨と皮だけのどうにか立てる姿で海岸へ辿り着いたとき「野菜は何を食べても症状の改善に繋がり……見つけた野菜と魚や肉は病気の回復に役立ち、壊血病の芽をつぶし、元の力を取り戻せるので丈夫な者たちにも役立った(193)」。

帆船時代に、壊血病は、嵐、戦闘、難破、その他の病気を全部合わせたよりも航海中の死亡の間接的な原因になった。衰弱してロープが引けなくなったり、索具に昇れなくなったりして岩に衝突したり、浸水したりして大波に呑まれた。ジャック・カルティエと、バスコ・ダ・ガマ、フランシス・ドレークからフェルディナンド・マゼランと、ジェームズ・クック、ブーゲンヴィル伯爵ルイ・アントワーヌまで、帆船時代の長期航海のほぼいずれにも壊血病は現れた。壊血病は海の災いだった。問題は原因がはっきりわからないことだった。アンソン艦隊の大尉フィリップ・ソーマレズはこの病の疲労の蓄積を嘆いた。壊血病は「信じがたいほど恐しい症状を呈する……どんな医者も、医薬品でもこの病を治せない。取り替えられない人体の仕組みには確かに名状しがたいものがある……

ある種の土の粒子の助けがなければ、つまり、土はまさしく人間の元素であって野菜と果物こそが人間の薬であるということだ」[194]。

各国の医師たちは体液説に基づいて壊血病を研究し、その説明に独自の理論を立てようとした。数多くの論文が発表され、病気の原因は澱んだ空気、湿気、黒胆汁（訳註　四体液の一つで、腎臓または脾臓の分泌物と見なされている）過多、怠惰、銅中毒、遺伝、発汗の阻害などとされた。塩水の下剤や、瀉血、飲料水に希釈した塩酸を入れる、傷口に水銀軟膏を塗る、アルコール抜きのビールを飲むなどの体液のバランスをとる療法の他、効果がなくても政治的に好まれる方法や経済的に実行可能な方法がいろいろ考えられた。壊血病患者はただの怠け者で、仮病だと考えて病人の身体を叩いたり、打ったりした船もあった。ときには死に至らしめた治療法もあった。

医学史において最初の管理された実験をしたのは、一七四七年にイギリス軍艦ソールズベリー号に乗船したスコットランド人医師のジェームズ・リンドだった。彼は「歯茎の腐敗、皮膚の斑点と倦怠感、膝が悪いなど症状がなるべく同程度[195]」の壊血病の十二人を集めた。湿気のある暗い前部船倉を二人一組で仕切ってハンモックを吊るし「全員に同一の食事をとらせた」上で、六組に異なる壊血病薬を処方した。それは「硫酸エリクサー」か、酢か、サイダー（リンゴジュースを発酵してつくる）か、体調で加減しつつ一日〇・五パイント（約〇・三リットル）」の海水か、「ナツメグ一個分」をニンニク、辛子の種、乾燥大根やゴム没薬からつくった「舐剤（ねり薬）」を一日三回大麦湯で飲む組があり、最後の幸運な一組は毎日オレンジ二個とレモン一個をなくなるまで六日間「むさぶるように食べた」。当然、オレンジとレモンという唯一の新鮮な食材を摂った船員はすぐに回復して任務に戻った。だが、リンド医師は自分の発見にとまどった。北国ではオレンジやレモンが手に入れにくく、また、果汁の水分を蒸発させて濃縮し、保存しやすく運びやすいものにしようとしたことで有効成分を破壊し、真の壊血病薬の完成は数十年遅れた。当時の航海でも食糧の保存方法――乾燥と塩漬け――が壊血病の本当の原因だったのである。

現在では、壊血病の主原因はビタミンCを含む新鮮な食物の不足であるとわかっている。壊血病はビタミンCの不足で身体の結合組織が変性する病気である。骨から軟骨組織や血管まで身体がばらばらになる。新鮮な果物や野菜を食べる以外に、簡易な治療法はそれから四十年待たないと発見されなかった。一七九〇年代のナポレオン戦争の初期に医師ギルバート・ブレーン卿は、海軍兵士に毎日ライム果汁をラム酒に入れて飲ませることを提唱した。

シュテラーは、時代に先んじて、カムチャツカの先住民の話と、ロシア人は壊血病になっても先住民は無事に長い冬を越すのを観察して、彼なりの知見を持っていた。シュテラーの話では、カムチャツカの住民は壊血病の予防策を特段講じておらず、ロシア人との唯一の違いは食事なので、食事に関係があると考えた。シュテラーは仮説を立て、新鮮な、香りはあっても苦くてまずく、普通は食べない野菜の摂取と結び付けた。この地域の侵入者であるロシア人は配給分にときどき野獣の肉を混ぜて量を増やして食べた。ロシア海軍は、イギリスや、スペイン、フランス海軍のように遠洋航海の長い歴史と長時間の海洋生活がなく、壊血病はあまり見られなかったし、バルト海か黒海周辺にいることが多く、新鮮な食材がいつでも手に入る港から離れてはいなかった。いずれにせよ、一七四一年の秋にシュテラーがとった予防措置と好奇心旺盛な頭脳と実験能力は、聖ピョートル号の船員のために力を発揮した。

聖ピョートル号の西への航海は、二週間続く雨交じりの曇天で九月末になっても帰路の四割しか進まず、アバチャ湾からは数百キロあった。シュテラーの仕分記帳にはラッコや海藻の塊と、フクロウやカモメの飛ぶ方角の報告がある。クジラを目撃したら、翌日は短い嵐になる前触れで、ネズミイルカが船について来たときも短い嵐があった。概して強い偏西風が目的地へ運んでくれた。しかし、いつも曇天で太陽と星は隠れ、この未知の海域で選択した直航路が最も安全かつ最速であり、暗礁や霧に隠れた島に遮られないことを願いながらやみくもに進んでいた。「こうして二、三週間は太陽が見えず、夜も星空が見えず」航海不能だったとワクセルは記した。「何が何だかさっぱりわからず、未知の海で速いのか遅いのかもわからない盲人のように進んでいた[196]」。全員が一様に不安だった。現在位置も、陸地の場所や致命的障害物の有無もわからない。雲堤や厚い靄の背後に大惨事が潜んでいるかも知れず、心配でまともに眠れなかった。「前途にどんな障害が待っているかわからず、いつ終わりが来てもおかしくなかった[197]」とワクセルは記した。推測航法で進んでいたので西へ進んでいるはずが知らぬ間に徐々に南へ押し流されていた。

九月二十一日、やっと空が晴れた。波は穏やかに、北西の風がリフレッシュさせてくれた。男たちは甲板に出て日向ぼっこし、幸運を祈った。しかし、午後再び風向きが変わり始め、初めは南西の風だったが、しだいに強く、風向きが不安定になった。二週間以上も続いた激しい嵐の始まりだった。この嵐で一行は南東方向へ八十キロも吹

き飛ばされ、十月初めには嵐はさらに強まった。航海日誌にはこう記されている。「暴風雨」、「突風」、「高波」、「突風と雨」、「落雷」、「豪雨」、「強風」、「荒海」、「激しい嵐」、「猛烈な嵐と大波」、「豪雨と高波」、「強風、雨、雪」、「密雲」、「壊血病で全員体力を消耗」[198]。シュテラーは「狭い路地を吹き抜ける風が轟音を立てることがあるが、そんな激しい風でマストや舵が壊され、波の威力で船が破壊される危険を感じ、まるで大砲の砲撃のようで、まさにこの世の終わりかと思った」[199]と記した。

嵐の勢いが乗組員の想像を超え、過去数十年間記憶にないほどの激烈さになり、濁り水は黒ずんで飲めなくなった。塩漬け肉、堅パン、カラスムギ、豆類のお決まりの食事が船乗りの健康に害を及ぼし始めた。シューマギン諸島を後にして一週間でシュテラーは少ない壊血病草や苦い雑草を食べ尽くしていた。船にはほかに病気の拡大を抑えるものは何もなかった。隊員の士気は低下し、物憂い倦怠感が船を覆った。「質の悪い水が日ごとに健康人の数を減らし、多くの者がこの特異な病気を嘆いていた」[200]とシュテラーは記した。乗組員はこの季節に本当に帰れるのかと疑念を口にし、隊長と士官は日本かアメリカでの越冬を考えるべきだと提言し始めた。

落胆と沈滞で精神的に追い詰められ、壊血病の症状がはっきり身体に現れた。やがて、乗組員の三分の一が病に倒れ、悪臭漂う船倉のハンモックで波の上下に合わせて揺られていた。床は病人の体液でぬめぬめして、床にへばった者は強風で船が揺れると押し流された。「みな重体で、手足を使うどころか動かせなかった」[201]とワクセルは記した。歯がぐらつき、歯茎が黒ずんで出血している者もいた。シュテラーの壊血病草でベーリングの容体は少し改善したが、その量が減るとすぐに元の陰鬱な精神状態に戻り、身体を起こせなくなった。

嵐は北から南西に方向を変え「これまでにないほど猛烈な」勢いになった。「もっと激しくなるのか、嵐にどこまで耐えられるのかわからない[202]」とシュテラーは記した。ときには「目の前を飛んでいった矢が、逆方向から同じ速さで飛んできた矢と交差するような、信じがたい速さで雲が流れるような[203]」強い風が吹いた。思いがけない方向の風で索具が裂け、黒紫色の雲が航海を不能にし、甲板にあぶくが打ちつけた。「いまにも船が壊れそうで、横になれず、座っても、立ってもいられなかった。姿勢が保てなかった。天が怒り狂って差し向けた神の力の下で漂っていた……猛烈な船の動きに翻弄された。何度も祈ったが、シベリアの十年間の呪いのせいで返事はなかった[204]」とシュテラーは記した。シュテラーらは陸地が見えたと言ったが、船を操縦できず、そのことがまた不安と危機感のもとになった。後日、ワクセルは「航海中、既知の陸地を見ずに過ごした五カ月間は、あまり眠らなかった。心配が続き、つねに危機感と不安な状態にあった[205]」と当時を振り返った。

　強風で帆はずたずたに引き裂かれた。船は制御不能で回転し、渦巻く荒海の巨大な波の谷間に投げこまれ、柱がきしんだ。九月末近くで、北から冷気が下りて来て、雨は雪や雹《ひょう》、氷雨になった。索具に氷の塊ができ、ハッチは凍り付き、暗く陰鬱な日中や長い夜にさえ風がうなった。男たちは恐怖で気が狂うか、看護し切れないほど衰弱した。だが、食糧が乏しくなると、食欲は増した。堅パンしか食べるものがなくなったときは「欠乏の極みだった」とワクセルは記した。船の上下の激しい揺れで調理ができなかった。悪いことに酒類も減って十月十六日には底をついた。「この数週間はジンもあまり残っていなかった。ジンがある限り少しは気分が楽だった[206]」とワクセルは嘆いた。ジンやウオツカは、オレンジ果汁を入れない限り壊血病にはまったく役立たないが、恐怖と希望のない苦境を麻痺させる効果はあったかもしれない。ワクセルは「早く死んでこの苦境から逃れるのが彼らの唯一の望みだ。こんな惨めな状態で生き続けるより死んだほうがましだと言った[207]」と記した。

十八日間続いた嵐で聖ピョートル号は五百キロ近く東へ戻され、シューマギン諸島から西進した分が消えてしまった。十月十二日、聖パーヴェル号がのろのろとペトロパブロフスクへ向かっているとき、聖ピョートル号は強風の吹きつける海で吹き飛ばされそうになっていて、カムチャツカの東千海里（約千八百五十キロ）以上の、一カ月前の九月十三日にいたところから緯度で三度南に下がっていた。

十月中旬にはほぼ全員が病気か、衰弱していた。再航海後の九月二十四日に死者が出始め「神のご意志で擲弾兵《てきだんへい》のアンドレイ・トレチャコフが壊血病で死去した」[208]。十月二十日にはニキータ・ハリトーノフが次の死者として記録されたが、それ以降、悪臭の漂う薄暗い船倉では毎日のように死者が出た。「病人が死ぬだけではなく、元気な者が持ち場を離れる際に極度の疲弊から落下して死んだ。わずかな水の配給量、堅パンやブランデーの欠乏、寒さ、湿気、裸、害虫、瞬間の恐怖、そして長引く恐怖のいずれもが原因だった」[209]とシュテラーは報告した。トレチャコフの死の直後には、水は十五樽しか残っておらず、そのうち三樽は腐るか漏れてしまったとワクセルは言った。毎日、苦悶で顔をこわばらせた死者が続出し、生きている者が遺体を引きずってかつての仲間を海中へ放り込んだ。ベーリングは発熱し、意識がなかった。皮膚は染みのできた皮のようになり、船室に横たわり、視点が定まらなかった。シュテラーは「どんなに優れたペンの力でもこの惨状は表現しきれない」と記した。今や人の心にも、この先にも希望のない『災いと死』の航海になった。

十月二十八日、雪と雹がほんの束の間止み、気が付けば、二キロほど先の霞の中に低く平らな砂浜のある島が見えた。シュテラーは「またしても神の御加護に見えることとなった。もう数時間早い闇夜でこの状況が生まれていたとしても、あるいは、神が霧を払ってくださらなかったとしても、きっと神の救いがあった。すでに見た島のほかにも、この航路には多くの島々があると考えるべきだ。夜間のためか霧で通り過ぎたのだろう[210]」と言った。敬虔な伝道師のシュテラーには壊血病の明らかな兆候は出ておらず、運命が一行に差し出した出来事にただ一人余裕を保ち、生存の可能性を模索していた。乗組員は船が岩礁や海岸に乗り上げないように必死で泡だらけの未知の海に引き戻そうとしていた。アメリカがシューマギン諸島の真西ではなく、緩やかに湾曲していることがわかった――まっすぐに帰るのが最も速くはなく、不可能でもあった。キトロフはボートを降ろして上陸し、真水の有無を調べてはどうかと言った。真水を求めての上陸という「望ましくない提案」が士官たちに否定されたのでほっとしたとシュテラーは記した。なぜなら「残るのは体力の衰えた十人のみで、手助けぐらいはできるが、海底から再び錨を引き揚げられる状態ではなかったからだ」。とにかく、また嵐が来て、彼らが海岸へボートを漕いで行ったら「そろって全滅しただろう[211]」。

ワクセルもシュテラーと同様にどうにか体力を温存していたが、それは彼一人ぐらいだった。帆はほとんど引き裂かれ、ずたずただった。ロープを登れるほど元気な者はいなかった。すぐに大きな舵輪を握れるほど体力のある者も、船を操縦できる者もいなかった。「枯れ木のように、行方定めず、風の吹くまま、波の押し寄せるままに漂うばかりだった[212]」。さらにワクセルは「舵を取る番が回って来たときは、少し歩ける者二人が舵まで引っ張って行って舵輪の前に立たせた。当番は舵輪の前に座ってできるだけ巧みに舵をとり、座っていられなくなると交替させたが、同じだった[213]」と言った。意外な展開はシュテラーが紳士から労働者に変貌したことかもしれない。壊血病が猛威を振るい、船を動かせる平静で元気のある者は四人ぐらいしかおらず、ワクセルは「目に涙をためて（シュテラーに）力を貸してほしいと頼み」、シュテラーは「こうなる前は、私の善意も努力も必ずけなされたが、力の及ぶ限り協力したい[214]」と「素直に」応じた。彼は辛辣な物言いをやめ、航海で初めて海軍の序列に従い、これまで軽蔑してきた士官たちの命令を受け入れ、自分のすることではないと拒否してきた肉体労働をした。

　ワクセルの体力もやがて衰え始めた。「何かにつかまらないと甲板を動き回れなくなった」と嘆いた。彼は死にそうな病人に絶望してはいけないと励ました。「神の助けで必ず陸地が見える。どんな陸地であれ命が救われる。航海を続ける手段が見つかるだろう[215]」と言った。だが、船は漂い、航路を定めて運命を左右する手段は手に入れられなかった。「正直言って、実に惨めだった[216]」とワクセルは記した。

　聖パーヴェル号は聖ピョートル号と同じ運命と事故に見舞われていた。九月には、六週間で十分に水が飲めなくなっていた。口が渇いて冷たい水の夢を見た。逆風で、霧の彼方に海岸と島が見え、カムチャツカへ西進する船を嵐が襲った。八月二十七日にタカニス湾（ヤコビ島）を離れてアバチャ湾と同緯度を西進してから、チリコフは厳しい水の配給制限をした。全員が生き延びるためだった。上陸用ボートを失い、真水と食糧補給のために上陸できなかった。チリコフは「雨が降るとバケツなどを並べて帆から滴る水を溜めた。苦くてタールの味がしたが、みんな喜んで飲み、この水は身体によく、タールの苦みは壊血病に効くと言った[217]」と報告した。しかし、この「救い」は一時的だった。食事はカーシャ（かゆ）かそば粉をこねて調理したもので、三日目毎にワイン一杯のおまけがついた。八月が過ぎて航海の速度が落ち不安定になるにつれて、水樽が瞬く間に空になることにチリコフは愕然とし

た。カーシャは一日おきになり、間の日は堅パンと臭いバターに、海水で煮た塩漬け肉がついた。食べると塩分で唇がひりひりした。やがて調理用の水がほぼ底をつき、カーシャは週一回になった。

「欠乏が目立ち始めた」とチリコフは記した。聖パーヴェル号はこの頃、奇妙にも聖ピョートル号と同じ帰路で壊血病と闘っていた。「上官も船員たちも日常業務ができなくなり」甲板にも上がれないほど衰弱し、寝床でうなっていた。チリコフは「最悪の事態の始まりのような気がして、ワインを毎日二杯飲むよう命じた(218)」。ワインは食事の単調さの気晴らしにはなったが、残念ながら壊血病の特効薬ではなかった。船は嵐に遭いながら、のろのろと西へ進み、乗組員は衰弱し、未知の海と陸地を恐がるようになった。陸地が近い兆候はたくさんあるのに見ようとしなかった――鳥、アシカ、海面に浮かぶ海藻のほか、時おり遠く北の方角にうっすらと輪郭が見えた。

九月九日の朝は霧で視界がかなり悪く、チリコフは海面下四十五メートルに錨を降ろせと命じた。波が岩に砕ける音がかすかに聞こえたが、濃霧で何も見えず、チリコフは航行したくなかった。数時間後に霧が晴れ、数百メートル先に陸地が現れた。現在アダック島と呼ばれている。高い山々は靄に隠れていたが、樹木がなく雑草に覆われた斜面と水際まで断崖が多かった。目の前の突き出た岩に波が砕け散っていた。チリコフが停船を命じなかったら、船は座礁していただろう。上陸用ボートがないので乗組員はどうしようもなく、島を見つめ、その豊かな真水を想像し、食べ物の塩分で喉が渇き、小さな湾に流れ込むきれいな小川の清水への渇望があった。

聖パーヴェル号は、海岸を歩く二人の男の姿が見えるほど島に接近していた。二人にメガホンを使って向かってロシア語と「カムチャツカの言語」で船に来いと叫んだ。「しばらくして我々を呼ぶ声がしたが、波の音で聞き取れなかった(219)」とチリコフは報告した。数時間後、海岸からもっと大きな叫び声がして、男七人がカヤックでこちらへ向かって来た。男たちは儀式詠唱を始め、「こちらから危害が加えられないようにとの祈り」[220]だとチリコフは受け取った。それからカヤックは寄り集まって話し合っていて、チリコフは乗組員に嬉しそうにお辞儀をさせ、手を振らせて船上へ来るよう誘った。甲板にいるのは二、三人で、ほとんどのロシア人は攻撃に備えて銃を抱えて身を潜めていた。「相手は弓を引く格好をしたが、それは我々の攻撃を恐れていること」[221]だとチリコフは記した。

チリコフらは努めて冷静に、友好的に見せようとした。「友好の証に」カップを投げた。相手の一人がカップを眺めまわして海に投げ捨てると、すぐ沈んだ。チリコフは次にダマスク織の布を差し出したが、それもすぐに投げ捨てた。今度は「別の贈物を持って来させ——小箱、小さな鐘、針、中国産タバコ、パイプ——それらを見せながら近くへ来るよう誘った」[222]。それでも相手は近づこうとしなかった。アレウト族は用心深かった。ついにチリコフは空の水樽を見せて水がほしいことをわからせようとした。一人の男が近くへ寄って来たので、チリコフはパイプとタバコを差し出し、カヤックの中に置いた。すると、無謀な仲間がもらった物を知りたくて別のカヤックが近づいた。チリコフと二、三人の部下は小さい贈物を配ったが「関心がなさそうだった」。しばらくして「何人かが片手を口まで上げ、もう一方の手を口のそばで何かを切るように素早く動かした」。カムチャツカの住民は肉を口許で切りながら食べる習慣があるから「ナイフが欲しいのがわかった」。

チリコフが相手にナイフを与えると大喜びで、彼が空の水樽を見せて近くの小川へ行く動作をすると、すぐに理解したが、立ち去って、重そうな樽ではなくて空の樽を持って戻って来た。「一人が空樽を持ち上げて、ナイフで支払えという動作をした。こうしてナイフを手に入れた。だが、空樽をこちらに渡さず、次の男に手渡し、この男もナイフを要求した。ナイフを受け取ると、三人目の男に空樽を渡し、その男もナイフを要求した」[223]。堅パンの代わりに草や根、海藻にくるまった珍しい鉱物らしきもの、矢、そして切れない斧の替わりに樹皮の帽子など交換ゲームがしばらく続いた。彼らはなぜか使えないとして銅のやかんを返してから海岸へ漕ぎ去った。その日の午後遅く十四人がやって来て、ナイフの意味の手で切る動作をした。チリコフには歓迎する気はなく、この方法で手に入れた水では足りず助けにならなかった。「この身振りも、他の仕草も彼らの道義心が未塾なことの顕れ[224]」だと気づいた。

不安定な風が吹き始め「神の御加護を信じ、遅くならないうちにここを離れることにした[225]」。船が岩礁の近くへ流され、チリコフは水面下の岩を恐れて「錨孔」の鎖の切断を命じ、満帆で岩だらけの湾からどうにか抜け出した。「強風が山からと全方向から吹いてきて間一髪だった[226]」。岩礁が潜む湾から海原へ出られてほっとした。真水は十分ではなかったが、順風に恵まれて西進した。数日経って、チリコフは、航行中にアメリカ大陸が霧の中に断続的に北に見えていたので、船は陸地に平行して進んでいたとの見解を記した。困難な状況でも、航海日誌はきちんと記載し「日中はコンブと海岸付近で育つ草が浮かんでいるのを見た。海面は緑色で、海水の色のようではなかった[227]」ことなども記した。

九月二十日、チリコフは壊血病で動けなくなり「いつ死ぬかと考えながら」寝台に横たわっていた。動けなくても航海日誌から船の進行方向を割り出していた。舵を取っていた同僚のイワン・エラーギンに指示を出した。「精神がまだ健全なことを神に感謝する[228]」とチリコフは記した。やがて大勢の者が重病になった。九月二十六日に最初の死者が出てから瞬く間にヨーシフ・カチコフ保安武官、チハチェフ大尉、そしてプラウティン大尉の士官三人を含む計六人が「奪われた」。十月八日には遠くにカムチャツカの森林の頂が視界に入り、翌日一行はアバチャ湾に入り、救援を求めて銃を五発発砲した。間もなくボートが救助にやって来た。船には塩辛い水の樽が二つ残っていた。二、三週間臥せっていたクロワイエ教授は上陸を懇願し、甲板に出て日差しを浴び、新鮮な空気を吸った途端に死んだ。他の者は助けを借りて船倉を出、陸に上がって手当てを受けた。帰国したときは定員七十六人中二十一人が命を落としていた。十五人はアラスカで行方不明になり、六人は航海の最後の二週間に壊血病で倒れた。

チリコフは航海の詳細な報告書を作成し始めた。これには公式命令からの逸脱について士官らが合意した全事例の詳しい記録が含まれていた。彼は航海中に得られた博物史と文化関連の品目も集めた。航海の初めに嵐で二船が離れ離れになったこと、隊員と上陸用ボートを失ったこと、干潮のためボリシャヤ・ゼムリヤの詳細な調査ができなかったこと、嵐で何度も前進できなくなったこと、そして、壊血病で全滅の瀬戸際に追い込まれたことなどの経緯を説明した。また、「アメリカ人を説得できず、また、特段の指示がなく相手の意思に反して強制的に連れて来るのは危険であり……船に乗る気配がなく、女帝陛下が実力行使を望むとは思われなかった。それにはもっと大勢の乗組員が必要である」[229]として連れて帰れなかったことを謝罪した。船にあえて乗った大胆なトリンギット族やアレウト族のその後の運命はどうなったのだろうか。以前は大西洋とカリブ海沿岸各地でイギリスと、スペイン、フランス、オランダによるアメリカ先住民の誘拐が普通に行われていた。

チリコフは十二月に報告書の作成を終え、伝書使が険しい陸路をサンクトペテルブルクまで運んで行った。探検隊の公式命令では報告書を船の幹部士官の一人に届けることになっていたが、チリコフは「士官らが死んだため」[230]できなかったと謝罪した。「私自身に関しては、海上任務には適さない。体内に壊血病が潜んでおり、重い空気のため、とくに栄養不良と食糧不足のために……神のお慈悲でやっと起き上がれる状態である。脚は強ばり、斑点だらけで、歯はぐらついている」[231]。カムチャツカで手に入る壊血病の治療薬は「古くて効かない。乗組員の中には同じ体調不良者たちがいる」。みんな死んでしまって人手不足になった。任務に就けない者が多く、チリコフ以外に航海業務に精通した者は一人しか残っていなかった。聖パーヴェル号の状態は乗組員より多少はましだったが、破損箇所が多く、錨と鎖を失い、「索具は劣悪」、ペトロパブロフスクでは交換や修理の手段がないと報告した[232]。航海の最終段階での信じがたい苦労と壊血病による苦痛によってチリコフの健康は回復しなかった。かつては大胆で野心的な士官であり、ベーリングの命令に全力を尽くして従ったが、探検家としての最後を迎えていた。

聖パーヴェル号で生き残った乗組員が辺境の居留地で元気を取り戻している間、季節は秋から冬に移り、安全に航海できる時期が終わろうとしていたが、姉妹船の動向はまったく摑めなかった。チリコフらは航海仲間とベーリング隊長の安否を気遣っていた。アラスカで越冬しているのか。聖ピョートル号は嵐で沈没してしまったのか。壊血病で全滅したのか。彼らの運命はまったくわからなかった。

第4部

どこかわからない場所

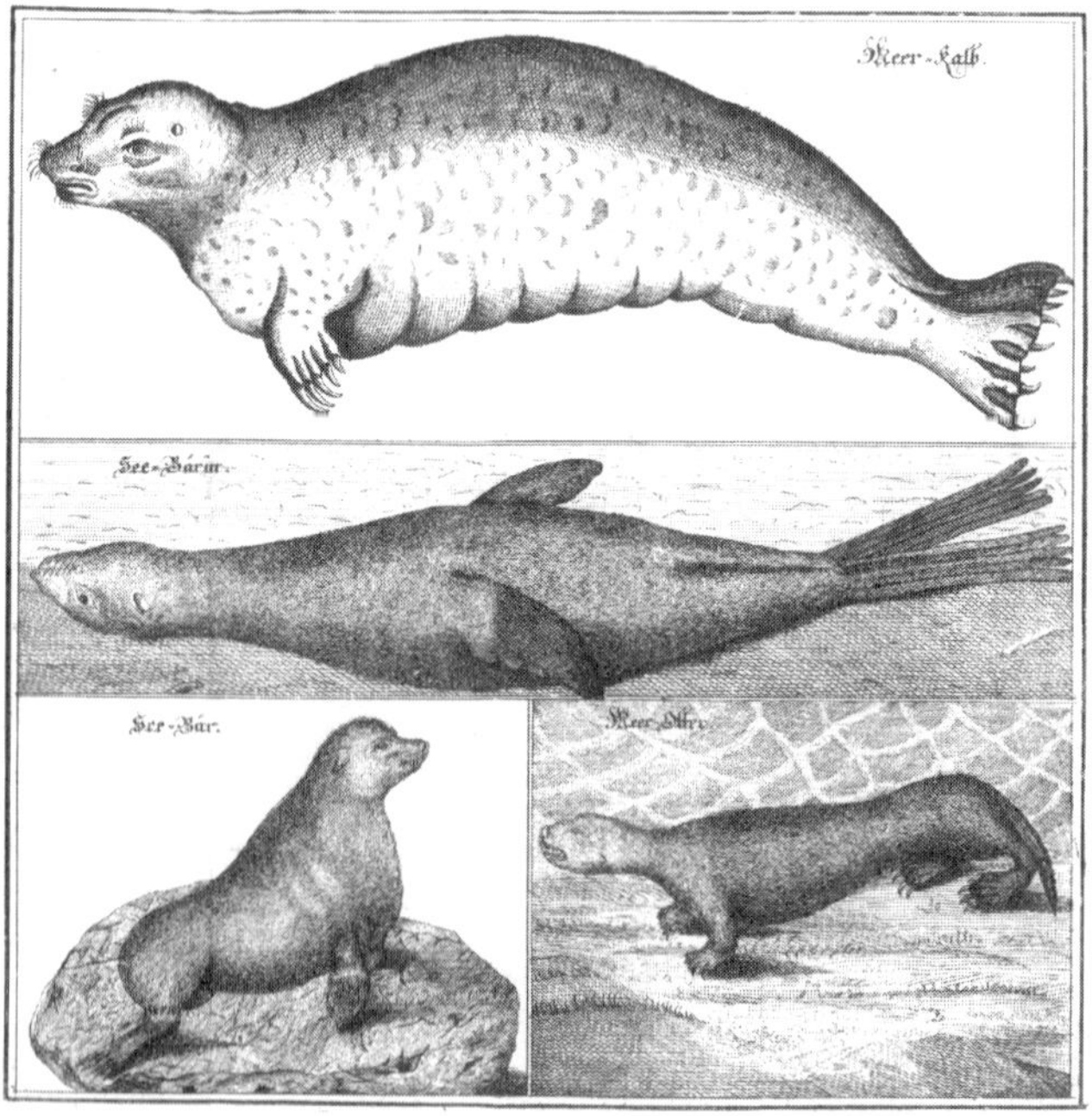

ゲオルク・シュテラーの1753年ドイツ語版『海獣』の挿絵。シュテラーが魅了されたベーリング島の動物は1741〜42年に生存した。（ウィキメディア・コモンズ）

聖ピョートル号の難破とベーリング島への漂着。19世紀の想像画。（ウィキメディア・コモンズ）

ベーリングとチリコフのアラスカ航海の250周年を記念したソ連時代の切手。聖ピョートル号の甲板からセントエライアス山を眺めるベーリング。（ウィキメディア・コモンズ）

1741年12月8日、砂の中で死んだベーリングの絵。様式化されていて止確とはいえない。1890年代のロシアの本に掲載。（ウィキメディア・コモンズ）

現代のベーリング島の写真に写ったアザラシの繁殖。1741～42年の冬、船員たちは無人島に生息するこれらの海獣を捕獲して生き延びた。（セルゲイ・クラスノシチョーコフ、シャッターズストック）

第10章

青狐の島

十八世紀半ばは世界地理の知識が乏しく、観測機器は理想的な状態でしか機能しないため、航海術は初期段階にあった。南北を示す緯度の測定は、東西を示す経度の測定よりはるかに簡単だった。緯度は、陸上でも海上でも、海が凪いだとき使うように設計された古代の天体観測儀アストロラーベ（または、後世の六分儀）を使って正午の太陽か、時には真夜中における周知の星の高度角（訳註　天体が地平線からどれだけ上に見えるかを示す角度）を測って計算された。航海術に長けた者が環状の重い真鍮の最上部の輪を持ってぶら下げ、水平線の高さにして太陽の角度を決定する。それから計数表に照らして測定値を出し、地図にその位置をつける。完璧とはいえないまでも船の南北の位置をほぼ正確に知ることができた。しかし、荒天や視界不良時には使えないという欠点があり、聖ピョートル号は一七四一年秋に数週間使えなかった。

これと対照的に、経度測定には誤りの可能性や技術的難題があり、ベーリングの航海から数十年経っても正確な測定上の問題は解決されなかった。経度は基準子午線からの東か西への距離を表していた。時代とともにいくつかの基準子午線が定められたが、一七四〇年代にイギリスのロンドンのグリニッジを通る南北線が基線となった。地球はつねに一定速度で回転しているので、現地時間とグリニッチ標準時との一時間の時差は東か西に十五度と等しくなる（訳註　360°÷24h＝15°）。正午の現地時間とグリニッジ時間の時差を比較するために、後にはグリニッジ時に合わせた正確なクロノメーターあるいは時計を携行した。こうして船乗りは地表の距離を測定できるようになった。最初の正確な航海用クロノメーターの一つが、一七六〇年代にイギリスのジェームズ・クック船長の有名な航海で使用した試作品だった。

しかし、一七四〇年代には、ベーリングとワクセルは、天体観測など、もっと時間と技術を要する経度測定方法に頼ることになった。地球と月、太陽系の星はすべて相互に関係し合いながら一定速度で動くので、経度は複雑な数式計算で決められる。当時の航海者は甲板に立って望遠鏡をのぞき、木星の一つの衛星の食《エクリプス》の瞬間を現地時間で記録した。それから船室へ戻り、同じ食がグリニッジで起ったと予測される時を示す標準表を調べた。二カ所で見られた同じ食の時差から経度が計算された。木星の衛星が雲に隠れて見えないときは、二つの恒星と月との角度を測り、標準星座表を調べた。この二つの方法は長時間の観察と計算が必要で、優秀な頭脳の厳しい訓練を受けた上級士官のみが行えた。針路の決定には羅針儀の偏差か磁気偏角である真北と磁北の偏差の計算も担っていた。航海者はしっかりした数学の基礎を有する者でなければならず、長時間の測定後、公式を使って位置を割り出した。

太陽や星がよく見えない嵐の日が長く続いた後や、嵐や壊血病などの急迫した事態に翻弄されて、広大な北太平洋で船の位置測定が任務のワクセルら士官には不可能に近い課題があった。船の位置の推定は知識と経験に基づく推測に過ぎなかった。カムチャツカに近づいていると思いたかったが、どの程度近いのか、針路に地理的障害があるのかどうか皆目見当がつかなかった。

十月下旬、風がうまく西向きになり、西北へ向かって少しずつ失った距離を取り戻し始めた。ときおり、太陽が「飛ぶように流れる」雲間に顔をのぞかせたが、すぐに霧と小雨で隠れてしまった。嵐の間にどれくらい南へ流されたか見当がつかなかった。速度と方角の推定による推測航法は猛烈な嵐の後ではほぼ役に立たず、霧と雲のため、太陽や星からの緯度の推測は困難で、ましてや、計算は無理だった。ベーリングはこのとき寝台から起き上がれなかったが、機敏で、指揮は執れた。ワクセルは、全滅する前に越冬場所を探すべきだと進言したが、ベーリングは断固として反対した。アバチャ湾へ帰り着きたかったのだ。その時は元気いっぱいに、全員から集金し、それをアバチャ湾に新設されたロシア正教会と自身の町ヴィボルグにあるルーテル教会の二つの教会に等しく献金するよう命令した。そこには、祈りと期待、自己省察があった。

船は十月末の数日間、靄と小雨の中を小さい島々に接近しながら、半日で百海里（約百八十五キロ）も航海した。元気な船員はおらず、帆と、索具、マストを損傷しながらもかなりの速度だった。「十一月一日から三日は病人の死ぬのが早くなり一度に何人も死んだため、交替要員が足りず、船の操縦や針路の変更が難しくなったが、それ以外に異常事態はなかった」[233]とシュテラーは記した。「異常ではない」と映るほど壊血病の毎日の死者はふつうになっていた。十一月四日の航海日誌だけでも、その日の死は当然のことのように記録されており、遺体は汚い布にくるまれて海へ流された。午前一時、シベリア守備隊鼓手のオシプ・チェンツォフが死んだ。同日午後一時「神のご意志で」シベリア人兵士のイワン・ダヴィドフが、四時には擲弾兵のアレクセイ・ポポフが死んだ[234]。死者は十二人を数え、ほかに船員三十三人と士官数人が寝床から起き上がれない状態で、他の者たちも体力が弱っていた。再び嵐に遭遇したら船は必ず沈没すると誰もが考えた。

十一月四日は小雨が止み、束の間空が晴れた。全員が手すりの前に立ち、遠くの陸地と、雪を被ってそびえる山脈を見ながら信じられない思いで涙した。ワクセルは航海日誌に「この陸地はカムチャツカであると思う」[235]と記した。シュテラーは「この光景にどれほどみんなが喜んだか。死にかけている病人まで見ようと這い出て来た。全員が心底このお恵みを神に感謝した」[236]と記した。ベーリングでさえ奮い立った。「隊長は重病人だが、とても興奮し、これほど惨めな目にあってからは、隊員は健康に気を付けて休息をとれとばかり言っていた」[237]。ワクセルは、自分の計算では陸地はカムチャツカに間違いないと言い、陸地を目指すべきだとベーリングに進言した。シュテラーも皆と同じように驚き安堵した。航海者が千人いたとしても、船の位置がこれほどぴったり一致することはなかっただろう。距離は半マイル（八百メートル）もなかった[238]。男たちはこういう時のために長い間隠していた酒類を全部持ち出し、コップを回して、解放の喜びに乾杯した。士官らは甲板に地図を持ち出し、靄の向こうの水平線に浮かぶ陸地と地図を念入りに見比べた。海岸線の形状はカムチャツカにそっくりで、遠くの突出した岬も、灯台も、アバチャ湾の港口もあるじゃないかと言い合った。だが、シュテラーはすぐに疑問視した。「推測航法では、船は少なくとも北緯五十五度にいるはずだが、アバチャ湾はさらに二度南だった」[239]。

翌日ベーリングは自室で士官会議を開いた。会議を公開にして誰でも聞けるようにした。航海日誌によれば、会議の要点は「船を操縦できる者がほとんどおらず……真水も底をつきそうな」[240]ことだった。ワクセルは、索具と帆がかなり損傷しているが、誰も修理できる状態になく、また、北緯にあって晩秋であり――海岸を離れたら現状ではどこへも無事にたどり着けないことを追加した。キトロフも日記に似たようなことを書いた。「健康体の者がおらず、索具は錆びつき、真水も食糧もなくなったのでこれ以上はもたない」[241]。ベーリングはアバチャ湾と信じるところへ向かってもらいたいと言ったが、ワクセルとキトロフは同じ意見を繰り返してベーリングに強く反対した。二人は近くの湾に上陸し、陸路でロウアー・カムチャツカ・ポストへ使者を送って馬を依頼すべきだと主張した。

ワクセルとキトロフは頼りにする下士官らを説得したが、その多くは陸地が本当にカムチャツカなら文書に署名すると言った。彼らは専門家ではなかったからだが、それに対してキトロフは「カムチャツカでなかったらこの首を差し出す」[242]と宣言した。いろいろあったが、二人の議論には説得力があった――基本的には苦労や忍耐の問題ではなく、毎日仲間が死んでいて、索具や帆が損傷し、理想的な天候でなければ船を操縦できる人間がいなかったのである――秋が冬に変われればそんな天気は望めない。それでもベーリングの意見に従おうとする者もいた。ベーリングの側近で、中尉から降格したドミトリー・オフツィンがその一人だった。上司で隊長には露骨に反対できなかったのかもしれない。ワクセルとキトロフはオフツィンを犬畜生呼ばわりして船室から追い出した。それから二人はシュテラーに同意の署名を求めたが、この短気なドイツ人博物学者は異を唱えた。「私は最初から議論に加わっていないし、私の助言が、求められている意見に反する場合は受け入れられないだろう。それに、お二方は私が船乗りではないと仰っている。だから、意見は申し上げない[243]」と言い切った。シュテラーは乗組員の病気を証明する文書の作成には賛成し、それは船医の任務の範疇だと考えた。文書は船を適切に操縦できる健康な人員がいないという意見を補強するものでしかなかったので、シュテラーの対応で十分だった。

その日はワクセルとキトロフの言い分が通って士官会議の方針が決まり、聖ピョートル号はペトロパブロフスクへ行かないことになった。代わりに「船と乗組員を救うために凪を利用して目の前に見える陸地へ向かう[244]」ことになった。西方に見えた安全な港へ船を入れるより、今すぐ上陸を試みようとするほどの緊急事態だった。「神の御加護で船は耐えられるだろう[245]」とワクセルは考えた。ベーリングの言う通りに進めば災禍は少ないかもしれないが、壊血病で毎日死者が出て、折れたマストから帆が垂れ下がっている状態では、その時点では、それもはっきりしなかった。現在はメードメイ島と呼ばれている島（訳註　英語名カッパー島。すぐ近くの西北西に浮かぶベーリング島とともにコマンドール諸島を構成する）へ向かって北西に進み島の形がはっきりするにつれて、みんなの心に疑念と絶望が湧いてきた。アバチャ湾の南にある独特な火山円錐丘はどこにあるのだろう。

岬を巡って入江らしきところへ船を進めた。その時、雲が途切れて太陽が出たので、計器の測定が可能になり、緯度はアバチャ湾の入口から百海里（約百八十五キロ）以上北を示していた。ワクセルは後に「この辺りは我々のみならず世界中で知られていない。ただし……我々が見た陸地に名前を付けられなかったのは、航海日誌と推測航法を訂正できたことで既知となった唯一の陸地を五カ月間一度も見ていなかったからである。海図に頼れず、手探りで、どこへ出るかわからないまま盲目的に進まなければならなかった[246]」と述べて過ちを上手に釈明した。一行の航海を誤らせたガマランドの不正確な地図をワクセルはまだ苦々しく思っていた。

しかし、このように壊血病に苦しみ、船の状態に不安な中、また、十一月の荒れた北太平洋上の未知の海岸付近を彷徨っているときに、いったい誰が冷静で理にかなった判断ができただろう。その日遅く、難破しそうな船でさらに近くへ寄って地勢を眺めた。なるべく早く上陸するとの決断が下されると、病人や瀕死の者たちは疲弊や安堵から倒れ、誰もが甲板下の寝所で横になり少しでも体力を回復しようと眠りについた。午後四時ごろ、シュテラーが気づくと、この幽霊船に士官はおらず、二キロもない先の入江と湾へゆっくり向かっていた。ワクセルもキトロフも「気持ちよさそうに」下で眠っていた（壊血病でぼんやりしていたのかもしれない）。船は無人船のように陸地へまっしぐらだった。シュテラーはあわててベーリングに知らせに行き、ワクセルとキトロフに甲板へ出て任務に就けとの命令が出された。二人はふらつきながら立ち上がり、日没までに陸地に接近することを確かめた。海岸に近づき、岩や白波のない砂浜の見えるところに錨を降ろした。

夜、快晴のそよ風が吹き、月が明るく輝いていた。だが、前触れもなく海が荒れてきた。潮が引いて海面に岩礁が浮かび上り「船はボールのように転がって海底に衝突しかかった[247]」。錨鎖が切れて船は「岩に砕け散る大波が船首から船尾まで揺らす力で船を何度も押し流し、甲板に穴があくかと思われた……二度岩に激突した[248]」。船員たちは大慌てで予備の錨を落としたが、船を引きずり込もうとする捻じれ波で鎖が切れてそれもすぐに失われ「投げ込まないのと同じだった」。錨は一個だけになり、どうにか動ける者たちは、潮流と嵐で岩礁へ流されそうな船を必死に守ろうとした。突き出た岩場で船が傾くと、パニックになった者たちは動きまわり子供のように泣きわめいた。「死の恐怖に捕われ[249]」、大混乱の中で「指揮者と従者の区別さえなくなった」。「神よ！　もうだめだ。神よ！　船は終わりだ。沈没する！[250]」と一人が叫んだ。男たちは塊になって走り、壊血病で死に海岸に埋葬される予定だった二人の遺体を摑んで「葬儀もせず、足と首を持って海に投げ込んだ[251]」。死体は呪われていて、不運が原因だと思い込んでいたのだ。シュテラーはうろたえた船員から「海水はとても塩辛いのだろうか……真水の中で死ぬほうが楽だろうか[252]」と尋ねられて笑いが止まらなかった。船体がばらばらになったら、冷たい海へ呑み込まれるか、船が沈む際に岩に叩きつけられることはわかり切っていた。どうしようもなかった。

　そのとき、破滅の一歩手前で、船は巨大な波に持ち上げられて岩礁をとび越え、海岸近くの浅瀬へ運ばれた。「そこは静かな湖のようで突然穏やかになり、座礁の恐れはなくなった[253]」。突然の静けさが訪れ、最後に残った錨を投げ込むと、水深約七メートルの砂底に突き刺さった。海岸からは約五百メートル、後ろは岩礁で、小さな湾に閉じ込められたようになった。シュテラーは大敵キトロフが恐怖と責任の重さから縮こまっているようだと記した。「今まで一番よく喋り、助言していた彼」は危険が過ぎ去るまで甲板の下にいたくせに、出て来て「死人のように青ざめた顔でみんなを勇気づけ始めた[254]」。危険が去って静まり、夜は再び心地よくなって、壊血病で衰弱した者やカムチャツカのどこかにいると信じ込んでいる者たちは深い眠りに落ちた。

　海岸は狭く、切り立つ崖があった。雑草に覆われた砂丘が雪を頂く低い山々の麓まで続いていた。翌日、一行が目覚めて甲板から陸を見た光景がこれであった。これまでのところ、壊血病での死者は十二人で、生存者六十五人中四十九人が病人リストに載っていた。元気なのはシュテラーと、友人のプレニスナー、従者のレペヒンの他には

いなかった。この三人はシューマギン諸島で集めた抗壊血病の薬草で壊血病にならなかった。聖ピョートル号は穏やかな場所にいたが、海岸と岩礁に挟まれていた。十一月は、世界で嵐の頻発する地域では嵐の最盛期だった。嵐に見舞われるのは必至で、そうなれば船は海岸に打ちつけられるか、岩礁へ引きずられる。この安全水域に留まれたのは「奇跡のような神の御加護(255)」だとワクセルは言った。

十一月七日午前中は海が荒れて、十一時頃ようやく上陸用ボートを降ろし、海岸を探索して野営地の設置場所を探し、船内の六樽の濁り水を新鮮な真水に取り替え、猟で肉を手に入れ、抗壊血病の薬草を手に入れることにした。シュテラー、プレニスナー、レペヒン、ワクセル、そしてワクセルの息子のローレンツは、船員三人と病人数人とともに第一陣として上陸した。各種道具とテントにする大きな帆を携行した。海岸に近づきながらシュテラーが初めに気づいた「珍しく、不穏な」ものが、物珍しそうにゆっくりと彼らに近づいて来たラッコの一群と、崖に並んだキツネだった――なぜこんなに動物が多いのか、それに、なぜ武器を携行した人間たちを恐れる気配がないのか。

上陸すると一行は分かれた。漕ぎ手はボートのそばで病人に付き添っていた。プレニスナーは海岸沿いに狩猟に行き、残った三人は別方向へ歩いて行った。シュテラーと、ワクセル、レペヒン、ワクセルの息子は近くの小川の方へ行った。小川に氷は張っておらず、飲料に適したきれいな水だった。樹木も雑草も見当たらず、燃料に使えそうなのは雪に隠れた浜辺の流木ぐらいだった。野営地向きの場所を小川の流れ口と崖の近くの砂丘で見つけた。砂丘の間にある穴は、救援隊の到着まで病人を保護する野営地に使えた。砂で防風壁が築けるし、帆を広げれば雪や雨が防げる。流木を集めて側面と屋根造りに利用できる。動けない病人の尿は砂で掃けるというおまけまでついた。

ワクセル父子はボートへ戻って第一陣の病人の野営地への移動を手伝い、シュテラーとレペヒンは、抗壊血病の薬草になりそうな植物相を調べに砂丘へ散策に出かけた。シュテラーは、ヨーロッパ北部で一般にサラダに使われる小ぶりの植物を集めた。クワガタソウ、キンレンカに似た草や、雪の下からも集められるアブラナ科の植物などである。シュテラーは後でワクセルの手伝いに行ったが、水際でボートを待つワクセルは「かなり衰弱している」ように見えた。全員が樹木のない砂丘のふもとの浜辺に集まり、暖かいお茶のカップを握って、シュテラーは「ここがカムチャツカかどうかは神のみぞ知る」と言った。「ほかに何がある。すぐに早馬に来てもらって、コサックがカムチャツカ川の河口へ船を連れてくるだろう。今いちばん大事なことはみんなを救うことだ」[256]。この会話の後、プレニスナーが射止めた大きなライチョウ六羽をぶらさげて海岸をやって来た。ワクセルはベーリングの体によいと考えて、ライチョウとシュテラーが集めた草を携えて船に引き返し、シュテラーは残りのライチョウを大鍋で煮てスープをつくった。日が暮れると他の三人の船員が「すごいだろ」とラッコ二頭とアザラシ二頭を引きずりながら戻って来た。ここは猟がしやすかった。上陸した者たちは第一夜を流木で支えた帆の下で身を寄せあって眠った。船内ではまだ大勢が壊血病で苦しんでいた。

翌日から数日間小雨と雪が続いた。一行は陸地の探索を続け、食糧にする海獣を狩り、他方、聖ピョートル号上では冬に備えた船の保護と病人の介護に当たっていた。数週間にわたり、どうにか動ける者たちは強風と霙に覆われた海岸への病人と食糧の移送と、砂丘の穴をテントの土台に使うために広げる作業を始めた。病人の搬送が最優先だった。死の扉の前で彷徨っていた病人の中には、不潔な船内から外のきれいな空気へ連れ出されるとすぐに息を引き取ったり、搬送中のボートで死んだり、上陸直後に死んだ者もいた。ワクセルの記録では、船員のイワン・エメリヤノフと砲手のイリヤ・デルガチェフ、シベリア兵のヴァシリ・ポプコフは上陸することなく船上で、セレビスト・タラカノフは上陸手前で息を引き取った。一人は次のボートで上陸すると告げられると、非常に興奮して起き上がり、服を着替えて「神様のおかげで上陸できる。もっと良くなって回復に役立つことができるかもしれない」(257)と叫んで、そのまま甲板に倒れて死んだ。サヴィン・ステパノフ、ニキータ・オストヴィン、マーク・アンティピン、アンドレヤン・エーゼルベルグ――航海日誌には、船上や上陸後のテント村での壊血病の死者たちの記載がほぼ毎日ある。全員体力が弱っていたので、病人と食糧の移送には時間がかかり、海が荒れるとボートを漕ぐのはかなり危険だった。

一方、シュテラーと、プレニスナー、レペヒン他数人はこの新天地で冬を越すことになるとわかって狩猟と探検を続けた。絶壁の先の浜辺の向こう側は低木に覆われた石の斜面になっていて、遠くまで雪を頂く低い山々が延びていた。シュテラーはここがカムチャツカであることに大きな疑問を抱き始めた。彼は基本的に自然界の観察を基に判断した。採集した植物はカムチャツカの植物に似ていたが、夏にアラスカで採集したものに似たものもあった。樹木も、よく見かける灌木もなかった。ここがカムチャツカではないという事実は、動物が人間と接触したことがなさそうなことに端的に表れていた。ライチョウは近づいても楽に捕獲できた。ラッコは海岸付近にいるので簡単に射撃でき、アザラシも同様だった。

シュテラーとプレニスナーは、馬の鼻息のような音をたてて数分ごとに息つぎをしながら沖合を波のように移動するクジラに似た巨人な海獣の背を目撃した。見たことも聞いたこともない海獣だった。クジラではなく、これまで見たり、本で読んだりした海の哺乳類にしては大きすぎた。従者のレペヒンもカムチャツカにこんな動物はいないと言った。「ここがカムチャツカであることを疑い始めた。とくに南の海上の空は、ここが海に囲まれた島であることを示していた[258]」とシュテラーは記した。極地に見られる「水空《すいくう》」で、開水域が雲の底面に薄暗く反射して見える。仲間にそれとなく疑問を投げかけると、以前のように馬鹿にはされなかったが、否定された。再び「何人かの悪意ある行為[259]」を気に病んだ。ワクセルと、とりわけ彼を悩ますキトロフのことである。友人のプレニスナーでさえ状況の真実を受け入れなかった。そう考えるのが怖かったのだろう。ここがカムチャツカでないなら、海図にも地図にもないどこか未知の場所にいることになり、近くのロシア人居留地からの救助は、今も、これから先も、ないことになる。

この島にいるのは自分たちだけであるばかりか、この島を初めて訪れた人間ではないかと考えた。その考えは正しかった。一行は後にベーリング島と呼ばれる島に上陸したのである。小さな湾は周囲二百二十キロの島で上陸できた唯一の場所だった。この入江を除いて島全体はゆるやかに傾斜したサンゴ礁の岩に囲まれていた。ワクセルは「我々が上陸した場所は非常に狭く、北も南も約三十七メートル先の岩棚で足止めとなり、そこからは誰も逃げられない[260]」と記した。

上陸二日目の夜、シュテラーとプレニスナー、レペヒンは、この島の動物は人間との接触がないとした説の正しさだけでなく、その冬の一行にとって青狐が特別な存在でもあることを確認した。青狐はホッキョク狐の亜種であり、数えきれないほど生息しているようで、臆病なところはまったくなかった。二人はすぐ八匹を撃ち殺し、シュ

テラーは「その数といい、脂肪といい、図太さにも非常に驚いた」[261]と記した。三人がライチョウの肉を食べ終わって小さな火を囲んでお茶を飲んでいると、青狐は堂々と近寄って来て「目の前から」ライチョウ二羽をかすめ取った。

　ふらつきながら野営地を造っていた数日のうちに、全員が島の青狐のことをよく知るようになった。砂丘と川の近くにシュテラーとワクセルが見つけた数個の穴を大きく掘り、間近に迫った冬を過ごす場所を造ろうとしていた時、キツネの群れが唸りながら襲って来て、ズボンを引き裂こうとしたので、蹴って、わめいて追い払った。砂丘はキツネの冬の巣穴だったことを知らずにここを選んでいたのだ。長年ここで何事もなく暮らしてきたキツネは、縄張りを奪われまいとした。人間とキツネの争いは最初の数週間は熾烈をきわめ、その後何カ月も続いた。キツネにはほかに住処があり、夏季は「山奥や、山のすそ野あたりによく巣穴をつくる」[262]と後日シュテラーは報告した。だが、十一月と十二月のほとんどはとりわけ砂丘の人間の野営地に引き寄せられた。

　男たちは大きく穴を掘って、流木の枠を打ちつけ、そこにキツネの皮と汚れた帆の一部を張り付けた。だが、みな起き上がれても立っていられず、ましてや重労働は無理なので作業はなかなか進まなかった。毎日のように死者が出たが、仮小屋には遺体の安置場所がなかった。キツネは食べ物の匂いに誘われて、雪をかぶった丘から群れで小屋の周囲に集まって来た。次第に攻撃的になって、衣類や毛布を盗み、道具などを引きずっていった。ある日、シュテラーとプレニスナーはキツネを刺したり、斧で叩き切ったりして三時間に六十匹殺し、凍結した死骸で小屋の壁を補強した。キツネは「我々の住処へ群れでやって来て、運べるものは何もかも盗んで行く。ナイフや、棒、カバン、靴、ソックス、帽子などやつらが使えないものでもだ……皮を剝いでいる時も肉を奪い取ろうとするので、

二、三匹刺し殺した」[263]。夜中にもやって来て、病人の服を引き裂き、ブーツを引っ張り持って行こうとした。「ある晩、一人がテントの外でしゃがんで用を足していたところを、キツネに露出部を噛みつかれ、泣きわめいても、なかなか離さなかった。誰も棒を持たずには安心できなくなり、また、キツネはブタのようにすぐ排泄物に食らいついた」[264]。いつ何時でも野営地に侵入し、衣服や食糧はおろか、眠っている人間にまで糞尿を浴びせた。「埋葬前の遺体の手足でさえ食べた」[265]とのワクセルの戦慄の報告もあった。

　男たちは自己防衛のために子狐まで見境なく叩き、殺し、ひどい目に合わせた。「毎朝、生け捕ったキツネの尻尾を引きずって小屋の前で処刑した。首を刎ねたり、脚を折ったり、脚と尻尾を叩き切ったりした。目をえぐったりもした。生きた二匹の脚をいっしょに縛って死ぬまで噛み合うようにしたこともあった。焼き焦がしたり、九尾の猫鞭《ねこむち》で叩き殺したこともあった」[266]とシュテラーは記した。それでもキツネは執拗にやって来て、痛めつけられても脚を引きずってでも仲間の後についてきて、他のキツネと同じように唸り、吠え立てた。死んだキツネの皮を剝いで近くの溝に捨てた時は、何十匹もが仲間の死肉を貪り、後で、棒で叩き殺した。シュテラーは自然界の観察に特別な視点を持っているが、病気の青狐の群れが近づいたときは言葉遣いも変わる。「やつらは赤狐よりもひどく臭い」と述べた。「発情期には日夜角を突き合い、嫉妬で犬のように残酷に噛みつき合う。交尾ではネコのように、がなり合った」[267]。

　しかし、キツネの根絶はできなかった。こんな惨めな状態では、ラッコやアザラシがいなくなればキツネを食べることになるかもしれない。「臭くて、ぞっとするほど嫌なキツネを食べることになること」[268]を全員が恐れていた。

十一月半ばになるとシュテラーは船上よりも上陸した者のほうに死者が少ないことに気づいた。島に生えている草のサラダと、ラッコと、アザラシ、ライチョウのスープを食べて徐々に元気を取り戻していた。船上では、ワクセルとキトロフが人員と備品、食糧の荷揚げの指揮を執り、船の冬対策をしていた間も、毎日のように死者が出ていた。作業は捗らず、天候は日ごとに厳しさを増し、容赦ないキツネの攻撃でひどい状況だった。

これまで敷かれてきた軍隊並の規律は、大きな受難の中で緩んでいった。命令口調は消え、権威や上下関係は歓迎されなくなった。反乱か、少なくとも自己保存行動の気配はあったかもしれない。だが、士官は依然最高の管理者であり、本来の性向がどうあれ統率力を発揮した。甲板長の同僚のアレクセイ・イワノフのような下士官や、補給係将校のルカ・アレクセーエフなどは人格によって評価が上がった。キトロフやワクセルは多少権威が下がり、上辺だけの海軍指揮権の権威も落ちた。ワクセルはイワノフを「艱難《かんなん》に直面して頼れる人物[269]」と評した。ワクセルに発揮する力はなく、人物情報もなかったが、イワノフは病人や死にかけた隊員を慰め、勇気づけており、避難小屋の建設と維持管理、流木の収集に努めていた。

シュテラーの従者のレペヒンは上陸一週間目に壊血病で衰弱し、自分を航海に連れ出してこんな目に遇わせたとかつての主人を非難した。シュテラーは面食らって「これから友好が始まる」と外交的な言葉を返した。怒らずに「元気を出せ。神様が助けてくださる。ここが故郷でなくても帰れる望みはある。飢餓の心配はない。働けず私の世話ができないなら私が代わろう。おまえが善良で、私に尽くしてくれたこともよくわかっている――全部おまえのおかげだ。何でも言ってくれ。神様がお救いくださるまで二人で分かち合おう[270]」と言った。難破の際のシュテラーの知恵深さは、航海中の辛辣なもの言いとはちがった。だが、レペヒンは壊血病に罹って辛かった。「まあ、いいですよ。喜んで国のために仕えるつもりですが、あなたについて来てこんな目にあった。誰が同行させたのですか。ボルシャヤ川では楽しかったでしょう」と静かに言った。シュテラーは反抗的な態度に笑った。「二人とも生きているじゃないか」と大声で言い、こんなことになるとは思わなかったが、とにかく自分は一生君の友人だと言った。「私の誠意に君も誠意で応えてほしい。国にいたらどうだったかはわからない[271]」。

従者が主人に質問すらできなかった旧制度では、こういう会話はあり得なかったが、シュテラーは、誰もが気づかないことに目を開かされた。飢餓と死に直面すると、状況は一変し、誰も特別扱いされず、命の差はなくなった。「社会的地位や学問などによる差別はもうない。だから、恥や外聞のためにそれに固執せず、後で笑われないように、また、命令されるのを待たずに、残された力を尽くして働くことにした[272]」。

浜辺の数十人には確かに生存という共通の目的と目標があった。だが、これほど多くの病人を抱え、目的を果たす有効な手段もないので、シュテラーは少人数のグループのほうが必要に答えやすいと考えた。彼は上陸直後にプレニスナーとレペヒンとで小グループを結成し、外科助手のベルジェを仲間に誘った。生き延びるために住処と仕事を分かち合おうと誓ったのだ。狩猟や調理など生き残るために必要なすべてを分かち合うことで一致した。このグループには後からコリック三人と、ベーリングの従者二人が加わり、すべての決定を全員で行うことにした。仲間同士で「悲惨な状況[273]」を生き抜き、グループの結束を強めるため、相手を丁寧に父祖の姓名で呼んだ。やがて、他の仲間も別のグループを結成した。

船上での価値体系がすぐに実践的なものに変わったことをシュテラーは敏感に感じ取った。ラッコの毛皮は貴重品で、とっておくのが普通だったが、邪魔になりキツネにくれてやった。以前はどうでもよく、落としても拾わなかったものや、ラッコの毛皮ほどの値打ちもなかったものが今では「宝物」になった。斧、ナイフ、錐、針、糸、靴紐、靴、シャツ、ソックス、棒、紐などである。聖ピョートル号上の価値観は一変した。

しかし、船上生活のときの反感や敵意は残っていて、野営地に波及した。軍規が乱れ、故国から遠いことから、士官に対する過去の不満や蔑視、誤認が増幅した。「この不幸な筋書の作者に復讐を誓う祈り」[274]をシュテラーはたびたび耳にした。かつての上官の多くは、苦悩する者たちが非難の矛先を探していることに気づいていた。とくにキトロフは乗組員に嫌われていたので命の危うさを感じた。十一月末頃、キトロフは、冬場は船にとどまりたくて、船内は陸地より快適で、風も当たらないとワクセルに訴えた。海軍の生活様式と権威に固執していた。陸上生活の惨めさと、窮乏、汚さを避けたかったのだろう。一行が海軍の厳格な規律から解放されて暇な時間が多くなると、過去の厳格な規則による事件や、ひどい冗談を言われ、辛い命令や罰を受けた時の厳しい言葉を思い出すとでも考えたのだろう。キトロフは、ここがまったく安全であり、カムチャツカでなかったら自分の首を差し出すと断言したことを思い出していたにちがいない。この不幸はキトロフのせいだと多くの者たちが言い、程度の差はあれ、同僚の士官たちからも非難されていた。シュテラーは「昼夜」通りすがりや、横になったときにキトロフは「過去の言動への非難や抗議」[275]を聞いていたと記録した。キトロフはシュテラーらのグループに入れてほしいと「泣きついた」。シュテラーは首を縦に振らなかった。場所はすでにいっぱいだと言い、全員同意していた。キトロフは航海中にグループの面々を侮辱し、彼らはキトロフが「この不幸の中心人物である」と思っていた。そこでキトロフは「宿舎《バラックス》」という大きな住処に忍び込んで寝た。そこは病人が船から移送された場所で、見られても無視し、「泣き叫び」も正義を求める声も聞こえないふりをした。

十一月九日、ベーリング隊長は棒とコイル状のロープでつくったストレッチャーに乗せられて四人がかりで陸へ運ばれ、砂丘の野営地の特別の穴に寝かせられた。男たちは砂を掘って作った自分たちの「墓」の冗談を言い合った。シュテラーは隊長の容体がだいぶ悪化していることに驚いたが「平静で、不思議なほど充足していた」。ベーリングの移送が終わると、シュテラーはテントで風を避け、みんなでお喋りをした。ベーリングはシュテラーの現状判断を聞きたがった。カムチャツカに到着したのか。シュテラーは「私には」カムチャツカには見えないと返答し、植物の特性の観察と、植物相はアラスカとも一致しないのでカムチャツカから遠くはないと思うと静かに説明した。シュテラーは、先日浜辺に打ち上げられたロシア人の手によると見られる断片を発見した。これも浜辺に打ち上げられた壊れたキツネの罠の一部をベーリングに見せた。形はカムチャツカのイテリメン族がつくった罠によく似ていたが、鉄ではなく鋭利にした貝殻が付いていた。それがアラスカから流れ着いたことを示唆していた。アラスカの住民は鉄を利用していなかった。シュテラーは、主張はせず、二つの大陸の間のどこかだろうと答えた。ベーリングは少し考えてから「船は助からないだろうが、神様がボートだけはお守りくださるように[276]」と言った。

十一月に入ると嵐は激しくなった。聖ピョートル号の索具は凍り付いた。雪がすべてを覆い、波が打ちつけ、波が甲板に覆いかぶさって船倉まで浸水することがあった[277]。大波で船が危険になりボートで引っ張ったので、人員の陸への移送が遅れた。男たちは凍るほど冷たい波に足がつかり、海岸と荒廃した船との往復で疲弊した。十一月十七日の嵐の時はワクセル他四人が用事で船上に残っていた。ワクセルは銃を撃ってボートを呼んだが、四日間激しい嵐で漕ぎ出せなかった。真水がなくなり、雪が降るまでは黒ずんだ樽の水を飲み始めていた、甲板を這って雪をすくって溶かした。迎えを待つ間、遺体と一緒にいたくないので何体か海に投げ捨てた。

ワクセル本人の話として、命を守るための用心を述べている。毛布で身体をくるみ、顔を覆って船内と船外の温度変化から守った。この二、三週間は「ハッチから頭を出した途端に多くの者がネズミのように死んでいった[278]」さまを見た。船倉とあの悪臭がする湿った暗所からは離れていた。通路は、少しは明るく、暖かくて、ずっと小さな火をともしていた。海岸の「雪の穴倉より」ここの方がましだと思った。しかし、間違いだった。「船倉では大勢の病人が二、三カ月横になり、寝たまま用を足す状態で悪臭と汚れた空気は通路にも流れ出ていた[279]」。たちまち「この不健康な悪臭」に悩まされ、手足やあごを動かせなくなった。十一月二十一日に一行がワクセルを発見したとき、彼は意識がなく死んだように通路にへたり込み、腕を支えられなければ一歩も足を踏み出せないほどだった。最後まで船に残っていた彼はボートへ移るときに何度か気を失い、野営地へ運ばれて宿舎《バラックス》に入れられた。

海岸に上がるとまもなくワクセルは「壊血病が重くなって生きる望みを諦めかけた[280]」。シュテラーは「過去のことは忘れて」ワクセルに新鮮な食べ物と、海岸の向こうの枯れた根や草を集めたサラダを与えて看病した。ワクセルは立ち上がれず、彼専用の小さなテントができるまではみんなと一緒の宿舎に詰め込まれ、侵入するキツネを追い払った。シュテラーがワクセルの看病に尽くしたのはまったくの利他心ではなかった――ワクセルが死んだらどうなるかという心配があった。序列で次に来るのはほぼ全員が嫌うキトロフだった。「みんなから嫌われている者が指揮権者につけば、規律が乱れ、窮状からの脱出に必要な行動が遅れることや、妨げられることもある」[281]ことをシュテラーは恐れた。ワクセルは、シュテラーの手厚い看護で辛いがゆっくり回復し始め、キトロフを不安視していた者たちも一様に安堵した。ワクセルの問題は、息子ローレンツが公式に船員名簿に載っていないため船の食糧備蓄をもらえないことだった。父子は僅かなライムギの配給を二人で分け合っていた。

十一月二十二日、ベーリングは一週間以上前に運び込まれた砂の穴の中で相変わらず横たわったままの状態だった。彼は、残っている士官たちを集めて会議を開き、船を救う方法を考えたいとワクセルに静かに命じた。翌日、士官らは「船の救助に関する報告」を用意してベーリングに提出した。数日間天候が荒れ、誰もかれも衰弱していて命令について何もできず、残った錨と鉤縄《かぎなわ》で岸につながれている無人船へ漕ぎ出す力はなかった。報告書にはワクセルとキトロフ、それに下士官ハルラン・ユーシン、ニキータ・ホチャイエンツォフ、ボリス・ロゼリウス、そしてアレクセイ・イワノフの署名があった。書き出しはこうだ。「ご承知のとおり、船は海上にあり、もし東、南東、西、または北西から強風が吹けば、錨の一つはもたない。東と、北、西側には岩礁がある。南からか南西から強風が吹けば船は海へ流される」[282]。士官らの提案は、船を浜辺へ運んで頑丈につなぎ、食糧を確保することだった。そうすれば、望むらくは、春には再出発できるだろう。とにかく、何もしないままでは船は冬の間の破壊か喪失は免れないと考えた。

十一月二十六日、キトロフは士官の中でただ一人体力が残っていたが、彼も非常に弱っていて航海日誌に「立っていられなくなった」と記した。キトロフはベーリングの命令どおり、何人かに船を浜辺に引き寄せさせようとしたが、少しでも体力が残っている五人を集めるのがせいぜいだった。ボートで波の中へ漕ぎ出そうとしたが、凍るほど冷たい水をかぶって仕方なくテントへ引き返した。少人数では錨を持ち上げることさえできず、ましてや出帆して陸上へ向かって舵を取るのは無理なことをキトロフは承知していた――岩礁にぶつかって船が壊れ、自分たちも死ぬことになる。キトロフは計画を中止し、後で非難された場合に備えて文書にしたため、ベーリングに失敗を伝えた。翌日、キトロフは体調を崩してテントから出られなかった。シュテラーは、全員が壊血病で弱っていることを考え、キトロフは病気というよりは怠慢だと手厳しかった。いずれにしてもいくつかの出来事で計画は狂った。二十八日に強い嵐が吹き荒れ、錨と鎖全部が外れて、船は旋回した。そのとき、信じられないようだが、聖ピョートル号は潮流と風で岩礁の方へ運ばれ、さらに海岸の「ちょうど船を置く計画だった場所[283]」である野営地の下の小川付近へ打ち上げられた。嵐が「人間よりも上手に[284]」仕事をやってのけたことにシュテラーは驚いた。

聖ピョートル号は目と鼻の先で座礁して傾いており、二メートル半ぐらいの深さで湾内の柔らかい砂にへりあたりまで埋もれて浸水していた。船はもう使えないだろう。野営地からわずか二百メートルのところに残骸があり、絶えず苦境を思い起こさせた。天候が少しでも良くなると、一艘しかないボートで海岸と船を往き来して残った食糧を運んで来た。荒波の海に漕ぎ出さなくてもよくなったのでだいぶ楽になった。なんとか持って来られそうな食糧の大部分はライ麦の粉とひき割りのエンバク（オート麦）で大きな革袋に詰められていた。残念ながら袋は船倉で海水に浸かってしまった。ワクセルはこれらの食糧の一カ月分の配給をライ麦三十ポンド（約十三キロ）に決めたが、それが十五ポンドに減り、最後にはゼロになった。引き割りエンバクは五ポンド（二・三キロ）、塩は半ポンド（二百二十グラム）だった。食べ物は地位や身分に関係なく平等に分配されたが、士官と船員の軋轢を和らげるには時間がかかった。だが、粉は食べにくい。しょっぱいエンバクはアザラシかラッコの脂で揚げる必要があった。「慣れるまで胃腸にガスがたまって腹が太鼓のように膨らんだ[285]」。残った火薬も海水に浸かってほとんどだめになった――これまで以上の災禍だった。火薬なしに冬中どうやって狩りを続けられるのだろうか。

互いに顔を見合わせると、相手の顔には苦渋と喪失感がありありと見てとれた。「この場に突然見知らぬ人間が現れたら、たとえば、召使を従えた貴族とか、部下を伴った士官が現れて私たちの暮らしを見たら、主人と従者、司令官と最下級の部下との区別がつかないことは確かだろう。私たちは主人も従者も、船員も士官も、全員が同じ境遇にあって立場と任務、食べ物と衣服も平等だったからだ[286]」。

第11章

死と賭けトランプ

聖ピョートル号は傾いた哀れな姿で湾内の砂に埋もれてしまったので、男たちの関心は陸上の新生活へ移った。アバチャ湾へ行く話はもう出ず、いかに生き延びるかが先決だった。ワクセルなど最後まで船に残っていた者が上陸して野営地に全員がそろった。冬を越す態勢になった――凍りついた砂浜には、くすぶる焚火を囲むように汚いテントの塊が広がっていた。ぼろぼろの帆布が風にはためき、壁は凍ったキツネの死骸と流木で補強されていた。いずれの壕もシュテラーの思いつきでさらに小さい集団に分かれ、中央の許可なく日々の用が足せるようになっていた。壊血病で寝ているか、死にかけているか、死んでしまった者がほとんどなので、未開の村にはほとんど動きがなかった。ほとんど止むことのない風が病人の呻き声を運んできた。

「海岸のどこを見渡しても悲惨だった」とシュテラーは記した。「堪え難い寒さに泣く病人がいて、空腹と喉の渇きで泣く者もいた。壊血病で歯茎がスポンジのように赤黒く腫れて歯を覆い隠し、激痛で噛めないからだった」[287]。「死者が途切れない」とワクセルは記した。「亡骸を引き離せる者も、離れたところで暮らせる者もいなかったので、遺体はかなり長く生存者のそばに置かれていた」[288]。かろうじて生きている者を識別できるのは呻き声とうつろな眼差しだった。「精神的に落ち込んでいった」とワクセルは当時を振り返った。

壊血病の初期症状が出た者は、最初は息苦しいので喘息だと思った。そのうち手足が強ばり、四肢が腫れ、顔が黄ばんできた。口全体、とくに歯茎から出血して歯がぐらついた……こうなると病人は瀕死状態で寝たきりになる。自分ではどうしようもなくなり、死んだほうがましだと思うようになる[289]。

病人は高熱と原因不明の発疹、激痛、妄想、便秘に苦しめられた。どうすることもできず、回復の見込みもなく、飢えたキツネの攻撃に晒された。「最も勇敢な者でさえ勇気を失うほど惨い光景だった」[290]とシュテラーは述べた。そんな状態では従来の敵対関係や軽蔑意識はなくなった。シュテラーは苦しむ者を放っておけず、精力的に病人を介抱し、草や凍土から掘り出した根を煮出して抗壊血病薬をつくった。病人はもう意地悪なロシア人ではなく、自分の看病が必要な人間になっていた。日記からは辛辣な言葉が消え、尊大な口調もなくなっていたことだろう。ベーリングは死の床にあり、キトロフはみんなから嫌われ、ワクセルも壊血病になったので、シュテラーは非公式とはいえ野営地の指揮官になった。壊血病にならないのは彼一人だけだったので、以前の対立相手に予想外の権力を行使する立場になっていた。しかし、シュテラーは立場を利用するようなことはなく、性格も変わり、医師であり病人を慰める立場の人間になった。調理番まで引き受けた。シュテラーには順応性があり、理由はどうあれ、これまでの文化的束縛を一瞬で洗い落とせた——それは、教養人としての特権、高位高官の安楽な衣食住、そして、従者に振るう権力である。彼は雑事も不平を言わずに引き受け、尊敬された。辛辣な言葉は完全には消えず日記には残った——それに、尊敬できない無能な相手は批判した。

隊のためにワクセルの回復を願って看病していても、シュテラーは友情と尊敬を忘れなかった。五十年以上の海の経験があり七十歳を超えたはずのデンマーク人の同僚アンドレヤン・ヘッセルベルグが壊血病で衰弱すると、シュテラーはことのほか悲しんだ。ヘッセルベルグはつねにシュテラーに優しくし、航海上で意見対立があると味方してくれた。シュテラーは「彼は自分の年齢の半分以下で、手腕は三分の一もない連中に子供扱いされている」(291)と苦々しく怒りをぶちまけた。ヘッセルベルグが死んだとき、彼は「卓越した仕事ぶりの人物との名声を引っ提げて墓場へ赴いた。彼の忠告は無視されたが、それが生かされていれば、私たちはもっと早く救われていた」と記した。

シュテラーは医師であるだけでなく、聖職者として死にゆく者を慰め、死者に追悼の言葉を捧げた。病人や死の近い者の世話のほかに、抗壊血病草のある場所を探し、人を動員して根気よく草を集め、新鮮な動物の肉の煮出し汁やスープの作り方を教えるなどして大勢の人間を救った。だが、日記にあるのは細々とした話ばかりで、自身の治療行為については 言も触れていない——彼の断固たる行動は後に他者によって伝えられた。歴史学者のミュラーは、後日、探検隊の生存者への取材を中心にした本を著し「シュテラーがいたからへこたれなかった。シュテラーは医師であると同時に一行の心の支えだった。みんなを励まして奮闘した(292)」と述べた。シュテラーは博物学者としてではなく、医師として尊敬された。科学と認識への野心は徐々に忍耐と共感へと変わった。環境の変化につれて実践的な知識と技術を分かち合う中で、シュテラーの性格が変化していく様は注目に値するが、それは酒類が底をつく過程とも一致した。

十二月一日、ベーリングは、この謎の島の奥地へ最初の少人数の探検隊派遣を決めた。水兵ティモフェイ・アンチュゴフ他二名は壊血病の症状が軽い者たちだった。一行は曲がりくねった岩場を登り、「高い山々と獣道」を越えて十キロ以上進み、荒れ地の丘を登った。そこからは、西に広がる海と泡立つ波に囲まれた海岸線が一望できた。一行の旅は約四週間続き、険しい奥地を歩いて島であるとの結論に達した。それ以降の探検で、野営地は島の南端から三分の一辺りの東海岸にあり、島はおおよそ南東から北西の方向で、幅約十六キロから二十四キロ、長さ約六十四キロだった。一行がこの知らせを持ち帰ると、反応は衝撃的だった。「我々には船もなく、新しい船を造る木材もなく、それに、食糧もほぼ枯渇していて、未知の孤島にいるとしたら全滅しかなかった。病人ばかりで、治療法も薬もなかった。それに野宿と変わらない生活だった。一面雪が積もり、燃料もないこの場所で長い冬と酷寒に襲われることを考えると気が滅入った」[293]とワクセルは振り返った。この知らせに多くの者が「絶望」に突き落とされ、「救助の望みは絶たれた」。自力で何とかするしかなかった。

ベーリングの容体は、船を離れて一カ月で着実に悪化していた。上陸後は仮テントを張った砂の穴で寝たきり

だった。壊血病だけではなかった。航海中にシュテラーの看病で壊血病は二度回復した。航海の初め頃に歯茎が赤黒く腫れて歯が四本抜けたが、十二月八日には歯茎はしっかりしていた。ベーリングは原因不明の病気が重なり、特定の病というよりは「飢え、渇き、寒さ、害虫、そして、悲しみが原因で死んだ」とシュテラーは言った。脚が腫れ、発熱と「内臓の壊疽」が「下腹部の炎症」を引き起こした。ベーリングはシュテラーが勧める食事を受けつけなかった。ある時、ラッコの赤ん坊を捕獲し、ベーリングに「どうにかして」食べてもらおうと特別に調理したが、受けつけなかった。ベーリングは顔を背けて「君の舌はどうなっているのだ(294)」とつぶやいた。シュテラーは怒らなかった。視線をベーリングの周囲と難破船が見える雪の積もった浜辺に移してから、自分の舌を「環境に」合わせましたと答えた。それでもベーリングは茹でたライチョウしか食べなかった。

ベーリングはつねに部下の生存と探検隊の失敗を気に病み、心配とストレスで体調を崩した。以前ほどの力がなくなったとシュテラーに告白した。頑丈な体つきのベーリングは、体力ばかりか、隊に規律を守らせる強い意志の力も備わっていた。探検は自分の想像以上に複雑で大規模であり「この年齢では、すべての任務から離れ、若くて行動力ある人物に任せたい(295)」とシュテラーに告げた。

ベーリングが計画した航海とは、実績と財を築き短期間で成果を挙げることが目標だった。太平洋を横断するつもりだった。ガマランド探しで無駄な航海をしなかったとしても、太平洋はもっと狭いと考えていた。大雑把な海岸線の地図を作成し、きれいな真水のある安全な港での友好的な出会いがあり、ロシア帝国のために新世界を獲得して国境を拡大し、そして、科学的発見と知識の向上によりロシア帝国と自分の国際的名声を高められる。それからペトロパブロフスクへ戻り、シベリア横断の長旅を終えてサンクトペテルブルクのアンナと子供たちの元へ帰るつもりだった。その後は満ち足りた引退が待っており、何らかの名誉職が与えられるだろう。だが、いまベーリングは荒れて凍った砂浜でこうして衰弱しており、探検隊も自分の夢も打ち砕かれ、船は一隻が行方不明に、もう一隻は難破船となって近くの潟《ラグーン》にあり、部下たちは謎の島の真ん中で飢えと壊血病に倒れている。もう二度と家族には会えないだろう。健康体だったとしても情熱を掻き立てるものはなかった。約二カ月前、壊血病を発症するまでは人生も仕事も信じられないほど恵まれていたと何度もシュテラーに語った。シュテラーは、隊長をカムチャツカへ戻すことができれば生きられるだろうが、肉体的にはともかく精神的に参っていると見ていた。六十歳のベーリングは回復する気力がないほど衰弱していた。

ベーリングは十二月八日、夜明け前の朝五時に死去した。その夜、野営地の砂浜には強風が吹き荒れていた。彼が脚を砂に覆われた状態で横たわっている穴にも風は吹き込んだ。最期を迎えたベーリングは、ワクセルとシュテラーにこれ以上の手当てを「しないように」と言った。「土にもぐるほど暖かい。上に出ている部分だけがひどく寒い[296]」。シュテラーは探検隊について公表した記事で、ベーリングは正気で話はしっかりしていて「死を覚悟して平静だった[297]」と記した。しかし、後日ロシア科学アカデミーの同僚へ宛てた私信には、ベーリングは「戸外で悲惨な死を遂げた……全身シラミにたかられて[298]」とも書いた。

翌日、ベーリングの亡骸は野営地近くのヘッセルベルグの墓の隣に埋葬され、木の十字架が立てられた。数人で簡単な棺をこしらえた。ベーリングの体格には小さすぎて身体を折り曲げることになったが、棺は尊敬の証だった。船体から外した厚板は貴重であり、特別扱いはベーリングだけだった。船員も士官も隊長をとても尊敬し、ワクセルはルター派の伝統に従って簡単な葬儀を執り行った。

ベーリングは葬儀を上げてもらえたが、シュテラーは葬儀での追悼の言葉の選択に悩んだ。「彼は富者のように死に、罪深き者のように埋葬された」[299]。ベーリングは、航海中だけでなくサンクトペテルブルクから始まる全行程の総指揮官だった。富裕で社会的地位も高い文化人だった。探検について言えば、彼はシベリア中の探検に関係するどの知事よりも、役人よりも地位が上だった。側近を従えて堂々と旅し、皇帝の代表としての装いを凝らした。ベーリングはロシア帝国の象徴として生活した。船上でも装飾品九つと、美しいが実用的でない衣装を揃えて貴族のように振舞った。しかし、難破で状況は一変し、権威と尊敬の集まる地位から転落して対等な者たちの中の筆頭になった。ワクセルの説教はベーリングの境遇を捉えていよう。浜辺の苦難と混沌の中で、地位の象徴である衣装や社会的地位は、動物の皮剥ぎ、看病、火熾しの技能などより価値が下がった。ベーリングは新しい困難な現実に適応できないまま、原始的な、信仰なき土地に埋葬された。

ワクセルの説教は敬意にあふれていたが、ベーリングが傷を負ったと示唆したのでシュテラーは腹立たしかった。シュテラーは「オホーツクやカムチャツカの劣悪な環境の中で彼（ベーリング）は泥沼に嵌まった者みんなを救い上げようとしたが、あまりにも重くて彼自身が沈んでしまった」[300]とつぶやいた。ベーリングは「領収済みと書かれたみんなの勘定書きを墓場へ持って行った」と感じた。シュテラーの考えは「この素晴らしい人物に非があったとすれば、寛大すぎたことであり、部下たちの性急な、ときに軽率な行動と同様に害になった」[301]。ベーリングは即断し即行動できる人物ではなく、「もっと情熱」があれば探検隊の危険や障害をうまく乗り切れたのにとシュテラーは一種の賛辞として日記に記した。

シュテラーは航海中に何度もベーリングと衝突したことはあったが、隊を先導する隊長の力量を買っていて、探検隊の失敗の原因は士官たちのせいだとした――事実、ベーリングの失敗は士官の過剰な口出しの結果であり、彼らは過度に思い上がって「側にいる者すべてを軽んじた」と考えた。シュテラーは、例によって、キトロフに特別な怒りを抱いていた。キトロフを大尉にしたのはベーリングなのだから、彼はもっとベーリングに忠誠を尽くすべきだったのに、士官会議では隊長に逆らい、その結果、難破する羽目になった。シュテラーによれば、キトロフはベーリングに格別のおかげを被っているくせに「何かにつけてベーリングに反駁し、不運の筋書を書き、ベーリングの死後は最も強く彼を非難した[302]」。

シュテラーは、ベーリングが士官の選択、とくにキトロフを選んだことに怒りを感じたが、他方で、ベーリングは「正しく信心深いキリスト教徒であり、礼儀正しく、親切で、物静かな人物であって、身分の上下なく誰からも好かれた[303]」と敬意を表した。士官も船員たちもこぞってベーリングの名誉を称えてこの島に命名した。ベーリングは航海を続けたがったのに、それに逆らって船をこの島へ向かわせたのはワクセルとキトロフだった。

ベーリング島の緯度では十二月と一月の日照時間は七時間しかなく、どんより曇った日が多い。しかし、海は気温を穏やかにするので、同じ緯度でも、シベリアより島の方がはるかに暖かく、平均気温は摂氏六度から八度ぐらいである。だが、晩秋から冬にかけては雨が最も多い。難破して、満足な避難所と食糧もなく、凍った砂に掘った穴に汚い帆を屋根にし、凍ったキツネの死骸を壁にして、中で身を寄せ合う惨めで辛い季節だった。粗末な住処は

冬の間に風と雪と雨でぼろぼろに崩れてしまった。

「海からの濃霧と湿気で帆は腐り、突風が吹き出すと強風に耐えられず帆が飛ばされて屋根がなくなった[304]」とワクセルは振り返った。小屋の隙間から容赦なく強風が吹き込み屋根をつき破って、中が霙《みぞれ》で濡れた。嵐が過ぎ去ると、動ける者は立って雪を払い、壕をきれいにして次の嵐に備えた。「体を刺すほどの寒さ」はなかったが、度々の嵐で『大雪が降った』。内陸の積雪量は百八十センチから三百センチぐらいあった。「嵐は猛烈で、用足しに外へ出ると風で吹き飛ばされそうになり、地面にしがみつくか、石か何かにかじりつかないと海まで飛ばされることになった[305]」。ワクセルは一度風の力でテントから吸い出されそうになった。両脚が風で吹き上げられたが両腕でしがみつき、二人の仲間が腕を摑んで中に引きずり込んでどうにか助かった。全員体力が衰えていたので余計に風と嵐に災いされたが、確かに楽ではなかった。

十二月から一月初め、雪が一帯を覆うと、壊血病が猛威をふるった。シュテラーは病気の撃退に必要なだけの薬草を見つけられなかった。キツネ、ラッコ、揚げたライ麦だけの決まった食事だった。塩入りのライ麦に水を加え、器に入れて数日おいて発酵してからアザラシの脂で揚げた。美味しくはないが空腹は満たせた。「とにかく、欠乏、寒さ、湿気、消耗、病気、苛立ち、絶望の連続だった[306]」とシュテラーは当時を振り返った。しかし、キツネの襲来だけは止んだ。十二月になると、殺したキツネは数知れず、用心深くなったキツネもいた。シュテラーの提案で、グループごとに穴の外に食糧貯蔵用の樽を置き、地上一メートルほどの高さに木の棚をつくって物を吊るし、風がないときに服を乾かした。これが功を奏してキツネの侵入がなくなった。もう食べ物や私物をむき出しにして汚され、かすめ取られることがなくなったからだ。

ベーリングの没後、隊長には次席のワクセル大尉が就いたが、まだ起き上がれなかった。ワクセルは、シュテラーと同様に、災難に直面しても明るさを失わない人物で、深刻な状況の中でも士気を高めようと努めていた。また、シュテラーと同様に、野営地の新しい現実を理解していた。「できるだけ（物事を）平穏に冷静に運ぶことが大事だと考えた。権力と権威を誇示する場所ではない。厳格さは無意味だった[307]」とワクセルは記した。ワクセルは隊長の地位にとどまったが、海軍士官としての指揮は執らなかった。現状を把握していたのか、自分の弱さと無気力を認識していたのか、権力の集中を避け、船上では許可しない規則の緩和をした。

しかし、緩和は絶望し死にかけている一団の中にあっては、それなりの問題を生む原因となった。グループ別の五つの壕――穴、墓、ユルト（訳註　遊牧民の移動式テント）、小屋などいろいろな呼び方をした――のうちの四つはシュテラーとプレニスナーが最初に見つけた場所にかたまっていたが、一つは砂の尾根に沿った上手にあった。ここには十二人が一緒にいて、ほとんどが水兵だった。彼らの司令塔はドミトリー・オフツィンといい、航海前に大尉から水兵に降格された人物で、シベリア探検の際に政治犯と接触したと言われていた。ベーリングは彼の能力を認めて自分の助手という責任ある地位を与えたが、ベーリングの死後、ワクセルはその地位の存続を望まず、軍規に従って水兵に戻された。オフツィンは恨みを抱き、ワクセルはこのグループから権力に歯向かう者が出ることを恐れた。オフツィンは不満分子のリーダーであり、ワクセルの弱点や無能力が露呈するのを待って権力を奪取するか、立場の強化を狙っていた。ワクセルは隊長だったが、病弱でまだ看病されている身であり、命令はほとんどしなかった。隊長の地位を確保したとはいえず、いつまで生きられるかもわからなかった。

ワクセルは、トランプ遊びと賭けに関する規則を緩和した。最初は目立たなかったが、トランプは徐々に広がり、信心深い育ちのシュテラーは、賭け事に眉をひそめてワクセルに異議を唱えたが、ワクセルは、自分は命令を下せるほどの立場にないだけでなく、賭けには賛成だと言った。「トランプを違反とする規則や勅令が作られたとき、この孤島は想定されていなかった。発見されていなかったからだ」と返事をした。「ここでのトランプ遊びと哀れな環境に思い至っていたら、環境にふさわしい娯楽を許可する一項を盛り込んでいただろう[308]」。ワクセルは不許可にするどころか、私物の中にトランプをたくさん入れていて、人にやったり、売ったりしていた。十二月中はほとんどの者が壊血病で動けないか弱っていたので、トランプは暇つぶしにはもってこいだと彼は考えた。みんな悲惨な状況にやりきれなくなっているだろうから、トランプで気分を晴らし「憂鬱を克服して」この状況をつくった犯人探しをやめてほしいと考えた。ワクセルはシュテラーに自分の考えと理由を述べ「自分が隊長である限り」考えを変えるつもりはないと言った。ただし、自分が死んだ後は「後任は好きなようにするがいい。私の関知するところではない[309]」と言い添えた。

だが、シュテラーはその性分から正しいと思う自分を納得させるのは容易ではなかった。彼はワクセルに「賭けトランプ」が原因で生じる深刻な問題を指摘した。日記に書くような表現ではなく、もっと上手に話したと思いたいが、そうではなかったようだ。彼は無様に広がった野営地に険しい眼差しを向けて「朝から晩までトランプに興じている……今朝だって、検査のとき、こいつは百ルーブル勝ったとか、あいつはいくら負けたとか、そんな話ばかりだった[310]」と憤った。ワクセルもシュテラーもいくつかの点は確認した——動けない人間が多い、だからトランプは、凪にはためくテントの壁を見つめるだけだったり、雪や雹が、あるいは強風がテントを叩きつける音を聞くだけだったり、もっと悪いことに祈りをつぶやく声や病人の呻き声を聞く以外に、彼らができることの一つだった。

仕事や気晴らしがなくひどく退屈していたのだ。しかし、時が経つにつれて、賭け事は問題の解決よりも多くの問題を生じた。士官は水兵からお金と毛皮を巻き上げるために特殊能力を使っているとシュテラーは訴えた。とくにキトロフのことを言いたかったのだが、ワクセルや他の士官たちが賭け事を認めたのは、好きで、勝っているからだと言った。大負けし、負けを支払うために毛皮を盗む者たちも現れ、やがて「グループ全体に憎悪と、喧嘩、揉め事が拡散した[311]」。

十二月が終わり、体力を回復したように見える者たちも出て来て、賭け事という病が壊血病にとって代わり、団結よりも不和の原因になった。ワクセル、キトロフなどは娯楽を取り上げられる一部の者たちのことを非常に恐れていた。反乱を招きかねなかった。さらに、男たちの間に不満が生れると、すでに不満を持つ元士官のオフツィンと結びつく可能性があった。

ワクセルがそれを認めようとしなかったので、シュテラーは内緒でトランプを買い占めてなくしてしまおうとした。ワクセルは自分が売ったり、やったりしたトランプがほとんどシュテラーのものになったことを後で知った——危険な作戦だから止めさせようとした。シュテラーはまさに信念と原則の人だった。それでも、頑固さが判断を狂わせた。親が聞き分けのない子を叱るように、シュテラーは彼らが誤りに気づいて改心すると考えて、玩具を取り上げたのだった。逆にワクセルは、海軍での訓練と経験からくるものだろうが、内輪もめの可能性と権力の限界を承知していたようだった——賭け事が始まってからは権力を行使して止めさせようとしなかった。放っておけば自然と消え去ることに、危険を冒して反旗を翻させる必要があるだろうか。

賭け事がもたらしたもう一つの問題は、ラッコを獲り過ぎて数が減っていくことだった。「最初はお金」を賭けたとシュテラーは記した。しかし、結局、お金は「軽視されて、全部すってしまうと、高価なラッコの皮が賭けの対象になった[312]」。毛皮はとくに中国との交易品としてお金になることを誰もが知っていた。上陸後しばらくはラッコの皮はキツネにくれてやっていたが、みんなの健康が多少とも回復してくると、賭け事に皮の新しい使い道ができて突如価値が上がった。「完全に負けが込んだ男がラッコで損失を取り戻そうとし、ただ皮を取る目的でラッコが無意味に殺され、肉は捨てられた[313]」ことにシュテラーは眉をひそめた。

ラッコは「規則も秩序もないまま好き放題に乱獲」されたので[314]、やがて近くの生息場所から姿を消した。火薬がないので狩猟は非常に難しく、棒などを使った。眠っている動物や警戒心のない動物に忍び寄り、急襲して棒で叩き、時には数人がかりで襲いかかって叩き殺した。ラッコは間もなく新しい侵略者である人間に気づき、警戒するようになった。群れには浜辺の見張り役ができたようでもあった。カワウソは海岸にやってくると危険がないかどうか鼻でかぎ分けた。キツネは狩猟者たちの前方に這い出て、浜辺を走り、睡眠中のラッコに吠えて起こし、捕獲を逃れているのではないかとさえシュテラーは思った。賭け事は罪だと自然が彼らに背を向けたのだと思った。初めは楽に狩猟できたが、非常に難しくなった。危険な吹雪の中でカワウソに近づくには夜間に狩猟をしなければならなくなった。年末には食糧調達に十キロも、翌年二月には三十キロも海岸を歩かなければならなくなった。

野営地付近の資源の枯渇は、薪についても言えた。野営地中央の焚火や調理用の火を絶やさないためには相当量の薪が必要なため、浜辺を歩いて集めた。吹雪の後の雪の下に木の塊はないかと目を細めて遠くを見渡し、掘り出すと、背中に背負って野営地へ運んだ。体力の衰えた男たちには悪天候の中での一日がかりの辛い仕事だった。動物と薪の調達の仕事は増えたが、幸い男たちの体力も回復してきた。

とはいえ、しばらくすると食糧はますます減っていった。夕食のとき「分量がかなり少なく、内臓は腸さえも捨てずに病人用に調理すると、喜んで全部平らげた[315]」日もあった。壊血病で死にかけている者や重篤な病人は、口をどうにか開けても硬いラッコの肉が呑み込めなかった。ワクセルは毎日の食事について記した。「ラッコの肉の臭みは我慢できても、靴の革のように硬くて筋っぽいので、どんなにしゃぶっても大きな塊のまま呑み込まなければならなかった[316]」。ラッコの肉は非常にまずいが、キツネよりはましだった。

一月初めのある日、野営地から数キロ離れた海岸に巨大クジラの死骸が打ち上げられた。皮脂層が「やや腐敗して」いて「死骸は海の中をかなり漂っていたらしい」が、春が来るまで食糧が欠乏したときはクジラをあてにした。クジラを「食糧倉庫」と呼んで、他の食糧が得られなかったとき使えるように浜辺に肉塊を置いておいた。数人でクジラのある場所に出かけ、脂肪の塊を野営地へ持ち帰り、細かく切って鍋に入れて煮立て、まずい「脂肪」を捨てた。それを漉すと神経と腱が残り、細かく切って噛まずに呑み込んだ。「クジラの肉から脂分を全部取り出せなかったので[317]」「呑み込みやすかった」とワクセルは振り返った。種類のちがう海獣の発見でも肉の供給は増えた。アシカを殺して浜辺でその巨体を解体し、肉塊を野営地へ引きずって行った。ラッコとたまにアザラシの単調な食事の中休みになった。肉を焼くと、シュテラーは「すぐにお代わりしたくなるほど柔らかくて美味しかった。脂肪は牛の髄のようで、肉は仔牛とほとんど変わらない[318]」と喜んだ。「食糧倉庫」へ行って腐りかけのクジラの肉を持って来るよりずっとましだった。

クジラ肉にはビタミンCが含まれており、新鮮で、シュテラーが勧めた軽く調理したスープで壊血病は徐々にだが着実に消滅していった。肉と煮出し汁は特定の薬草ほど効果はなかったが、栄養たっぷりで、少しずつ体力は回復した。シュテラーは仲間と雪の大地をかき分けてガンコウランの茂みを探し出し、煮出してお茶にした。十二月には六人が死んだが、一月は二人だった。一七四二年一月八日のイワン・ラグノフが壊血病の最後の死者になった。ベーリング島で死んだ多数の死者と同様に、彼には名前と職業、死亡日以外の記録はない。こうして最後の死者という栄誉が得られた。聖ピョートル号の乗員七十七人中、三十一人はシュテラーの薬草汁とラッコスープの効果が出る前に死んだ。ベーリング島に埋葬されたのは十四人のみで、野営地と川の近くに並んで葬られた。他の亡骸は海に流された。キツネにかじられた遺体が多かった。野営地で生き残ったのは四十六人で、一月中旬にはほぼ全員がやっと歩ける状態になった。

シュテラーとワクセルは生活のリズムを整え、以前の生活を思い出し、希望を持って暗い日々を乗り越えるのに役立てようと定期的に祝賀会を開いた。「本来の居場所の故郷にいる」[319]かのように、日曜日とクリスマスなどの祝祭日を祝った。とはいえ、クリスマスは暗く、寒くて、惨めだった。シュテラーは士官たちを招き、全員で「愉快な話」で楽しみ「飲み物がないので」お茶で乾杯した。不思議なことにタバコだけは豊富にあった。なぜかタバコは海水に浸からずにすみ、シュテラーはアホウドリの骨でパイプを作った。男たちは惨めな新しい共同体の中でパイプをふかした。

ベーリング島での当初の一カ月はお祝いはなかったが、十二月末になると死者の数が減って、野営地ができ、暗黙の組織ができた。シュテラーと士官が同輩内の筆頭として命令する全員平等の組織ができた。制服や「よそゆき」などの式服を仕事着に作り替え、必要に応じて配った。全員が自分のすべき事を心得ていて「言われなくてもやるべき事をやったので、生活はすこぶる順調で、気分は爽やかだった」(320)。会議では誰でも発言でき、前の階級に捉われず意見が評価された。

一七四二年になると新たな希望が生まれた。徐々に昼間が長くなり、嵐と寒さは相変わらずで狩猟動物も減っていたが、こうしていれば春まではなんとかもつという感覚が生まれた。壊血病という猛獣は手なずけられ、足を引きずりながらでもほぼ全員が歩けるからには、共同体としての生への見方は再度変化した。病気から徐々に回復し、気分も明るくなって、生死以外のことを考えられるようになり、船をどうするか、どうやって島を抜け出すかが日々の話題になった。壕から出て海岸から遠くを眺めていると、傾いて砂に埋もれて波に洗われる聖ピョートル号の姿が必ず目に入った。見るたびに運命を思い知らされたが、年が明けてまず考えるべき問題になった。船の状態はどうか。また浮くだろうか。一行は絶海の孤島にいて、ここから脱出するために、どうしても難破した聖ピョートル号に希望を託すしかなかった。

一七四二年一月十八日、ワクセルは今にも崩れそうな野営地の各所を巡って、会議を開く旨を水兵と士官に伝え、難破船を調査してすべきことを決定することにした。賭けトランプの許可を除けば、隊長としての初の重要な仕事だった。船は大破しており、ワクセルとキトロフは航海は困難と公言していたので、形だけの検査だと考えた者もいた。しかし、聖ピョートル号は国有の船であり、壊す判断をする場合にはサンクトペテルブルクの官吏が精査することになる。これでは職も、生命さえ危うくなる。また、聖ピョートル号は海軍の船であり、士官らもまだロシア海軍に所属しているが、野営地を束ねる新社会秩序は、本来の海軍の秩序ではないことをワクセルは心得ていた。十一月以降は全員で相談することとし、この原則で行動し、かろうじて対立を食い止めてきた。今でもこのやり方は全員が希望を持ち、故郷に戻ることだけを考えていられる最善の策だった。海軍の階級と慣習は再度海に出るまで待つべきだろう。

　ワクセルは、合意形成は後々報復や処罰を受けないための最善策だと考えていた。すべてを記録に残せば、後で不同意の反論はなくなるし、もし後から反対意見が出ても、必要に応じて記録に残った反論を示せる。確かに隊長をはじめとする大勢の死者が出て、皇帝陛下の船の破壊には、説明となる公式調査があるだろう。ワクセルは詳しく調べられることになり、職務上や私的な過ちを追及されたときの保身のために全部書き残しておきたかった。そこで全員が小屋を出て海岸の難破船まで行った。甲板を這い回って船倉まで徹底して調べる強者や、マストと索具を検査する者もいた。ワクセルは全員を集め、決定は全員一致で行い、誰でも質問し、意見を述べる権利があり、できるだけ多くの意見を聞きたいとの立場を表明した。そして「天は自ら助くる者を助け給うから、祝福があろう」[321]と言った。溝を掘って船を海へ出やすいようにし、船体の下にローラーを敷いて湾内へ押し出すとか、いろいろな意見が出た。だが、結局、島には材木がないので、何かを造ろうとするなら、船を解体して材料にするしかなかった。

　それから数日でワクセルは船の総合評価の概要を書き上げた。件名を「船の現状報告」としたが、驚くほど多くの損傷と問題点が羅列されていた。それは、錨はすべて失われ残っておらず、一つたりとも戻る望みはない。梯子は壊れて海に流された。船体、竜骨、船尾材は全部破壊された。索具と横静索《シュラウド》、ワイヤーロープは錆びつき、引き裂かれ、使用できない。そして、最も重要なのは、船は海水と砂の中に約二メートル半も埋まっているので動かせないことだった。聖ピョートル号は「航海の継続に不適[322]」とワクセルは締め括った。文書を書き終えると、全員に読んで聞かせ、署名を求めた。ドミトリー・オフツィンただ一人が署名を拒否した。そこで、ワクセルは反対意見を文書にするよう指示し、オフツィンは五日後に提出した。おそらく彼は士官らに遠ざけられた不満を表明したかったか、あるいは、腹の中に何かあってグループを割ろうとしたのかもしれない。もしかすると、今後のことを考えて船の解体に反対したことを記録に残したかっただけかも知れない。

一月二十七日、オフツィンは「ドミトリー・オフツィン水兵の反対意見陳述」を提出した。ふざけたのか「ワクセル大尉閣下宛[323]」になっていた。ワクセルが列挙したすべての点に番号を付し、番号ごとに、船の状態に関する楽観的過ぎる短評を添えていた。索具は修理可能で、春になれば航行可能と見込まれ、船体と舵の修理用木材も「見つかるだろう」と述べた。彼は誰一人島の調査に派遣されていないこと、狩猟に出た者も修理に必要な木一本発見していないことを知りながら大胆な予想をして見せた。オフツィンは結論を「現段階では船底の損傷がどの程度かは何とも言えない。仮に損傷があったとしても修理できるだろう[324]」と結んだ。まだ雪と氷に閉ざされているので、この段階で船の運命を決めるのは時期尚早と述べた。

ワクセルとキトロフはこれを読み、全員とシュテラーから意見を聴取した上で一致してオフツィンに反対した。「彼らは一月十八日に船を調べて使用不可能との判断を下していたので、オフツィンの意見を聞いた後、出席者全員が反対し[325]」、一月二十九日に公式の「反論」を書いた。木材がなく、島には人がおらず、この規模の大型船の帆や索具を修理する道具がなく、それに、仮に修理できたとしても、十分な要員がいないことなどを繰り返した。ワクセルとキトロフは、春になるか、干潮時に排水できたら、最終調査をして疑問点を確認することにしたが、これ以上の議論を避けるために、聖ピョートル号を解体し「小型船を造ってカムチャツカへ戻る」[326]ことにした。難しい判断であり、感情的でもあった——聖ピョートル号は何カ月も我が家であったたし、海岸の靄の先にぼんやり浮かんだ難破船の姿さえ心のよりどころであり、解放への唯一の希望だった。

聖ピョートル号は鉄の箍《たが》と鉄釘を使って頑丈に造られており、壊して新しい船がうまくできるかどうか疑問だった。「自分にすべての非難が集まるのはいやだ」とワクセルは記した。うまくいかなかったら「頭数だけ多くの意見が出るだろう」し、後から「ああすればよかった、こうすればよかったとか、多数意見に従っていればうまくいったのに」[327]と言われるのを恐れた。ワクセルは、サンクトペテルブルクの司令部からの指示だけでなく、失敗したら自分を非難し、背を向けそうな身近の者たちを心底心配していた。ワクセルは、それでも、島を脱出して生き残るには船を壊すことしかないと考えていた。

船を切り分けて解体するという決断は、前進のためにはそれしかないとわかっていても、誰の心にも重くのしかかっていたが、あと一日で二月という日にシュテラーが「激しい北西の嵐と高潮」[328]と呼んだ状況の中で受け入れやすくなった。猛烈な嵐と、大波、激しい潮流が聖ピョートル号にぶつかり持ち上げられて砂浜へ運ばれた。難破船は通常の高潮以上に高く持ち上げられた。隊員たちは、初めは大はしゃぎで船によじ登ると、船倉は満水だった——船倉が壊れていない証拠だった。だが喜びもつかの間だった。船倉の中はただ水がはねているのではなかった。船倉はほとんど砂で埋もれ、船体には亀裂があった。再び海へ出るのは不可能だろう。

二月初めはまだ真冬だった。風は激しく、一面雪で覆われ、空は毎日のようにどんよりと暗かった。船の解体作業に取り掛かるには時期尚早だった。春になって暖かくなるまで、そして、体力回復までの長く辛い坂を乗り超えるまで待つ必要があった。野営地の日課と、狩猟、薪集めの旅に体力と起きている時間の大半を費やしているうちに月日はゆっくり過ぎていった。二月七日は明るく、穏やかで、暖かい季節の到来を告げる初めての快晴日で、記憶に残る日になった。午後になって西から強風が吹き始め、続いて「ものすごい音がした――近づくにつれて大きくなった」[329]。それは、六分間島を揺らした地震の前震だった。野営地の小屋の壁が崩れて砂が穴の中へ入り、寝ていた回復途上の病人たちに覆いかぶさった。シュテラーは海の様子を見に飛び出したが、津波の前兆のうねりはなかった。太陽の光があふれ、すべてが明るかった。地震は、野営地の修理で余計な仕事ができたと嫌がられるか、風や地鳴りに怯えたりするどころか、逆にみんなを意気揚々とさせた――地震と火山の噴火はカムチャツカと共通だから、無事に帰れる距離にあるはずだと彼らは考えた。その海に出るには船が必要だった。

第12章 新しい聖ピョートル号

三月になり、若々しい緑の枝が雪をはねのけて出てくると、ワクセルとシュテラーは、自分たちは死なないと実感した。死者は一月を最後にそれ以降は出ず、病人は体力を回復し、起き上がって自力で食事をしだした。命を救ったのは新芽を出した「薬草などの植物」だった。シュテラーは雪に覆われた奥地の砂地を探し回り、抗壊血病草と見なした幾種類かの植物の所在をつきとめ、雪解けも始まったのでみんなに探し方を教えた。「シュテラーは優秀な植物学者であり、大いに助けられた。薬草をたくさん探し出してみんなに教え、煮出して飲んだり、食べたりしたおかげで健康は著しく回復した。これらの植物を食べなかったら体力の回復は難しかった[330]」とワクセルは彼を称えた。

春が来て日中はだんだん明るく、暖かくなり、雨は少なかったが、相変わらず曇天と嵐はしばしばあった。何もかもが湿って、冬の間に衣服と革は色あせた。しかし、壊血病の痕跡はなくなり、男たちの体力は回復し、ワクセルはこの土地をもっと調べようという気になった。カムチャツカの東岸に面する島にいると考えられたが、大きさはどのくらいなのか。奥地に資源はあるのか。自分たちの正確な場所がわからないと今後の確かな判断ができなかった。猟がますますしづらくなった。動物は用心深くなり、四十六人分の胃袋を満たすだけの十分な数を捕獲できなくなった。ラッコは遠くに人間の姿を見かけると急いで海へ飛び込んだ。

そこで、二月二十四日、航海長助手のハルラン・ユーシン他四人は「詳しい調査[331]」のために北へ向かったが、海に面した巨大な崖の麓の雪解けのぬかるみを一週間ほど歩いた後、天候に妨げられた。一行は野営地から険しい地形を六十露里《ヴェルスタ》（約六十四キロ）進んだだけで戻って来た。ユーシン一行は東の方角に島が見えたと報告した。確実ではなく厚い雲の塊かもしれなかった。ほかにも、かなり離れた場所でラッコを狩猟したが、島に関する新しい情報は持ち帰らなかった。三月十日にワクセルは集会を開き、今度は南への別ルートで派遣を提案し、誰もが優秀さを認める甲板長のアレクセイ・イワノフが中心になった。イワノフ他四名は三月十五日に出発し、険しい丘や山を登って数日で戻り、西海岸から海が見えたと報告した。彼らは海岸に流れ着いたボートの破片を持ち帰った。一行の一人のイワノフ・アクロフは、この破片は確かに前年自分がカムチャツカで造ったものの一部だと言った。そして、最も重要なことは、西海岸の浜辺には新しい動物が群れをなしていたとイワノフが興奮して伝えたことだった。彼は「ホッキョクグマ」と呼び、シュテラーが「オットセイ」であることを確認した。

この知らせは衝撃的で——新しい食糧源——イワノフ一行はすぐにシュテラー他三人を同行して再びその場所へ向かった。一行には「本土のどこか、または島の先端[332]」へ行き着くまで進めとの指示が出た。接続突堤《とってい》を進んで本土が見えたらアバチャ湾を目指して進み、残った者が朗報を伝えることになった。ワクセルはここがカムチャツカにつながる岬であってほしいと信じていたが、あらゆる兆候からそうではなかった。だが、確かな発見は新しい食糧源の確認だった。暖かくなるに伴い、この新ルートはハンターにとって約二十キロの行程となった。このルートは、強い風にあうと避難場所がなく、苦労が多く危険でもあった。四月一日にシュテラー率いる一行四人が雪嵐にあった。「みんなの足元も、足跡もまるで見えなかった」とシュテラーは振り返った。夜中までに百八十三センチも雪が積もり、全員野外で寝ることになった。朝になると彼らは完全に雪に埋もれていて、どうにか脱出したが「全身の感覚がなくなり、話もできなかった。寒さで、全身が動かなくなって機械のように強張り、かろうじて足が動かせたので」[333]よろめきながら野営地に辿り着いた。ちょうどそのころ東海岸の野営地でも春の大雪に閉ざされ、逃げ出したところだった。急いでシュテラーたちの濡れた衣服を脱がせ、毛布にくるまって低体温症のように震えている間に熱いお茶を飲ませた。一人が雪目になり、もう一人は行方不明になった。その男を探しに出て一時間後、意識朦朧の「あわれな姿」でふらついているところを発見された。この男は入江に落ちて服が全身に凍り付き、手足が凍傷になっていた。死ぬかと心配したが、シュテラーの手当てで生き返った。シュテラーは自分の手柄にせず「救われたのは神様のおかげだ[334]」と言った。

もっと食糧が必要だったが、山越えは猛烈な嵐が止んで天気が安定するのを待つことにした。だが、東海岸ではもう動物を捕獲できず、たちまち食糧が欠乏した。四月五日、危険をおしてシュテラーと、プレニスナー、レペヒンなどの少人数で西の同じコースへ向かった。晴天で明るい春の日だった。途中までは何事もなく、西海岸で多数のアザラシを捕獲し、崖の麓まで引きずって行き、帰るのは明日にしてその晩は焚火を囲んでくつろいだ。真夜中の激しい嵐で大量の湿った雪が降り、強風で足が踏み出せなかった。一行は互いに相手を眠らせないようにして何時間も走り回った。シュテラーは「身体を暖めて死の恐怖を消すためにつねにタバコを吸っていた[335]」。夜明けは夜と同じで暗く、避難場所を見つけないと死んでしまう。レペヒンが眠って雪に埋もれていたので、急いで掘り起こし、足を摑んで引きずり出した。それから最後の力を振り絞ってクレバスか穴を探した。何時間もひたすら彷徨い続け「絶望し、死にそうだった」。

ついにレペヒンが崖に大きな亀裂があるのを見つけ、急いでそこへ駆け込んで難を逃れた。それから木片と肉を少し中へ運んだ。穴の中は広く、猟場から後をつけて来た「たちの悪いキツネに盗まれる恐れのない[336]」保管場所があった。穴は天然の煙突になっていて煙が外に出たので、窒息する心配なく穴の中で調理ができた。一行は嵐が過ぎ去るまでの三日間、身を寄せ合っていた。嵐の間、キツネが丘から忍び寄って来て、浜辺に残して来た獲物を貪った。一行は再び猟をしてから四月八日に肉と知らせを満載して戻った。夏までの数カ月思いがけなく発見した穴を狩猟の基地にして「シュテラーの穴」と呼んだ。それから二カ月、西海岸と「シュテラーの穴」は全員の共通の目的地となり、オットセイが主な食糧源になった。だが、オットセイは美食家向きではなかった。「肉が非常に硬く、臭くて胸が悪くなった。まるで老ヤギの肉のようだ。脂肪は黄色、肉は硬くて筋っぽかった[337]」とワクセルは述べた。みんな「嫌がった」が飢えるよりはましだった。

同じころユーシンらは島の北側へ行き、同じような嵐で七日間も足止めをくらっていた。高潮でクレバスに閉じ込められ、食べ物も火もなかった。野営地では「あいつらは溺れ死んだか、山から落下する雪で死んだ[338]」と思い込んでいたので、浜辺を歩いて来る姿を見て驚いた。ユーシンは島だとの確証をもたらした。イワノフも旅に出て同じころ戻った。ユーシンらとイワノフは「互いに反対方向から北端の岬を巡り(339)」、他にも複数のグループが島をほぼ一周した。島の位置はまだわからず、ユーシンとイワノフは東に陸地が見えたと伝えた。シュテラーも北東に「はっきり」陸地が見えたと言い、ここはアメリカ大陸の最西端ではないかということになった。実際にはベーリング島からはどの方角にも陸地は見えない。シュテラーはカムチャツカよりもアメリカに近いと考えた。アラスカとカムチャツカの間がどれくらいかという点では、ワクセルとシュテラーの意見は異なった。シュテラーはアバチャ湾から三、四日で航海可能な距離であるとし、ワクセルは航海に八日はかかるとした。両者の見解にはだいぶ開きがあった。前年の春、太平洋を横断してアラスカへ行くのに六週間かかったが、将来は、最も安全で効率よいルートを航行すれば三週間ぐらいだろう。

四月九日、ワクセルは全員参加の集会を開き、地理上の新合意情報を皆に伝え、聖ピョートル号の今後について全員の意思を確認した。ユーシンとイワノフが各自の発見を報告した後、ワクセルが立って、隊長として話した。「このひどい場所からどう逃れるかを考えるべき時が来た(340)」。彼は「全員、苦難は同じだから」と一人一人に意見を述べさせた。「上官も最下級兵も同様に解放を望んでいるのだから一致団結すべきである(341)」と記した。脱出計画は主に三案に絞られた。

第一案は、二月に船の解体案に反対したオフツィンの意見で、夏の間に全員の力を結集しさえすれば、最大限努力して修理し、嵐の季節が来る前に見事進水を果たしたいというものだった。ワクセルはだいぶ前にこの案を諦めていた。しかし、一握りの支持者の気持ちをなだめようと改めて説明した。船体にはかなり大きな亀裂があり、船内の水位は船外の湾の水位と同じだった。この形状と規模の修理ができる人員も道具もなかった。運河を掘って船を海岸から離れた深い海域へ引っ張るのは、限られた人数で掘るので、すぐに波と潮で埋まってしまい不可能だ。「前進のないまま永遠に掘り続けることになる」[342]と述べた。この案の決定的な反論は、船の状態からしてあり得ることだが、もし夏の問題懸命に努力して失敗に終わったら、さらにもう一年この島に居続けなくてはならなくなる――最悪の見通しである。別の案が必要であり、唯一の実現可能な選択肢は、聖ピョートル号を解体して小さな船に造り直すことだった。とはいえ、新しい船の様式、形状、大きさは決まっていなかった。少人数で航海できるくらいの小規模で、大海の荒波を乗り越えられる船でなくてはならなかった。

オフツィン案に次ぐ案は、わずかな作業で、大型ボートに帆布を結び付けて簡易な「甲板」を作り、沈没せずにカムチャツカへ横断するというものだった。六名を選び、これで海を渡ってペトロパブロフスクの守備隊に島の位置を伝え、夏が終わるまでに救助船の到着を待つというのだ。ワクセルはこの案をすぐには退けなかったが、人員の選抜は深刻に悩んだ。カムチャツカとの距離がわからないので、小さな「ボートでは悪天候に耐えられず、沈没して全員死ぬかもしれない」[343]。島に残る大多数の者は、ほんとうに救われるだろうか、狩猟しやすい動物が激減している中で越冬することになるのかなど「不安と疑念」を抱えながら待つほかない。ワクセルは、この案は「理不尽で、危険」と述べたが、作業量がほとんどないので、他の方法で失敗したときは再考の余地があった――選抜された少数者にはかなりの勇気が必要で、残留する四十人にはかなりの辛抱と不安があった。ワクセルは最後に「多くの苦難を乗り越えてきた我々がともに慰めを見出せれば大きな喜びであり、たとえ更なる不幸に見舞われても全員で耐え忍ぼう」[344]と述べた。同様に、帰国したら「救助」は全員一体である。

結局、ワクセルはオフツィンを含め全員に第三案で行くと説得した。聖ピョートル号を解体し、廃材と廃品で半分程度の大きさの船を建造することになった。会議後「陸地は島と決定した結論」[345]と題した文書に全員が署名したが、そこには、航海以外に戻る方法はなく、聖ピョートル号はもう浮かばず、修理不能なため解体されるとの決定もあった。同文書には造船に携わる者、全員のための狩猟の責任者の詳細もあった。塩分を含んだカラス麦とライ麦の残りは、晩夏に決行予定の帰航のために取って置くことになった。五月二日、ワクセル、キトロフと数名の士官らは新船の建造に適した場所を探し、「船の真正面の浜辺」[346]が最適なことに同意した。

四月から五月にかけて温暖になり、島は植物や鳥たちで賑わった。三週間かけて難破船からあらゆるものを取り出し、板を剥がして浜辺に順番通りに重ねて置いた。道具類はきちんと揃えて順番に並べ、小さい鍛冶場をこしらえてハンマーやバールなどの特殊な道具を新たに造った。冬の間に流れ着いて雪解けの砂浜に顔を出した流木を集め、燃やして炭にした。「砥石を準備して凹地に置き、工具類を研いで錆を取り、鍛冶場をうち立てバールや、鉄の楔、大ハンマーを鋳造した」[347]。本格作業開始前の準備であり、長く、疲れる仕事で、決して愉快ではなかった。

斧を上手に扱える者、造船や大工経験のある者は十二名いた。十二名は解体と新船の建造に最後まで携わった。ワクセルとキトロフ、シュテラーを除く全員は三日毎に交替して作業を繰り返した――一日は狩猟（長時間島のあちこちを歩いた）、一日は野営地の仕事、一日は大工作業を何でも手伝った。肉はすべて毎朝野営地に運ばれ、下級兵が五つのグループの調理人に配った。若干の例外はあるが、この日課は春から夏の数カ月間実行された。残った小麦は帰途の航海で厳格に分配された。一人当たりの一カ月分の配給量は二十ポンド（約九キロ）に減らされたので、シュテラーの計算によれば、帰りの航海では一人当たり二十ポンドの小麦が配給されることになった。熟練の造船技師はサヴァ・スタロドゥブツォフというシベリアのコサックしかいなかったが、この男はオホーツクでシュテラーと聖ピョートル号の建造に携わるなど経験豊富だった。スタロドゥブツォフは「船の各部位の比率がわかれば、神の御加護により、まったく危なげなく航海できる堅牢な船を造って見せる[348]」とワクセルに言った。彼の知識がなかったら新しい船はできなかったとワクセルが認めるほど見事な働きを見せ、ワクセルは国に戻ってから、スタロドゥブツォフをシベリアの下級貴族へ昇格させるようエニセイスク地方当局に嘆願した。

作業は益々みすぼらしくなっていく生存者たちに目標を与え、各人が夢を一つに結束し、絶望と内紛はなくなった。ワクセルはリーダーとしての地位を高め、他方、シュテラーは科学者・医師としてみんなの命を救う役割と病人への優しい気遣いと対応に誰もが尊敬の念を抱いた。だが、全員をこの島から脱出させるのはワクセルの役目だった。楽観主義と信仰でみんなの気持ちを支えたシュテラーと同様に、ワクセルは明るく暖かい人柄で勇気を失わなかった。彼は一度も怒鳴ったことはなく、食事内容の変更だろうが、暖かい日だろうが、良いことがあるとそれを取り上げた。ワクセルは、シュテラーと同様に、生存と希望の輝ける象徴となった。何カ月もの苦難の末に壊血病が駆逐され、キツネを追い払い、賭け事の波紋が減じると、船上にはなかった和気藹々《わきあいあい》とした雰囲気が生まれた。地位と特権がなくなり、仕事は均等に分配され、文句も出なかった。全員の生命がかかっていることをわかっていたのだ。作業を避ける少数の「不満分子」に仲間は眉をひそめ、ワクセルは、上陸後生き残ることが社会秩序に優先し、数カ月間失っていた海軍司令官としての権威を取り戻した。手に負えない一団の結束というはっきりした目標ができた今、ワクセルは協力しない人間には命令した。「私はみんなを働かせるために権限を行使した[349]」と彼は記した。

五月六日に「船尾と船尾材を立てて[350]」新船の建造が始まった。全長約十一メートル、幅三・六メートル、深さ一・六メートルの計画だった。旧船から外した余分な木材や板は新しい船には合わないか必要ないと考えられたので、さっそく地上の住処の改善に使った――春になって雪解け水と雨が溢れて流れ、住処の穴がたびたび浸水していた。浜辺に船の骨組みができた初日は希望と喜びに湧いた一日となった。その日の終わりに、ワクセルは、猟で不在の者を除く全員を招待して乾杯した。各々が自分のカップや容器など「何かを」持参した。ワクセルは、特別の御馳走として火にかけた大鍋でシベリアの飲み物を作らせた。小麦をバターで揚げ「溶けたチョコレートのようになる」まで熱いお茶を混ぜて作る。だが、「材料がないので」ワクセルは「バターの代わりに海獣（アザラシやクジラ）の脂肉油を、小麦の代わりにかび臭いライ麦を、お茶の代わりにガンコウラン[351]」を使った。それでも、そこそこ飲めるものになり、みんな「明るく陽気になり、中毒になった者は一人もいなかった」。シュテラーは「とても愉快だった[352]」と記した。

その日から、食べ物が不足気味で作業は捗らなかった。食べ物を、満足とはいかないまでも、全員に行き渡らせることで精一杯だった。銃なしで動物を捕獲して、島の反対側から肉を引きずって来るのでは決して十分な量にはならない。もう男たちの着ているシャツはぼろぼろで、靴もなかった。裸足で山を越え、身体の前後に肉塊を括り付けて戻って来るので脚を痛めた。食べ物は大量のむかつく「オットセイ」が主であり、少なくともこの時期は、メスと浜辺で繁殖した子どものオットセイもおり、最初のころの吐き気を催すオスばかりではなかった。キトロフによれば、メスや子どもも「獰猛で人間を襲った[353]」。シュテラーによる残酷な狩猟の様子は生々しい。「海獣は生命力が強く、二、三人がかりで頭を棒で二百回ぐらい殴ってもなかなか死なず、一度休んでまた数回殴るという有様だった……頭蓋骨が粉々になり、脳みそが飛び出し、歯がめちゃめちゃに砕けてもなお足ヒレで人間に襲いかかった[354]」。

五月末に野営地から六キロほど離れた海岸に約三十メートルのクジラの死骸が流れ着いた。「とても新鮮」だったので数カ月分の食糧になり、樽に詰めて誰でも利用できるようにした。美味しくはないが、飢えをしのげた。そして沖合にいつもいたのは、寝ぼけた海獣のように海藻を食べながら波間を漂っていた誰も見たことのないクジラに似た哺乳動物だった。この不思議な海獣はかなり大型なので一頭で数週間飢えをしのげそうだった。五月に入って一頭仕留めたかったが、かなり危険を伴いそうだった。

壊血病の悪夢が消え去り、全員で聖ピョートル号の解体と小型船の建造に忙しくなると、シュテラーは差し迫った責任から逃れ、自然界の研究という偉大な熱情に邁進する余裕ができた――シベリア大陸を横断してアラスカへの初航海に出た理由だった。現代の基準からすれば非科学的かもしれないが、死後の名声が高まったのはほとんどこの時の観察の結果だった。シュテラーは数カ月にわたってベーリング島と、アリューシャン列島、アラスカ沿岸に固有の珍しい動植物の生態や、移動形態、食べ物、ライフサイクルなどを観察した。彼はラッコが好きだったが、アシカ類（後にトドと命名）とオットセイについても「生命や肉体的危険なしに通れないくらい海岸を埋め尽くしていた[355]」と詳しく記述した。繁殖期が来て丘に戻って一行がほっとしていたキツネについても観察した。島で見つけた植物の目録も作った。

シュテラーはヨーロッパやアジアで未発見の三種の鳥について記録し研究した。「白ワタリガラスは……海に面した崖にしか舞い降りないので近寄れず」その後の博物学者による発見はなかった。「白い頭と尻尾の珍しいオジロワシ」は今日ではオオワシとして知られ、すでに絶滅したと考えられる白頭ワシの一種である。さらに「目の周りに白い産毛があって嘴《くちばし》の周囲が赤い特種な大型のワタリガラスがいた(356)」。現在はメガネウとして知られていて、ガチョウぐらいの大きさの飛べないペンギンのような鳥だった。この鳥は捕まえやすく、シュテラーによれば、一七四一〜四二年の冬には多数生息していたが、捕獲により数年で絶滅した。この鳥一羽で「三人の空腹を満たす(357)」と彼は記した。シュテラーは絶滅前にこの鳥をみた最初で最後の博物学者になった。彼は島に短期間飛来する多数の渡り鳥についても記録した。

シュテラーが観察したもっとも数の多い動物はラッコで、ラッコは人懐っこく、船がどこの陸地に近づいても必ずいた。賭けトランプが冬に流行ったとき、ラッコの毛皮は金になると誰かが言い出すまでは、船員から喜んで歓迎される、おどけて愛らしい動物だった。中国でラッコの毛皮が人気だと聞いて、冬から春にかけて数百頭、おそらく数千頭が殺されて皮を剝がれた。シュテラーは理不尽なラッコの殺戮に激怒した。カムチャツカで苛酷な冬を過ごし、これまで辛い目にあってきた男たちは、ラッコを安逸な暮らしを手に入れるための切符と考えた。彼らは凶暴に遅いかかり、こん棒で滅多打ちにし、溺れさせ、突き刺して殺したので、島の東部には動物の大群がほとんどいなくなった。晩春になると数少なくなった動物たちは見張りを置いて人間が近づくと逃げるようになったので、ほとんど殺せなくなった。男たちは売却益を想定して皮を収集し貯蔵した。良質の皮はカムチャツカではシベリア西端の二、三倍の二十ルーブルで売れると言われたが、中国国境では百ルーブルにもなった。シュテラーは論文を書くために数週間ラッコの行動を記憶し、野営地で湿ったノートに走り書きした。

運よく逃げて水に入るや、面白いと思わずにはいられないほど追っ手を攪乱し始める。水中では人間のように直立した姿勢で波に乗って飛び跳ね、ときには相手をよく見定めようとするかのように目の上に前足をかざして見る……襲われて逃げ場がなくなると、相手を強打し、猫のような鋭い声を上げる。襲撃されると横を向いて後足を上げ、前足で目を隠して死を覚悟する。死ぬ時は人間のように胸の上で前足を組む(358)。

シュテラーは島の南部での六日間のラッコの研究など、ラッコの好物、好きな遊び、身体的特徴と骨格、交配、子どもへの愛情などを長時間観察して記録した。

彼も、ラッコは怠け者だと思ったが、航海で出会ったどの動物よりも大いに敬意を払うことになった。

ラッコは実に愛らしい動物で、ずるくて愛嬌がある……ラッコの走る姿は、漆黒のベルベットのような毛艶をしている。オスとメス、成育中の子ども、乳飲み児など家族揃って寝そべっている。オスはメスに寄り添い、前足を手のようにしてメスを撫でて愛情を示す。メスははにかむように、ふざけてオスを押しのけ、愛情深い母親らしく子どもたちと戯れる。子どもへの愛情は非常に強く、死の危険に身を挺して子どもを守る。子どもが連れ去られると幼子のように泣き叫び、何度も見たことがあるが、十日から二週間後には骨と皮ばかりに痩せ衰えて海岸を離れようとしない(359)。

しかし、シュテラーの最大の科学的貢献は北太平洋のマナティーである巨大なステラーカイギュウについての優れた記述だった。外見がクジラとアザラシの中間のようなこの珍しい生物について記録したのは彼しかいない。めがね状斑紋のある鵜と同様に、ステラーカイギュウを実際に見て研究した博物学者はシュテラーだけだった。クジラのようなこの巨大な動物は全長約九メートルで、大きな群れで動き回り、島の隠れ穴に生育する海藻を貪り食った。陸には上がらないが、食べている間は背中が大気中に現れていた。つねに空腹で栄養不良の男たちは、船の解体作業中にちょっと目を離すと、海岸のすぐ近くをのんびり通過するこの動物が目に入った。シュテラーの推定では、最大級のカイギュウの重量は三トン以上で四トン近くだった――飢えた人間にとってはたっぷりの肉だった。

五月二十一日、ワクセルは男たちの解体作業を一時中断してカイギュウ狩りに行かせることにした。前日に鍛冶屋に重さ七、八キロの大きな鉄の鉤をつくらせて太い綱につないだ。その鉤をもって五人が大型ボートに乗り込み、頭を水面下に突っ込んで海藻を食べているカイギュウの近くへ忍び寄った。屈強の男が身を乗り出し、鋭い鉤をカイギュウの肋骨の間に打ち込むと、陸上の四十人ほどの男が綱を引っ張った。だが、カイギュウは強すぎた。鉤をものともせずに海岸からゆっくり去ったので、男たちは手を放すまで波に引きずり込まれた。何度もこのやり方でカイギュウを捕まえようとしたが、いつも綱引きに負けた。綱が切れ、鉤を失い、何度も逃げられたので時間と労力の無駄に終わった。

シュテラーは妙案を思いついたが、それには二艘のボートが必要だった。そこで難破したときに壊れた小型雑艇の修理が必要になった。修理は六月末近くまでかかり、このころは新しい船の船体への厚板張りの作業中だった。

捕獲の日、二艘のボートは、海藻を食べているカイギュウの群れに、縦に並んで近づいた。一艘には槍を持った男たちが、もう一艘には漕ぎ手と大型の鋭い銛を持った男一人が乗り込み、銛に繋いだ綱を陸上の男たちが握っていた。カイギュウに近づいて銛を射ると、海岸の男たちが綱を引っ張った。その間に武器を持った者たちが近づいてカイギュウの背中を刺し始めた。

カイギュウが疲れ切って動きが止まるまで銃剣やナイフで刺しまくって、岸へ引き上げた。まだ息のある動物から多数の肉片が切り取られている間も、激しく尾を振り、前足を動かして表皮が剝がされるまで抵抗した。それに、ため息のような大きな息もした。背中の傷口から血潮が泉のように吹き出した。頭部が水面下にある限り血は流れなかったが、息継ぎのために頭を上げた途端に血が噴き出した。(360)

男たちは浜辺で肉を切り、幸運に「歓喜しながら」それぞれの住処に肉片を運んだ。脂肪は新鮮だった。数日間の保存処理をして「脂肪はオランダの最高級バターのような心地よい黄色」になり、煮ると「甘みが増して最高の牛脂肪の味になった(361)」。色は絞りたてのオリーブ油、味は「甘いアーモンド油」に似てコップで飲めるほど美味しく、単調な食事とは一味ちがった。肉は多少硬くて筋っぽいが、匂いは牛肉と区別がつかなかった。注目すべきは、冷蔵庫がない野営地で、「大量の肉にクロバエがたかり蛆でいっぱいになったが傷まずに(362)」丸二週間もったことだ。そこで、どうすべきかを考え、七月三十一日までほぼ二週間おきにカイギュウを仕留めれば、帰りの航海には八頭を仕留めて、塩漬けにしようと考えた。ワクセルは「島で過ごした間に食べたものの中でカイギュウがいちばんだった……食べると体調が良く、体が軽くなった[363]」と述べた。カイギュウがいなければ、新船の建造作業中に食べ物に窮しただろう。

カイギュウは捕獲しやすくなり、美味しく、大事な栄養源だったが、シュテラーがしたことは食べただけではなかった。季節ごとの行動や、繁殖、子育てなどの生活形態行動を可能な限り記録した。大きなカイギュウを解剖すると心臓だけで十七キロ近くあり驚いた。胃は長さ百六十センチ、幅百五十センチあり、長いロープの端の死骸から三人の助手と一緒に胃を引っ張り出すと海藻で膨らんでいた。シュテラーは完璧なラテン語で、目、皮膚、脚から、関節、筋肉、骨組、胸部、口まであらゆる部位を書き留めた。おそらくプレニスナーに、シュテラーは解剖の際に正確な写生画を六枚描かせた。残念ながら写生画は後日全部シベリアで行方不明になった。

この巨大な海獣が生涯一夫一婦らしいと見抜いたのはシュテラーの鋭い観察眼であった。大きなメスが海岸へ引っ張られるとオスの行動に驚いた。「オスは必死でメスを銛から外そうとし、叩いても、叩いても、海岸までメスの後を追って来て、死んだ後でさえ何度も不意に矢のような速さでメスに飛びかかったのは夫婦愛の素晴らしい証拠だ。翌朝、肉を切って壕へ運ぼうとして出て来ると、再びオスがメスのそばにいて、三日目にもそこへ行くと同じ光景を目にした[364]」。カイギュウは、ロシア帝国がアラスカへ進出してから数年で食用に捕獲され絶滅した。

霧が立ち込めるアリューシャン列島の海洋生物に関するシュテラーの研究機会はこれまでにないもので、それは彼もよくわかっていた。ベーリング島についての説明には、季節型活動と行動の観察など、島によくやって来るほぼすべての動物の習性と解剖の議論がある。彼はまた、野営地付近の砂丘から遠く離れた内陸の低地にはびこる種々の花や灌木など数十種類の植物についても記録した。シュテラーの説明は正確で鋭く、いっしょに行動した友人のプレニスナーに付随する挿絵を描かせた。自分に課された義務を果たしたことにするため、奥地を散策と調査中に「この島に鉱物資源があるかと期待があったが、見つからなかった[365]」とワクセルに報告した。

ステラーカイギュウの捕獲で食べ物の心配がなくなり、労働意欲が向上して造船作業は急速に捗った。七月半ばには船体の板張りが完成した。新しい船の構造は、必要は発明の母の言葉どおりだった。この木造構造物は新しい目的で使用された。「旧船のメインマストの甲板から約九十センチで鋸をひいて竜骨にした……残りの支柱は新船の船首に使った。船尾材は旧船の車地（訳註　重い物を引っ張ったり、持ち上げたりするため綱をかけて巻き上げる大きな轆《ろく》轤《ろ》）から作った[366]」。その他のマストは転用した。新船は旧船より小さく帆柱と帆桁は短くていいからだった。聖ピョートル号の船体は思った以上に損傷していたので、新しい船体は旧甲板の板を利用した。「これらは釘とボルトの孔だらけで、ねじって外した裂け目や割れ目があった[367]」。損傷のいちばん多い板は、内部の張り板の二層目を大きな釘で補強して使った。後部にはワクセルと息子、キトロフ、シュテラーなど幹部用に十分な広さの小部屋を造った。一番前に調理室が造られ、乗組員の寝室は甲板下の船倉に造られた。船内は狭く、込み合うことは全員承知の上だった。

八月が近づき、船が形をなすにつれて気持ちが高揚した。ワクセルの監視下でいやいや仕事をしていた者たちも、言われなくても率先して働くようになった。錨を探しに湾へ漕ぎ出た者は鉄のひっかけ釘《グラップリング》を見つけたり、ほかにも古いロープをばらして、加熱してタールを溶かして船体の水漏れ防止に使ったり、あるいは樽を修理して真水用か捕獲したカイギュウの塩漬け肉用にする者もいた。八月一日にワクセルは海岸の船の前に全員を集めて集会を開いた。「神の御加護で船は近く完成する」(368)。そして今後のことについて語り始めた。聖ピョートル号の装備品、支給品、器具は新しい船には使えない。全員が新しい船に乗る場合は、ほぼ全部を島へ置いて行くことになる。キトロフが全目録を作成してほとんど「錆びついて使えず」と認定しても、依然として政府の所有物であり重要であった。島に遺棄される約二千ポンドの物品には大砲と関連装備に、斧、かなてこ、ハンマー、のこぎりなどの工具、羅針儀《コンパス》、カンテラ、測深ケーブルなどの航海用具、旗、銅製の調理用具、余ったタバコがあった。島ではタバコを切らさなかったが、まだ残っていた。

こういうものがどれほど大事でも、島に残って見張ろうとする者はおらず、食べ物は猟で入手するほかないので、残留するのは「危険」だと誰もが考えた。「見張り番を残したら、翌年には連れ戻しに来なければならない。ここには岩礁と海原のほかに何もなく難破の危険が大だった」(369)。だから「そうしたことを考慮して」島には一人も残さないことを全員で決めた。何かの場合に備えて、再び責任分担の合意に全員が署名した。島に誰かを残すつもりはなく、離島時に残留者に別れを告げる場面は現実として想像できないが、ワクセルとキトロフは合意が全員一致であることを示す文書を残したかった。年中雨と霧が多いので、一行は廃材で倉庫を建てて物資を保護しようと考えた。それに、将来どこかの探検隊が難破したときのためもあった。新しい船には階級に応じて全員に配分される九百枚のラッコの皮を収める余裕があった。シュテラーには、牧師と医師の働きに対してだろうか、三百枚以上も与えられた。

島を出る二、三週間前は全員そろって食事の準備や物資の積み込みに忙しかった。「この不毛な島からの脱出に誰もが必死だった」[370]。荷積みより船の進水が先だったので、木製の水路である腹盤木を造って浜辺から海中へ運び込んだ。大仕事で、船が砂浜を離れるまで四十五メートルの長さが必要だった。船はいったん海に浮かんだら無防備になり、嵐や沖へ吹く強風に弄ばれて海岸へ逆戻りして「助かる最後の望み」が断ち切られることになった。八月八日、この日は時折風雨がある典型的な曇天だったが、ワクセルは、高波をとらえて船を海に出す絶好のチャンスと判断した。短い祈りを上げ、酸っぱい発酵小麦ペーストにアザラシの油を入れた水を沸騰させた飲み物〈クワス〉で乾杯してから、滑車を使って船を巻上機で巻き揚げた。重過ぎた。滑車が砂にめり込んで船が動かなくなった。男たちは大波をかぶった。船を高く持ち上げてロープを引こうと全員が走り回ったが無理だった。波が引くと、船は砂の中へ傾いていた。ワクセルはみんなを励まし、その日は一日がかりで滑車の下に固定した厚板で船を持ち上げた。翌日、再びロープを引っ張って船を徐々に海中へ押し出し、約五メートル先の海岸につなぎとめた。当初は船を一本マストの小型帆船の「フッカー」と呼んでいたが、旧船と同じ聖ピョートル号と命名した。この船は後にオホーツクとカムチャツカ間の輸送船として長年使われた。

いよいよ始まった。穏やかで微風の吹く航海向きの天気だったが、いつまでこの天気が続くかわからなかった。二艘のボートで昼夜を問わず船に荷物を全部積み込み、疲れると休んだ。どれくらいの航海になるかわからないの

で、底荷《バラスト》などの走行に必要な資材に加え、大量の水と食糧が必要だった。マストを立て、錨をつるし、索具をつけた。こうして休まず働き続け、みな倒れそうになったが、出発準備は整った。最後に載せるのは全員の私物だった。この問題でシュテラーは船員と喧嘩を始めた。船員たちは各々大量のラッコの毛皮を持ち込んでいたのに、彼がアラスカとアリューシャン列島、ベーリング島で採集した全標本を持ち込むスペースがなかったのだ。彼はノートほか少々の物で満足しなければならなかった。多量の防腐済みの植物があったが、許可は種子だけだった。ほかにもカイギュウとトドの骨格と皮に草を詰めて保存していた。だが、例外は認められず、シュテラーはいきり立ち、嘆いたが、どうにか標本はあきらめた。

一七四二年八月十三日午後四時、シュテラーによれば、男たちは「それぞれの思いを胸に秘めて[371]」野営地をついに後にした。近くの墓地にたたずみ、思いに耽った。ベーリングの眠る砂地に木の十字架を立て、頭を垂れ、それから数人ずつまとまって船に乗った。男たちが荷物と食糧に挟まれてごった返しなのに心から感謝したのはその時だけだった。ボートを漕ぎ出し、岩礁を越えて、潮流に乗って海へ出てから振り返ると、キツネが見捨てられた野営地に群がり「大喜び」で残してきた肉や脂のくずなどを漁っていた。

新しい聖ピョートル号は進水し、出帆すると、ゆっくりと岬のある南へ、それから遠くないことを願いながらカムチャツカがあるはずの西へと舵を切った。「雲が流れて晴れる[372]」珍しい天気だった。針路を定めて初秋の嵐が来

ないことを祈った。船は沿岸を進み、男たちが今一度島を振り返ると「そこには食べ物を探し苦労して登った……自分たちが命名した山や谷があった」。非公式の精神的リーダーで相談役のシュテラーは最後の思いを記した。漂着直後は、そこは闘いと、惨めさと、死の場所だったが「どうにか食べ物にありつき、苦労を重ねて着実に健康を取り戻し、どんどん強く逞しくなった。別離にあたって凝視すると、神の御導きがあったことは鏡に映るように明らかだった」[373]。やがて島は完全に視界から遠ざかり、目の前には再び未知の大海原が広がっていた。

翌日は風が強くなり、海が荒れてきたので、風に逆らって引っ張っていた雑用艇を切り離すことにした。真夜中に誰かが船の動きがおかしいことに気づき、下を見ると悪夢の光景だった。浸水していたのだ。水を汲み出し、ポンプで吸い上げても浸水に追い付かなかった。ワクセルが速度を落とせと命じ、砲弾と散弾などの緊急性のないものを捨て始めた。男たちは船内を走り回って原因を突きとめるため樽や貨物を動かした。翌午前三時ごろ船体が軽くなり、水面高く浮かぶと、大工のスタロドゥブツォフが穴を見つけた。厚板のかしめが外れて隙間ができていたのだ。継ぎ目をふさいで厚板の内側から釘を打つと浸水がほぼ止まった。ポンプで排水を続けると水位が安定し、船はゆっくり西進を続けた。

二日後の八月十七日、霧雨の中、西に雪を頂く山々が見えた。計算では約五十キロ南にあるアバチャ湾を目指して沿岸を南へ向かった。逆風と凪と闘いながら二十四時間漕ぎ続けるなどして、八日後の八月二十五日にアバチャ湾へ入った。湾の入り口にある素朴な灯台を過ぎたとき、住民一人がカヌーでこちらへやって来た。住民は一行がベーリングの船を改造して帰還したアメリカ探検隊の生存者であることを知って驚いた。全員死んだと思われていたらしく、長年の習慣で「一行の遺品は他人の手にわたり、ほとんど持ち去られた」[374]とのことだった。それを聞いても一行の間には不満はなく、「惨めさ」には慣れっこになっていた。みな冷静で安堵感に満たされ「現在の状況を夢ではないかと思った(375)」。

新生聖ピョートル号はペトロパブロフスクへ向かい、一七四二年八月二十六日午後二時に到着した。ベーリング島を出て十三日、探検出発からは十年近い歳月が過ぎていた。疲弊し切った男たちは、狂喜して混乱のうちに岸へ這い上がった。ワクセルは「私たちは最悪の状態から過剰な豊かさの中へ投げ込まれた(376)」と述べた。倉庫には食べ物が何でもあり、暖かく、乾燥した快適な部屋がいっぱい並んでいた。あの時から長い時間が経ったとは思えなかった。十五カ月ぶりに故国へ戻って懐かしさに浸りながら、誰もが今は無一物で、お金も物もなく、以前の生活を思い起こさせるものはなかった。どうしたらいいのか途方に暮れて歩き回った。「あまりに隔たりが大きく、何と言えばいいのかわからなかった(377)」とワクセルは記した。ベーリングは生前士官たちに、無事に戻れたら、ロシア正教でもルター派でもかまわないから、全員が教会で祈りを捧げ、使徒ペテロとパウロの肖像と孤島からの脱出を感謝する碑文を奉納してほしいと言っていた。亡き隊長に敬意を表してそれを実行した。この最後の共同行動をもって一行は解散した。

結び
ロシア領アメリカ

一七四二年四月二十五日、ベーリング島の生存者たちが壊血病を克服し、脱出計画を相談していたころ、ロシアの新皇帝にエリザヴェータ一世が就いた。新女帝はアンナ女帝の従姉妹で、ピョートル大帝の娘である。エリザヴェータ一世はその長い統治下で一人も処刑せず、科学と芸術の振興に引き続き尽力したが、非ロシア人、とくにドイツ人の廷臣を一掃する政変を行い、彼女の治世では外国人は高位の役職に就けなくなった。ベーリングの探検隊は翌年も継続されたが、国威の発揚を目指ざす輝きは失われていた。一七四三年九月二十五日、元老院はワクセルとチリコフの報告書に目を通し、ベーリング死去について聴取した後に探検隊を解散した。全隊員が呼び出されて契約は解除された。途方もなく経費のかかる野心的な大北方探検隊は正式に終了した。

聖ピョートル号と聖パーヴェル号の航海者のその後については、めざましい活躍で脚光を浴びた士官数人のほかは、名前と職業、死亡日以外はほとんど知られていない。シュテラーとワクセルは回想記を書いてこの桁外れの物語を記録にとどめた。

チリコフはペトロパブロフスクで聖ピョートル号の仲間たちの運命に思いを馳せつつ冬の終わりと壊血病からの回復を待った後、聖パーヴェル号を修理して一七四二年六月に短期間だが聖ピョートル号を探しに出た。六月二十二日にベーリング島のすぐそばまで来て、島をサン＝ジュリアンと名付けた。チリコフはオットセイと雪を頂く山々を目にしたが、南から接近したので、漂着した仲間たちも見ず、浜辺で新しい小型船を建造していたところも見なかった。チリコフ一行は健康が回復しておらず、船も万全ではなかったので、アッツ島を発見して間もなくペトロパブロフスクへ帰港した。聖パーヴェル号はサンクトペテルブルクからの更なる命令を待って七月半ばにオホーツクへ向かった。

ベーリングは死去し、聖ピョートル号は難破したと考えられたので、チリコフは第二次カムチャツカ探検隊の新隊長に任命され、報告書作成のために内陸のエニセイスクへ赴いた。ロシアにおける発見の最終地図作成など隊の実施事項を引き継いだ。しかし、アメリカ航海中の無理がたたってチリコフは健康を損なった。冒険に出たくてたまらずベーリングの慎重さをやや軽蔑していたが、彼も大胆で不確実な冒険に出る情熱を失ってしまった。一七四六年、チリコフはサンクトペテルブルクへの帰還命令を受け、大佐に昇進し、海軍士官学校の責任者になった。一七四八年十一月、チリコフは妻と四人の子を残して他界した。

ワクセルは一七四二年八月のベーリング島からの驚異の帰還の後、ペトロパブロフスクには長く留まらなかった。チリコフが壊血病で多数の隊員を失って前年の十月に帰還し、新しい聖ピョートル号が戻る一カ月前にオホーツクへ航海していたことを知った。ワクセルは早く新隊長に会って報告したかったので、さっそく船の準備にかかり、水漏れを防止し、ペトロパブロフスクの海軍の備蓄を利用して船を修理した。九月初めには海に出たが、やがて船に何カ所もの水漏れがあって航海は無理なことが判明し、ペトロパブロフスクへ戻って冬を越した。翌春シベリアへ向かった。

ワクセルは数年間エニセイスクで残務整理に当たり、隊員の補償問題に奔走した。政府に対し、一行がベーリング島で過ごした期間の付加給を支給すべき旨を要請した。付加給は給料の一部であり明らかに支給されていなかった。彼はチリコフに報告書を送り、チリコフから海事審議会へ提出された。ベーリング島での生活の「窮乏と惨めな状況」を詳細に報告し、自分の僭越な行為の理由を釈明した。ワクセルは「自分が部下の味方になって悲惨な状況にあったことを明らかにしなければ、彼らは神に不服を申し立てて私への復讐を願うでしょう。ですから、部下のために当然のことをしているだけです[378]」と六ページに及ぶ文書に記した。部下に付加給を現金で支給してもらいたい一心で、食糧がなく「不衛生な野獣を食べざるを得なかった」ことを詳しく説明した。さらに審議会の都会人の士官らに絵に描いて説明した。「ラッコの肉が臭いのはまあ我慢できるとしても、腱ばかりで革のように硬いので、いくら噛んでも大きな塊のまま飲み込まなければなりませんでした」。オットセイは「むかつくほど臭いが強烈で、非常な覚悟で食べなければなりませんでした」[379]。彼は生きるために「さもうまそうに」内臓を食べる様子や「いくらいやなものを食べても十分な栄養はとれない」こと、酷寒で全員が壊血病などの辛い目にあったことも述べた。また、ワクセルは島で孤立していた期間の「小麦とカラスムギ、塩」の値段を算出して多額になる理由を詳しく説明した。彼の日記には海軍本部との往復書簡の写しがあり、自分の請願、および、辛酸をなめた様子を報告したことで各隊員に百ルーブルの加算と「前代未聞の労苦を味わった」航海中の昇進分が遡及して支払われたことを誇らしく伝えている。ワクセルの辛抱強い訴えは功を奏した。彼は失敗もあったが、部下にはとても良い上司だった。

ワクセルは一七四九年にサンクトペテルブルクへ戻り、一七五六年にドイツ語で回想記を著した。回想記は出版されず、二十世紀になってようやく各国語に翻訳された。シュテラーの日記とともにベーリング一行の探検と航海を伝える主要な記録になっている。ワクセルは一七六二年上級大佐で死去し、三人の息子は彼の活躍が認められて貴族になった。航海に同行した息子ローレンツはロシア海軍士官として輝かしい経歴を打ち立てた。

さて、降格の憂き目にあい、ベーリング島でワクセルとシュテラーから反乱を導きかねないとの目で見られたオ

フッィンは、皮肉なことに、一七四一年春の聖ピョートル号と聖パーヴェル号の出発以前に地位が回復されていたことを後で知った。ベーリングと本人への通知は出航までに届かなかった。オフツィンは軍歴が長かったのでベーリング亡き後は、むしろワクセルよりも上官にふさわしく、ベーリング島で指揮を執るべきだった。この事実が判明していたら、また違った展開もあり得ただろう。彼は階級と地位が回復されたので、帰国後は海軍に戻って上級大佐としてバルト海での任務を全うし、その後は事務職を経て引退した。ロシア政府は、彼がシベリア沿岸を探検して作成した詳しい地図を秘密にし、長い歳月を経て公開された。

シュテラーはアバチャ湾への奇跡的な帰港後まもなくカムチャツカに残って科学的調査をすることにした。レペヒンと徒歩で約五十キロ半島を横断してボリシェレツクへ行き、プレニスナーと合流した。資金がないので（ロシア科学アカデミーは彼の行方不明の時点で支払いを断っていた）、冬の間教師をしながら報告書を書き上げた。フィールドノートを修正して仕上げ、ロシア科学アカデミーへ提出し、そして『海獣（*De Bestiis Marinis*）』を著した。同著ではオットセイ、ラッコ、トド、ステラーカイギュウ、コケワタガモ、珍種の鵜などのベーリング島の動物相を詳述した。ボリシェレツクではロシア人とカムチャツカ人向けの学校も開設した。翌年夏、北の植物標本を採集し、戻ってからの見通しもないまま不本意ながらサンクトペテルブルクへ戻るために西へ向かった。政府が変わり、ロシア科学アカデミーに所属した同僚のドイツ人の多くが失職、または、外国人排斥によってサンクトペ

テルブルクから去って行った。

信仰心の篤いシュテフーは、探検隊の植物学者グメリン宛の書簡で「ワクセルとキトロフ両士官の怠慢で尊大な行為によって[380]」航海中は「これという成果が」得られず残念だったと述べていた。彼の職務はしばらく続き、ベーリング島で苦労して準備し翌年完成させた詳細な報告書がロシア科学アカデミーで評価されないことを危惧した。きちんとした編集や出版はされないのではないか。世界的に有名な博物学者になる夢は閉ざされた。航海の成果が次の科学的発見を切り開く土台にならず、強欲な毛皮業者が無謀な殺戮を繰り返すことが最も心配だった――シュテラーが目指す研究と保存は台無しになるだろう。彼は探検中に出会った土着民、とくにカムチャッカ人に自然な親近感を抱いていた。カムチャッカの人々はロシア人から不当に乱暴な扱いを受けていると感じていた。シュテラーはボリシェレツクでロシア人に逮捕、留置されていた囚人を誤って釈放して暴動を扇動したと非難された。彼の行動の一部始終が元老院に報告され、シュテラーはサンクトペテルブルクへ呼び戻された。最終的に容疑は晴れたが、噂が徐々に広まってトボリスク近くで逮捕され、審問のためにシベリア経由でイルクーツクへ戻るよう命じられた。戻る前に別の伝書使から自由の身になったとの知らせを受け、再びサンクトペテルブルクへ向かった。

アラスカを目指して北太平洋を横断した凄絶な航海から戻ってしばらく経つと、シュテラーはアルコール依存症になっていた。容疑が晴れたとの知らせを受けて戻る途中、トボリスクの友人の大司教アントーニ・ナロジニツキーを訪ねた。トボリスクには酒豪が多く、大司教は陽気に飲み騒ぐことが大好きだった。三週間飲んで過ごしているうちにシュテラーは熱を出していたが、そのまま馬ゾリで西へ向かった。一七四六年十一月の凍てつくような寒い夜、御者が身体を暖めようとチュメニの西の宿でソリを止めた時、シュテラーはひどい高熱でほとんど意識がなかった。御者が気付いたときには手遅れだった。三十七歳だった。『海獣』は一七五一年に死後出版された。彼の論文集は一七七四年に刊行されたが、航海中の日記は一七九三年まで公表されなかった。彼の名がついた鳥や海獣は多いが、彼が危惧したとおり、そのいくつかは大量殺戮によって絶滅した。

二十年に及ぶエリザヴェータ一世の統治下で厳しくなった外国人排斥によってベーリングが残したものは失われた。ベーリングはデンマーク人だったので隊長への昇進はすんなりとはいかなかった。さらに、政府は、新発見の土地におけるロシア帝国の国益と、中国とのラッコ取引の商業的利益を保護するために保秘の必要があった。その結果、シベリアとアラスカの探検の成果を強調する大々的な祝賀行事は行われなかった。ほかにも数多くの探検があったからだ。探検、とくに危険な航海の詳細は出回ったが、出所不明で信頼できなかった。科学的な記録と地図や航海日誌がきちんと整理されてサンクトペテルブルクまで伝わるには何年もかかった。世界各地で科学的に議論されるまでにはさらに長い歳月がかかった。

ロシア政府の秘密主義のため、探検隊の当初の噂や報告書は一部だけで正確ではなかった。ベーリングは太平洋を航海しなかったとか、難破してそれきりになったとか、アメリカへ到達したのはチリコフだけだと言われた。シュテラーの死は兄弟にも伝えられたが、それにまつわる事情は一切明かされなかったので、兄弟はドイツ語でロシア当局の関与を仄めかす文書を発表した。一七四八年、ロシア政府は反論のために簡略で曖昧な報告書を発表したが、興味深い探検のすべてを省略し、日付と出来事の概略のみのごく簡単なものであり、それはピョートル大帝の意図とは正反対だった。大帝は地理上、科学上の発見を広く公開して世界の知識向上に役立てることでロシアへの尊敬を勝ち得たかったのであって、すべてをロシアの書庫にしまい込むことではなかった。

一七五二年、聖パーヴェル号で死去したルイ・ドリル・ド・ラ・クロワイエの兄の地図作成者で地理学者のジョゼフ＝ニコラ・ドリルはフランスへ帰り、ロシア科学アカデミーとの契約に反して航海地図を刊行した。彼は弟を称賛し、アメリカ発見に関してはチリコフと同等の名誉が与えられるべきだと主張した。彼は、ベーリング一行の船は太平洋横断前に難破したとの嘘の発言を繰り返し、隊長としてのベーリングの功績も否定した。当然「ロシア」側の反論があった。ゲーアハルト・フリードリヒ・ミュラーによるものと思われるが、ドイツ語による反論はワクセルとシュテラーによる未発表の記録と地図を基にしていた。これは十八世紀に公表された探検隊に関する唯一の公的記録だった。だが、そこではベーリングは脇役に過ぎず、直接ベーリングの行動に触れられておらず、間接的な記述となっていた。ベーリングは、とくに大北方探検隊の最も劇的な部分では自他ともに許すリーダーではなかったが、彼の最大の貢献は基礎固めにあり、シベリアの長く多難な準備段階にあった。ベーリングの死去に伴いその存在は失われ、彼の物語を伝えるのは他者の手に委ねられた。

ロシアの秘密主義と、隊長としてのベーリングの役割を最小限に抑える不正確な情報の暗示、本人が書けず語れないことの結果としてベーリング、難破、そして大北方探検隊の頂点である生存は百年以上も知られないままだった。ベーリングは、当時は称賛されることなく、従って、彼の名声は当初は高くなく、長い間世に知られないまま、クック、バンクーバー、ブーゲンヴィル、ラ・ペルーズ、マラスピーナなどの同時代の有名な探検家、さらにはコロンブス、シャンプラン、ダ・ガマ、マゼランといった初期の探検家の功績よりも低く見られていた。[381]だが、こうしてみると、ベーリングと大北方探検隊は、世界で最も偉大な探検家と探検隊の範疇に位置づけられるべきである。

一九九一年八月にデンマークとロシアの合同考古学調査団は、一七四一年から四二年にかけて一行が冬を過ごした川岸と海岸でベーリングほか五人の墓を掘り起こした。発掘によってさまざまな事実を確かめるとともに、新発見もあって、生存者の話を裏付ける手立てになった。[382]モスクワでベーリングの遺骨を法医学的に再構築して頭部が再現された。長年本人だとされてきた肖像画の二重顎で肥満体の人物は、デンマークの詩人で王室付歴史学者のヴィトゥス・ペデルセン・ベーリングだったかもしれない。意外にもベーリングの歯には壊血病の痕跡がなかった。死ぬ前に回復していたらしい。シュテラーの推察どおり、種々の原因が複合して死んだということだろう。直近の死因は心臓疾患だったが、さまざまな苦労が重なったことが根本的な原因なのだろう。彼が死んだとき夫人のアンナと子供たちはサンクトペテルブルクへ戻る途中だった。夫人は恩給を受け、夫の所持品を売却処分した。

ベーリングは初めて北太平洋地域を探検した人物とされているが、本当は一六四八年にベーリング海峡を最初に航海したセミョン・デジニョフというロシアのコサックである。デジニョフの物語は数百年間誰にも知られず、ピョートル大帝でさえ知らなかった。ベーリングの航海はそれ以上に有名であり、彼は太平洋へ出るための長いシベリア横断ルートを開拓した。ベーリング海峡、ベーリング海、ベーリング島、ベーリング氷河、そしてベーリング陸橋など彼の名前をとった陸標は多い。三十年後にクック船長は有名な三回目の航海中に彼の名前をとってベーリング海峡と名付けた。

大北方探検隊はロシア帝国にも、アメリカの北太平洋沿岸にも計り知れない影響を及ぼした。航海から戻った船員たちはアリューシャン列島やアラスカにはラッコが沢山いることを伝え、ペトロパブロフスクはこの知らせに大いに沸いた。話はすぐにオホーツクなどシベリア各地へ伝わった。翌年、狩猟者はラッコの毛皮千六百枚、オットセイ二千枚、青狐二千枚を持ち帰った。やがて毎年数千人の狩猟者がラッコとキツネの毛皮を手に入れようと、ビーズや木綿、ナイフ、ヤカンなどを船に積んでベーリング海を渡った。毛皮商人は一夜にして大金持ちになり、遠くモスクワの商人から融資を受けてさらに大儲けをたくらんだ。こうした冒険に出る商人はロシア人が約半数、シベリア人とその混血が半数だった。十四年後にはベーリング島のラッコとアシカ、オットセイ、キツネはほぼ全滅し、それ以前から狩猟者はさらに東へ移動していた。アレウト族との血なまぐさい闘いもあった。十八世紀後半になると取引はさらに暴力的になり、島伝いにアラスカ半島、コディアク島、クック入江、プリンスウィリアム湾を移動し、アレウト族の人々を徴集した。一七六八年のある探検隊は、オットセイの皮四万枚、ラッコ二千枚、セイウチの牙約七千キロの他に大量のクジラの骨を積んで帰港した。その後、ラッコ取引には大西洋からイギリスとアメリカの商人も加わって莫大な利益を上げた。*

　ロシア商人はラッコの毛皮を求めて太平洋を横断し、ロシア帝国を拡大してロシア領アメリカを築いた。それは領土と国力の拡大というピョートル大帝の夢の実現だった。シベリア東部の探検とアメリカ航海を目指してロシア

を世界の大国にしようとした。探検はアリューシャン列島からアラスカ本土へ拡大し、要塞と補給地が築かれ、領土権を主張し、船は大型化し、小さな組合は大企業に発展していった。企業は競争を繰り返しながら発展・拡大し、先住民と戦って奴隷化し、村を破壊した。地域一帯は無政府状態であり、ロシアでは非合法でも、商人や狩猟者にとってはそれが当たり前になった。一七六三年エカチェリーナ二世はロシア人に対し、行動を慎み先住民と和解するよう促したが、企業が大型化して資金が潤沢になるにつれて状況はますます混沌とし暴力が横行した。ロシア人がアラスカ先住民に暴力を働いても法的には違法ではないものの、つまり、死刑に相当する犯罪ではなく、暴力の行使を監視して法を執行する当局がなかった。[383]

ベーリングの当初の命令が達成されなかったのは、オホーツクとペトロパブロフスク両港が船員や狩猟者、商人とその家族、さらには造船業者を受け入れて非常に忙しくなったことがある。ベーリングが大変な苦労と犠牲を払って開拓したイルクーツクからの荷馬ルートは定着した。商人はモンゴル国境の中国人の町キャフタに大量の毛皮を運び、中国商人がそこからゴビ砂漠を越えて運んだ。その地域は、豊かではないが発展し、商業が発達して人口が増え、シベリアへのロシア文化と政治的支配は拡大した。

無政府状態とロシア会社間の競争激化は、植民地的な独占会社による毛皮取引と地域住民の支配を促し、いわゆるロシア領アメリカになった。一七九九年七月八日、ロシア新皇帝パーヴェル一世はアメリカの毛皮取引に従事す

＊　一八三〇年になるとラッコはアラスカからほぼ消滅し、ロシア政府は銃による狩猟を禁止した。しかし、一八六七年アラスカがアメリカに購入された後にそれが解禁となり、十九世紀を迎えるころには再び全滅の恐れが出てきた。一九二五年に全滅が宣言されたが、生き残った少数から、徐々に個体数を増やしつつある。

るロシア会社をことごとく解散する勅令を発出し、すべての会社に一年以内に事業を終了させてロシア・アメリカ会社へ整理統合することにした。ロシア・アメリカ会社は規模といい、構造といい、オランダとイギリスの両東インド会社、あるいはハドソン湾会社などのヨーロッパ列強の同種の会社と酷似し、会社と政府の二面性を有していた。新会社の本社はサンクトペテルブルクにあり、新法人は独立事業主というより政府所属であることを強調し、新しい土地ではロシア文化とロシア正教の浸透を図ることになった。ロシア領アメリカのロシア人永住者数は、当時は七百人を超えなかったが、今では二万人以上の先住民がロシア正教に改宗している。十九世紀に入ってもロシア文化はしばらく存在していた。同社は以後六十八年間ロシア領アメリカを支配し、カリフォルニアとハワイには出先機関があった。最後は、ラッコの激減で利益を喪失し、一八六七年に地域は七百二十万ドルでアメリカに売却されてアラスカ州になった。

一九〇一年に太平洋地理学会のジョージ・デービッドソン会長は「ベーリング一行は嵐、霧、靄、雨に、未知の強烈な海流、原野の島々、山が迫る海岸、深海と切り立つ半島のある人跡未踏の地域に押し入った[384]」と記した。百年前でも聖ピョートル号と聖パーヴェル号のような船は出航を許可されなかっただろうという見解だった。食糧は、現代の基準では食用に適さないものばかりで、船は窮屈な上に、不潔であり、壊血病などの病気に太刀打ちできなかった。彼らはやみくもに未知の海域に突っ込み、ときに後退した。彼らの勇気と決断力、冒険心と好奇心は過少評価できない。最悪の条件下でも誰かが航海と苦境を記録したことには驚くほかない。

ベーリング探検隊は十年の歳月をかけた三大陸にまたがる史上最大の科学的探検であり、大北方探検隊、中でも太平洋航海は単なる一国の奢りの物語ではない。自然の猛威に立ち向かった個々の人間の、苦難との格闘と克服の物語であり、逆境に直面した人間の創意の、リーダーシップの失敗と回復の、苦難に直面した不屈の精神の、そして、生きて故国へ戻ろうとする強烈な思いの証である。

資料・文献について

ロシアの大探検隊を物語るについてはいくつかの貴重な文献がある。

Basil Dmytryshyn, E.A.P, Crownhart Vaughan 及び Thomas Vaughan らの翻訳と編集による *Rossian Penetration of the North Pacific Ocean: A Documentary Record* は、探検隊に関する指令、命令、日誌および報告書、主にシベリア部分の書簡および探検に関する政府の全般的方針をまとめたもので、シベリアとアラスカでの活動に関する主要文献の情報源である。

Volume 1 of F.A.Golder's Bering's Voyages は、太平洋航海に関する聖ピョートル号と聖パーヴェル号の航海日誌、報告書、および書簡の集成である。羅針儀の方向と風向き、あるいは毎日の船の位置を知りたい者は航海日誌を見るとよい。船ごとに毎時間記載されており、ほかにも士官の署名入りの追加書簡、日誌が載っている。乗組員、気象、位置、思いつきや推測などその時々の行動に関する正確な情報が豊富である。

Volume 2 of Bering's Voyages は *Steller's Journal* を翻訳・編集して注釈を付したもの。私は古風で自然な英語の言い回しが好きなので本書からかなり引用した。シュテラーが航海途上か難破した際に書いていたと思われる文章のようだと考えられるからである。自ら「シュテラーの日記」が読みたい向きには O.W.Frost 編集による *Journal of a Voyage with Bering, 1741-1742* をお薦めする。翻訳は現代的かつ自然で流れがよく、興味深い注釈と挿話がある。

スヴェン・ワクセルのシベリア横断を含む日記の原稿は、彼の死後に *The American Voyage* として刊行され、*Steller's Journal* とともに航海の様子をじかに知ることができる。正確さや専門性よりも、有りのままが楽しめる。実際の様子がわかる。

ロシアの書庫に保管されている大北方探検隊に関する文書や、ロシア語の出版物の英訳は数が少ない。しかし、近年、Peter Ulf Møller と Natasha Okhotina Lind による *Under Vitus Bering's Command: New Perspectives on the Russian Kamchatka Expeditions* が出版された。本書は著名な専門家が第一次および第二次カムチャツカ探検隊に関する最近の文書の証拠から諸活動を解説している。地図作成、航海、測量、博物史などの記述があり、詳しいことを知りたい向きにお薦めしたい。探検の科学的側面を集めた学問的な内容である。

ベーリングと第二次カムチャツカ探検隊に関する近年の最も興味深い著書は Møller と Lind の *Until Death Do Us Part: The Letters and Travels of Anna and Vitus Bering* だろう。これはベーリングの私信を集めたもので、公式書簡とはひと味違って、人間関係や性格などこれまで知られていなかった部分に光を当てている。シベリアへ持参した所持品の数々についても触れている。

O. W. Frost 編集による *Bering and Chirikov : The American Voyages and Their Impact* はベーリングに関する評論を集めたものである。本書の構成に役立ったのは James Gibson の *Supplying the Kamchatka Expedition, 1725-30 and 1742* であり、ほかでは手に入らないロシア語文献の英訳もある。

シュテラーの完全な伝記としては、Leonhard Stejneger の *Georg Wilhelm Steller* がある。一九三六年の出版で、完全で偏りがない。Dean Littlepage の *Steller's Island* はアラスカとベーリング島での探検について記されている。

Vasilli Divin の *The Great Russian Navigator, A. I. Chirikov* は聖人伝に近く、第一次および第二次カムチャツカ探検隊に関する資料が豊富である。

The Journal of Midshipman Chaplin は第一次カムチャツカ探検隊でベーリングとチリコフに従った下士官の日記で注釈付き。当時の航海と、測量、地図作成に関する興味深い記述があり、この分野のさらなる研究に資する。

シベリア探検の詳しい科学的測面（気象、動植物相、先住民の慣習、言語、文化）のほとんどについての英語の出版物はない。近年カールスバーグ財団および同財団に関係する学者によって情報、書簡、報告書などが翻訳・出版されている。

ロシアの征服とアラスカ統治の歴史に関しては、Lydia Black's の *Russians in Alaska, 1732-1867* が参考になる。

謝辞

いつものように才能と技能に恵まれた人たちがチームを組み、構想を原稿に、そして一冊の本に仕上げた。編集者のメルロイド・ローレンスの力添えで焦点を明確化し、素晴らしい表題が与えられたことに深く謝意を表する。ダ・カーポ出版社のリサ・ウォーレン、営業部門のアンバー・モリス、アネット・ウェンダ、トリシュ・ウィルキンソン、および表紙デザイナーのケリー・ルビンシュタインに感謝する。ダグラス・マッキンタイア社のアナ・コンフォート・オキーフと、ハワード・ホワイト、キャシー・ヴァンダンリンデンに感謝する。ピーター・シェルダーマンには、初稿を読んで有益な意見を頂戴したことに感謝する。アルバータ芸術財団とカナダカウンシルには助成を賜り感謝する。最後に妻のニッキー・ブリンクとは初稿について何度も議論し合い、原稿になる段階で誰よりも先に目を通してもらってとても有難かった。皆さまが壊血病になりませんように。

訳者あとがき

本書はカナダのノンフィクション作家スティーブン・バウンが二〇一七年に発表した最新作 *Island of the Blue Foxes* の翻訳です。バウンはこれまで科学や航海の歴史に変革をもたらした人物や事件に関する作品を発表してきました。とりわけ大航海時代の冒険と交易の接点に注目し、十五、十六世紀から十九世紀にかけての三百年から四百年間は歴史がグローバル化へ向けて大きく回転し始めた転換期と捉えて原動力となった人物を取り上げています。

著者の二〇〇九年の作品に『マーチャント・キングズ（*Merchant Kings*）』があり、ここではこの時代に世界を動かしたグローバル企業とそのキーパーソン、すなわち、ヤン・ピーテルスゾン・クーン（オランダ東インド会社）、ペーター・ストイベサント（オランダ西インド会社）、ロバート・クライブ（イギリス東インド会社）、アレクサンドル・アンドレーヴィチ・バラノフ（ロシア・アメリカ会社）、ジョージ・シンプソン（ハドソン湾会社）そして、セシル・ローズ（イギリス南アフリカ会社）の六人の人物を描いています。私は、時代の流れに押されるようにして生涯を送ったこの中の一人、功罪はあるものの、ロシア人バラノフの勇敢で、苛烈な、懐の深い男の生きざまに感動しました。バラノフはベーリング一行が切り開いたアメリカ太平洋岸への道を辿ってロシアの国家的事業である毛皮交易を開拓して莫大な利益をもたらしました。彼の物語の中には、当然ながら、ベーリングの探検が随所で語られており、当時、バウンは将来いつか「ベーリングの探検」を作品にまとめるのではないかという予感がしました。

ベーリングの名前は地名に多く残り、アメリカへ航海してロシアへ戻る途中で病死したことは一般に知られていますが、それ以上のことは知られておりません。バウンは長い時間をかけて様々な分散した資料と手がかりを収集して作品を書き上げたのだと思われますが、原文に接していて、それでも資料不足で不自由を感じていたのではないかと思われる箇所が見受けられます。それには、本文の「結び」で述べられていますが、当時ロシアはベーリング探検隊の記録を秘密にしたこと、また、ロシアのお国柄で現在に至るまで情報（資料）が外に出にくかったこと、ロシア語はスラブ語でキリル文字が使用されることから、そもそも英訳（ラテン文字への転記）された資料が少ないなどの理由が考えられます。本書では細部の描写に苦労し、主人公であるベーリングの人物像がより詳細に深く掘り下げられていないことなどは資料がないためだと考えられます。それでも今まであまり知られていなかったベーリング探検隊の全貌がよく表現され、あの時代の「探検」のすごさに引かれます。現代では到底考えられないほど大規模な計画と、長年月、信じがたい多難を乗り越えた一大事業であり、多くの読者にとっては初めて知る事実が多いのではないでしょうか。著者にとっても、これほどスケールの大きい探検の全貌を描くことに挑戦したことは、一大冒険だったにちがいありません。

なお、本書の翻訳にあたっては英訳されたロシア語の地名と人名について、元外務省ロシア語専門官の夏井重雄氏に何度も照会するなどのご迷惑をおかけしましたが、快く応じていただき、深くお礼を申し上げます。

最後に本書の出版にあたり国書刊行会の佐藤今朝夫社長、編集の中川原徹氏、編集にご協力いただいた萩尾行孝氏のご尽力に心より感謝いたします。

二〇一九年十二月

小林政子

356. 同上同書, 237.
357. Stejneger, *Georg Wilhelm Steller*, 351.
358. 同上同書, 221.
359. 同上同書, 220.
360. 同上同書, 228.
361. 同上同書, 234.
362. 同上同書, 235.
363. Waxell, *The American Expedition*, 151.
364. Steller, *Steller's Journal*, 233.
365. 同上同書, 196.
366. Waxell, *The American Expedition*, 152.
367. 同上同書
368. "Log of the *St. Peter*," in *Bering's Voyages*, by Golder, 1:236.
369. 同上同書
370. Steller, *Steller's Journal*, 181.
371. 同上同書, 182.
372. "Log of the Hooker *St. Peter*," in *Bering's Voyages*, by Golder, 1:242.
373. Steller, *Steller's Journal*, 184.
374. 同上同書, 186.
375. 同上同書, 187.
376. Waxell, *The American Expedition*, 158.
377. 同上同書

結び　ロシア領アメリカ

378. 同上同書, 203.
379. 同上同書, 205.
380. Steller, letter to Gmelin, in Golder, *Bering's Voyages*, 1:243.

381. Müller, *Bering's Voyages: The Reports from Russia*, 3–68, for a detailed background and discussion, written by scholar Carol Urness, of the long list of leaked publications about the voyage and a discussion of the sources, possible authors, and their impact. Further academic study of the historiography of the Bering expedition should begin here.

382. An account of the excavations is contained in Albrethsen, "Bering's Second Kamchatka Expedition," in *Vitus Bering*, edited by Jacobsen.

383. Lydia Black, *Russians in Alaska, 1732–1867*, for a good overview of the history of the early Russian colonial period and the era of the Russian American Company.

384. George Davidson, *The Tracks and Landfalls of Bering and Chirikov on the Northwest Coast of America*, 42.

314. 同上同書
315. Waxell, *The American Expedition*, 137.
316. 同上同書, 205.
317. 同上同書, 137.
318. Steller, *Steller's Journal*, 168.
319. 同上同書, 167.
320. 同上同書
321. Waxell, *The American Expedition*, 143.
322. "Log of the *St. Peter*," in *Bering's Voyages*, by Golder, 1:231.
323. 同上同書
324. 同上同書, 232.
325. 同上同書
326. 同上同書
327. Waxell, *The American Expedition*, 146.
328. Steller, *Steller's Journal*, 168.
329. 同上同書, 205.

第12章　新しい聖ピョートル号

330. Waxell, *The American Expedition*, 142.
331. "Log of the *St. Peter*," in *Bering's Voyages*, by Golder, 1:232.
332. Steller, *Steller's Journal*, 169.
333. 同上同書, 171.
334. 同上同書
335. 同上同書, 172.
336. 同上同書
337. Waxell, *The American Expedition*, 141.
338. Steller, *Steller's Journal*, 173.
339. "Log of the *St. Peter*," in *Bering's Voyages*, by Golder, 1:233.
340. Waxell, *The American Expedition*, 142.
341. 同上同書, 143.
342. 同上同書, 145.
343. 同上同書, 143.
344. 同上同書, 145.
345. "Log of the *St. Peter*," in *Bering's Voyages*, by Golder, 1:233.
346. 同上同書
347. Steller, *Steller's Journal*, 176.
348. Waxell, *The American Expedition*, 148.
349. 同上同書, 147.
350. "Log of the *St. Peter*," in *Bering's Voyages*, by Golder, 1:234.
351. Waxell, *The American Expedition*, 148.
352. Steller, *Steller's Journal*, 180.
353. "Log of the *St. Peter*," in *Bering's Voyages*, by Golder, 1:238.
354. Georg Wilhelm Steller, *De Bestiis Marinis; or, The Beasts of the Sea*, 60.
355. Steller, *Steller's Journal*, 225.

272. 同上同書, 148.
273. 同上同書, 149.
274. 同上同書, 151.
275. 同上同書
276. 同上同書, 144.
277. See "Log of the *St. Peter,*" in *Bering's Voyages*, by Golder, 1:220–221.
278. Waxell, *The American Expedition*, 128.
279. 同上同書, 129.
280. Steller, *Steller's Journal*, 153.
281. 同上同書, 152.
282. "Log of the *St. Peter,*" in *Bering's Voyages*, by Golder, 1:228.
283. 同上同書, 230.
284. Steller, *Steller's Journal*, 152.
285. 同上同書, 160.
286. Waxell, *The American Expedition*, 207.

第11章　死と賭けトランプ

287. Steller, *Steller's Journal*, 146.
288. Waxell, *The American Expedition*, 134.
289. 同上同書, 200.
290. Steller, *Steller's Journal*, 151.
291. 同上同書, 155.
292. Müller, *Bering's Voyages*, 115.
293. Waxell, *The American Expedition*, 131.
294. Steller, *Steller's Journal*, 150.
295. 同上同書, 156.
296. Waxell, *The American Expedition*, 135.
297. Steller, *Steller's Journal*, 156.
298. Steller letter to Gmelin, in Golder, *Bering's Voyages*, 1:243.
299. Steller, *Steller's Journal*, 157.
300. 同上同書
301. 同上同書, 156.
302. 同上同書, 157.
303. 同上同書, 155.
304. Waxell, *The American Expedition*, 139.
305. 同上同書, 140.
306. Steller, *Steller's Journal*, 153.
307. Waxell, *The American Expedition*, 135.
308. 同上同書, 136.
309. 同上同書
310. Steller, *Steller's Journal*, 161.
311. 同上同書
312. 同上同書
313. 同上同書

232. 同上同書

第 4 部　どこかわからない場所

第10章　青狐の島

233. Steller, *Steller's Journal*, 129.
234. See "Log of the *St. Peter*," in *Bering's Voyages*, by Golder, 1:208.
235. 同上同書
236. Steller, *Steller's Journal*, 129.
237. 同上同書
238. 同上同書，230.
239. 同上同書，131.
240. "Log of the *St. Peter*," in *Bering's Voyages*, by Golder, 1:209.
241. 同上同書，210.
242. Steller, *Steller's Journal*, 133.
243. 同上同書，134.
244. "Log of the *St. Peter*," in *Bering's Voyages*, by Golder, 1:210.
245. Waxell, *The American Expedition*, 125.
246. 同上同書，124.
247. Steller, *Steller's Journal*, 135.
248. Waxell, *The American Expedition*, 125.
249. Steller, *Steller's Journal*, 135.
250. 同上同書，136.
251. 同上同書，137.
252. 同上同書，135.
253. 同上同書，137.
254. 同上同書，136.
255. Waxell, *The American Expedition*, 126.
256. Steller, *Steller's Journal*, 137.
257. Waxell, *The American Expedition*, 200.
258. Steller, *Steller's Journal*, 140.
259. 同上同書，141.
260. Waxell, *The American Expedition*, 126.
261. Steller, *Steller's Journal*, 139.
262. 同上同書，213.
263. 同上同書，210.
264. 同上同書，211.
265. Waxell, *The American Expedition*, 127.
266. Steller, *Steller's Journal*, 212.
267. 同上同書，213.
268. 同上同書，148.
269. "Report of the Voyage of the *St. Peter*," in *Bering's Voyages*, by Golder, 1:281.
270. Steller, *Steller's Journal*, 141.
271. 同上同書，142.

189. 同上同書，85.

190. 同上同書

191. 同上同書，86.

192. George Anson, *A Voyage Round the World in the Years 1740–1744*, 91.

193. 同上同書，76–83.

194. Heaps, *Log of the* Centurion, 132.

195. James Lind, *A Treatise of the Scurvy*, 191. The discussion of his experiment is contained on pages 191–193.

196. Waxell, *The American Expedition*, 120.

197. 同上同書

198. See "Log of the *St. Peter*," in *Bering's Voyages*, by Golder, 1:167–194.

199. Steller, *Steller's Journal*, 115.

200. 同上同書，106.

201. Waxell, *The American Expedition*, 121.

202. Steller, *Steller's Journal*, 115.

203. 同上同書，116.

204. 同上同書

205. Waxell, *The American Voyage*, 120.

206. 同上同書，121.

207. 同上同書，123.

208. "Log of the *St. Peter*," in *Bering's Voyages*, by Golder, 1:167.

209. Steller, *Steller's Journal*, 121.

210. 同上同書，124.

211. 同上同書，125.

212. Waxell, *The American Expedition*, 123.

213. 同上同書，122.

214. Steller, *Steller's Journal*, 125.

215. Waxell, *The American Voyage*, 123.

216. 同上同書

217. "Report on the Voyage of the *St. Paul*," in *Bering's Voyages*, by Golder, 1:319.

218. 同上同書

219. 同上同書，320.

220. "Journal of the *St. Paul*," 同上同書，303.

221. 同上同書，304.

222. 同上同書

223. 同上同書，305.

224. 同上同書

225. "Report on the Voyage of the *St. Paul*," 同上同書，320.

226. 同上同書

227. "Journal of the *St. Paul*," 同上同書，306.

228. "Report on the Voyage of the *St. Paul*," 同上同書，322.

229. 同上同書，326.

230. 同上同書，323.

231. 同上同書

147. "Journal of the *St. Paul*," 同上同書, 293.
148. "Report of the Voyage of the *St. Paul*," 同上同書, 314.
149. Frost, *Bering*, 143.
150. "Report on the Voyage of the *St. Paul*," in *Bering's Voyages*, by Golder, 1:316.
151. 同上同書
152. 同上同書
153. 同上同書
154. "Journal of the *St. Paul*," 同上同書, 295.
155. "Report on the Voyage of the *St. Paul*," 同上同書, 317.
156. 同上同書
157. Waxell, *The American Voyage*, 162.
158. 同上同書, 161.
159. Waxell, *The American Voyage*, 107.
160. Steller, *Steller's Journal*, 63.
161. 同上同書, 64.
162. 同上同書
163. Dean Littlepage, *Steller's Island: Adventures of a Pioneer Naturalist in Alaska*.
164. Steller, *Steller's Journal*, 68.
165. "Log of the *St. Peter*," in *Bering's Voyages*, by Golder, 1:121–127.
166. Steller, *Steller's Journal*, 69.
167. 同上同書
168. 同上同書, 75.
169. 同上同書, 74.
170. "Log of the *St. Peter*," in *Bering's Voyages*, by Golder, 1:138.
171. Steller, *Steller's Journal*, 77.
172. 同上同書
173. 同上同書, 78.
174. Waxell, *The American Expedition*, 109.
175. 同上同書
176. Waxell, *The American Expedition*, 110; Müller, *Bering's Voyages*, 106.
177. Steller, *Steller's Journal*, 87.
178. 同上同書, 88.
179. "Log of the *St. Peter*," in *Bering's Voyages*, by Golder, 1:148.
180. Steller, *Steller's Journal*, 92.
181. 同上同書, 96.
182. Waxell, *The American Expedition*, 113.
183. Steller, *Steller's Journal*, 94.
184. 同上同書
185. 同上同書, 95.
186. Waxell, *The American Expedition*, 119.
187. Steller, *Steller's Journal*, 99.

第9章　海難

188. Steller, *Steller's Journal*, 87.

107. Waxell, *The American Expedition*, 105.
108. Steller, quoting Bering, *Steller's Journal*, 34.
109. 同上同書, 36.
110. 同上同書, 35.
111. "Khitrov's Journal," in *Bering's Voyages*, by Golder, 1:99.
112. Steller, *Steller's Journal*, 37.
113. 同上同書
114. 同上同書, 40.
115. 同上同書, 44.
116. editorial note in Georg Wilhelm Steller, *Journal of a Voyage with Bering, 1741–1742*, 194.
117. Steller, *Steller's Journal*, 49.
118. editorial note in Steller, *Journal of a Voyage with Bering*, 194.
119. Steller, *Steller's Journal*, 50.
120. 同上同書
121. 同上同書, 59.
122. 同上同書, 51.
123. 同上同書
124. "Log of the *St. Peter,*" in *Bering's Voyages*, by Golder, 1:97.
125. Khitrov's Journal, 同上同書
126. Waxell, *The American Expedition*, 106.
127. Steller, *Steller's Journal*, 52.
128. Martin Sauer, *Account of a Geographical and Astronomical Expedition . . . by Commodore Joseph Billings in the Years 1785 to 1794*, 194.
129. Steller, *Steller's Journal*, 36.
130. Steller, quoting Bering, 同上同書, 61.
131. Waxell, *The American Voyage*, 107.
132. Steller, *Steller's Journal*, 54.
133. "Log of the *St. Peter*," in *Bering's Voyages*, by Golder, 1:100.
134. Steller, *Steller's Journal*, 61.
135. 同上同書, 54.
136. 同上同書, 55.
137. 同上同書, 57.
138. 同上同書, 60.
139. 同上同書, 57.
140. "Log of the *St. Peter*," in *Bering's Voyages*, by Golder, 1:103.
141. Waxell, *The American Voyage*, 107.
142. Steller, *Steller's Journal* 62.
143. 同上同書

第8章　遭遇

144. "Journal of the *St. Paul*," in *Bering's Voyages*, by Golder, 1:289.
145. "Report of the Voyage of the *St. Paul*," 同上同書, 314.
146. 同上同書

70. Waxell, *The American Expedition*, 79.
71. 同上同書, 83.
72. 同上同書, 87.
73. Golder, *Russian Expansion on the Pacific*, 178.

第 6 章　幻の島々

74. Waxell, *The American Expedition*, 91.
75. Anna Bering to her son Jonas, in Møller and Lind, *Until Death Do Us Part*, 69.
76. Gibson, "Supplying the Kamchatka Expedition," 111–112.
77. Waxell, *The American Expedition*, 94.
78. 同上同書
79. Steller, *Steller's Journal*, 100.
80. Waxell, *The American Expedition*, 98.
81. 同上同書, 99.
82. Steller, *Steller's Journal*, 16.
83. 同上同書
84. 同上同書, 17.
85. Instructions from Empress Anna Ivanovna, in Dmytryshyn, Crownhart-Vaughan, and Vaughan, *Russian Penetration of the North Pacific*, 114.
86. Waxell, *The American Expedition*, 89.
87. Chirikov's Report, in Golder, *Bering's Voyages*, 1:312.
88. Waxell, *The American Expedition*, 89, 103.
89. "The Log of the *St. Peter,*" in *Bering's Voyages*, by Golder, 1:48.
90. 同上同書
91. Waxell, *The American Expedition*, 104.
92. Chirikov's Report, in Golder, *Bering's Voyages*, 1:313.
93. Steller, *Steller's Journal*, 22.
94. 同上同書, 23.
95. 同上同書
96. "Log of the *St. Peter*," in *Bering's Voyages*, by Golder, 1:41.

第 3 部　アメリカ

第 7 章　大陸ボリシャヤ・ゼムリヤ（アラスカ）

97. Steller, *Steller's Journal*, 26.
98. 同上同書, 24.
99. Steller, quoting ship's officers, likely Khitrov, 同上同書, 26.
100. 同上同書, 27.
101. 同上同書, 32.
102. 同上同書, 29.
103. 同上同書, 26.
104. 同上同書, 33.
105. "Log of the *St. Peter*," in *Bering's Voyages*, by Golder, 1:93.
106. Steller, *Steller's Journal*, 33.

第2部　アジア

第4章　サンクトペテルブルクからシベリアへ

42. Waxell, *The American Expedition*, 50.
43. 同上同書，51.
44. See Peter Ulf Møller and Natasha Okhotina Lind, *Until Death Do Us Part: The Letters and Travel of Anna and Vitus Bering*, 109–123.
45. T. E. Armstrong, "Siberian and Arctic Exploration," in *Bering and Chirikov*, edited by Frost, 117.
46. 同上同書，117–126.
47. Waxell, *The American Expedition*, 55.
48. 同上同書，59.
49. 同上同書，66.
50. Stephen Petrovich Krasheninnikov, *Explorations of Kamchatka: Report of a Journey Made to Explore Eastern Siberia in 1735–1741, by Order of the Russian Imperial Government*, 351.
51. Waxell, *The American Expedition*, 70.
52. 同上同書，71.
53. 同上同書，74.
54. Leonhard Stejneger, *Georg Wilhelm Steller: The Pioneer of Alaskan Natural History*, 207.

第5章　対立

55. 同上同書，39.
56. Steller, *Steller's Journal*, 15.
57. Stejneger, *Georg Wilhelm Steller*, 135.
58. 同上同書，147.
59. See "Instructions from Johann Georg Gmelin," in *Russian Penetration of the North Pacific*, edited and translated by Dmytryshyn, Crownhart-Vaughan, and Vaughan, 104.
60. Stejneger, *Georg Wilhelm Steller*, 110.
61. 同上同書，109.
62. Vasilli A. Divin, *The Great Russian Navigator, A. I. Chirikov*, 109.
63. Golder, *Russian Expansion on the Pacific*, 177.
64. Directive from the Admiralty College, 同上同書，174.
65. An eyewitness account of hardships, as reported by Heinrich Von Fuch, in Dmytryshyn, Crownhart-Vaughan, and Vaughan, *Russian Penetration of the North Pacific*, 168. Von Fuch's account runs to twenty-one pages and is an instructive window into the conditions in Siberia, specifically how the general corruption and hardships were exacerbated by the demands of the Great Northern Expedition.
66. 同上同書
67. 同上同書，169.
68. Gibson, "Supplying the Kamchatka Expedition," 108–109.
69. 同上同書，114.

North Pacific, 68.
17. Evgenii G. Kushnarev, *Bering's Search for the Strait: The First Kamchatka Expedition, 1725–1730*, 35.
18. 同上同書，36.
19. Bering's Report, in Dmytryshyn, Crownhart-Vaughan, and Vaughan, *Russian Penetration of the North Pacific*, 83.
20. Kushnarev, *Bering's Search for the Strait*, 55.
21. 同上同書，67.
22. Peter Dobell, *Travels in Kamchatka and Siberia*, 102.
23. Bering's Report, in Dmytryshyn, Crownhart-Vaughan, and Vaughan, *Russian Penetration of the North Pacific*, 84.
24. 同上同書
25. 同上同書
26. Piotr Chaplin, *The Journal of Midshipman Chaplin: A Record of Bering's First Kamchatka Expedition*, 131.
27. 同上同書，133.
28. Bering's Report, in Golder, *Bering's Voyages*, 1:19.
29. Kushnarev, *Bering's Search for the Strait, 107; Chaplin, Journal of Midshipman Chaplin*, 142, 303.

第 3 章　完璧な計画

30. Jacob von Staehlin, *Original Anecdotes of Peter the Great*, 140.
31. Mini Curtiss, *A Forgotten Empress: Anna Ivanovna and Her Era*, 232.
32. Bering's Proposal, in Golder, *Bering's Voyages*, 1:25. "A Statement from the Admiralty College to the Senate Concerning the Purpose of the Bering Expedition," in Dmytryshyn, Crownhart-Vaughan, and Vaughan, *Russian Penetration of the North Pacific*, 97–99.
33. Instructions from the empress, 同上同書，108.
34. See Golder, *Bering's Voyages*, 1:28–29; and Dmytry-shyn, Crownhart-Vaughan, and Vaughan, *Russian Penetration of the North Pacific*, 96–125.
35. Instructions from the Admiralty College, in Dmytryshyn, Crownhart-Vaughan, and Vaughan, *Russian Penetration of the North Pacific*, 102.
36. James R. Gibson, "Supplying the Kamchatka Expedition, 1725–30 and 1742," 101.
37. Gerhard Friedrich Müller, *Bering's Voyages: The Reports from Russia*, 79.
38. Sven Waxell, *The American Expedition*, 65.
39. Müller, *Bering's Voyages*, 79.
40. "A Proposal from Count Nikolai Golovin to Empress Anna Ivanovna," in *Russian Penetration of the North Pacific*, edited and translated by Dmytryshyn, Crownhart-Vaughan, and Vaughan, 90–95.
41. "A Statement from the Admiralty College to the Senate," 同上同書，100.

参考文献

第1部　ヨーロッパ

第1章：大使節団

1. Johann Georg Korb, *Diary of an Austrian Secretary of Legation at the Court of Tsar Peter the Great*, 155.
2. 同上同書，243.
3. 同上同書，180.
4. Sophia Charlotte, quoted in Eugene Schuyler, *Peter the Great*, 1:285.
5. Peter the Great, in Maritime Regulations, 同上同書，265.
6. Korb, *Diary of . . . Peter the Great*, 157.
7. Reports of Peter the Great, quoted in Frank Alfred Golder, *Russian Expansion on the Pacific, 1641–1850*, 133.
8. 同上同書，134.

第2章：第一次カムチャツカ探検隊

9. V. N. Zviagin, "A Reconstruction of Vitus Bering Based on Skeletal Remains," 248–262. Svend E. Albrethsen, "Vitus Bering's Second Kamchatka Expedition: The Journey to America and Archaeological Excavations on Bering Island," in *Vitus Bering, 1741–1991: Bicentennial Remembrance Lectures*, edited by N. Kingo Jacobsen, 75–93.
10. Georg Wilhelm Steller, *Steller's Journal of the Sea Voyage from Kamchatka to America and Return on the Second Expedition, 1741–1742*, 157.
11. 同上同書，155.
12. Schuyler, *Peter the Great*, 2:458.
13. Instructions from Czar Peter Alekseevich, in Basil Dmytryshyn, E. A. P. Crownhart-Vaughan, and Thomas Vaughan, eds. and trans., *Russian Penetration of the North Pacific, 1700–1799: A Documentary Record*, 66.
14. 同上同書 Peter the Great's Orders, Papers of the Admiralty Council, 1724, in Frank Alfred Golder, *Bering's Voyages: An Account of the Efforts of the Russians to Determine the Relation of Asia and America*, 1:7.
15. Orcutt Frost, *Bering: The Russian Discovery of America*, 32; and Natasha Okhotina Lind, "The First Pianist in Okhotsk: New Information on Anna Christina Bering," in *Under Vitus Bering's Command: New Perspectives on the Russian Kamchatka Expeditions*, edited by Peter Ulf Møller and Natasha Okhotina Lind, 51–62.
16. Dmytryshyn, Crownhart-Vaughan, and Vaughan, *Russian Penetration of the*

マ行

ヤ行

ラ行

タ行

ナ行

ハ行

サ行

カ行

索　引

ア行

訳者紹介

小林政子（こばやし・まさこ）

1972年、明治学院大学英文学科を中退し外務省入省。

リスボン大学にて語学研修。主に本省では中近東アフリカ局、国連局原子力課など。在外ではブラジル、カナダに勤務。1998年外務省を退職し翻訳を志す。

ユニ・カレッジにて日暮雅道氏、澤田博氏に師事。

主な訳書『神の火を制御せよ——原爆をつくった人びと』（パール・バック著、径書房、2007年）。『私の見た日本人』（パール・バック著、2013年）、バウンの著作『壊血病——医学の謎に挑んだ男たち』（2014年）と『最後のヴァイキング』（2017年）、『現代の死に方』（シェイマス・オウマハニー著、2018年）いずれも国書刊行会。

青狐《あおぎつね》の島《しま》——世界《せかい》の果《は》てをめざしたベーリングと史上最大《しじょうさいだい》の科学探検隊《かがくたんけんたい》

2020年1月24日　初版第1刷発行

著　者　スティーブン・R・バウン
訳　者　小林政子
発行者　佐藤今朝夫
発行所　株式会社 国書刊行会
〒174-0056 東京都板橋区志村1-13-15
TEL 03（5970）7421　FAX 03（5970）7427
https://www.kokusho.co.jp
印刷・製本　三松堂株式会社
装　幀　真志田桐子

ISBN 978-4-336-06386-1